Une maison de charme

Une maison de charme

Sélection du Reader's Digest

PARIS • BRUXELLES • MONTRÉAL • ZURICH

Une maison de charme

est une réalisation de Sélection du Reader's Digest

Nous remercions tous ceux qui ont contribué
à la préparation et à la réalisation de cet ouvrage.

Auteurs

HÉLÈNE CAURE, journaliste *(chapitres 1 et 2)*
MARIE GIRARDOT, journaliste *(chapitres 3 et 5)*

Maquettistes

dddp

Iconographes

CHANTAL HANOTEAU
MARIE-CHRISTINE PETIT

ÉQUIPE DE SÉLECTION DU READER'S DIGEST

Direction éditoriale
GÉRARD CHENUET

Réalisation de l'ouvrage
Responsable du projet : VÉRONIQUE DUJARDIN-VALDANT
Direction artistique : DOMINIQUE CHARLIAT
Lecture-correction : BÉATRICE OMER, CATHERINE DECAYEUX, EMMANUELLE DUNOYER
Iconographie : DANIELLE BURNICHON
Fabrication : FRÉDÉRIC PECQUEUX

Conception du projet
Éditorial : CAMILLE DUVIGNEAU
Maquette et couverture : DOMINIQUE CHARLIAT

Nous remercions également pour leur collaboration :

JACQUELINE BERNARD *(lecture-correction)*
MARIE-THÉRÈSE MÉNAGER *(pp. 292-293 et index)*
CAROLINE REGNAUT-LABORD *(secrétariat d'édition)*

PREMIÈRE ÉDITION

ISBN 2-7098-1035-2

Préface

Ce livre offre le bonheur de mettre en œuvre, à chaque instant de la vie quotidienne, des moyens simples et naturels légués par nos grands-parents. Au fil de ses pages, vous retrouverez le plaisir de faire vous-même – ce qui est autrement valorisant que faire faire ou acheter tout fait. Attendez-vous à accéder à un véritable art de vivre, car ce sont les plus précieux secrets de nos aïeux qui ont été rassemblés à votre intention, et ainsi sauvés de l'oubli. Tours de main, recettes traditionnelles, mais aussi ambiances d'autrefois restituées par la magie de somptueuses images seront pour vous autant de sources d'inspiration.

Tout un chapitre rend hommage aux matériaux qui peuvent composer, de la manière la plus chaleureuse, les finitions de votre maison. Le bricolage fait partie du patrimoine !
La multiplication des produits d'entretien n'a nullement rendu obsolète l'art éternel du ménage. Les astuces révélées dans cette deuxième partie feront le bonheur des sages fourmis soucieuses de ne rien gaspiller.
Viennent ensuite, pour les cigales, de pleines pages d'objets et de cadeaux, de senteurs, de lumières et de fêtes.

Faites bon usage de ce livre, qui n'est rien d'autre que la mémoire populaire des siècles !

L'éditeur

Sommaire

Embellir et préserver la maison

QUAND LES MURS S'HABILLENT
Les peintures p. 10 ; les enduits p. 12 ; les moulures p. 15 ; le papier peint p. 16 ; le tissu mural p. 18

LA CHALEUR DU BOIS
Le parquet p. 20 ; les escaliers p. 23 ; les poutres et les lambris p. 24 ; les portes et les fenêtres p. 26

JEUX DE CÉRAMIQUE
La terre cuite p. 28 ; les grès et la faïence p. 30 ; la mosaïque p. 32

PARURES MINÉRALES
La pierre p. 34 ; le marbre p. 36 ; l'ardoise p. 37

DU VELOURS SOUS LES PIEDS
Les tapis p. 38 ; le sisal, le jute et le coco p. 40 ; la moquette p. 42

PETITES GUERRES DU QUOTIDIEN
Les petits rongeurs p. 43 ; les insectes p. 44 ; les mauvaises odeurs p. 46; les caprices de la météo p. 48

Règles d'or d'un intérieur bien tenu

DU BEAU MOBILIER
Le bois p. 52 ; le métal et le fer forgé p. 56 ; le marbre p. 58 ; l'osier, le rotin et la paille p. 59 ; le cuir p. 60 ; les tissus p. 61

UNE LITERIE SAINE ET CONFORTABLE
Les édredons, les couettes et les couvertures p. 64 ; les sommiers et les matelas p. 67 ; le linge de lit p. 68

DES VÊTEMENTS LONGUE DURÉE
La couture et le tricot faciles p. 70 ; les textiles naturels p. 72 ; les textiles synthétiques p. 75 ; les tissus particuliers p. 76 ; les accessoires p. 78

L'ART DU RANGEMENT
L'armoire idéale p. 79 ; le gain de place p. 82

UN ÉQUIPEMENT IMPECCABLE
Les appareils ménagers p. 84 ; les ustensiles de cuisine p. 86 ; le matériel d'entretien p. 89 ; l'équipement de bricolage p. 90

DES SANITAIRES IRRÉPROCHABLES
Les équipements de salle de bains p. 92 ; la robinetterie p. 95

Une maison de charme

SENTEURS ET COULEURS
Les parfums d'ambiance p. 98 ; les pots-pourris p. 100 ; les bouquets p. 102 ; les fleurs séchées p. 106 ; le papier p. 108 ; les meubles et objets peints p. 110

LUMIÈRE ET CHALEUR
Les bougies p. 113 ; les abat-jour p. 116 ; le feu de bois p. 118

MAGIE DES TRAVAUX D'AIGUILLE
La broderie p. 122 ; les rideaux p. 126 ; le boutis p. 128

CES OBJETS QUI ONT UNE ÂME
L'argenterie p. 130 ; le cuivre et le laiton p. 131 ; le bronze p. 132 ; l'étain p. 133 ; les bijoux p. 134 ; la porcelaine, la faïence et la terre cuite p. 135 ; le verre et le cristal p. 138 ; les cadres et les tableaux p. 140 ; les livres et les reliures p. 142

LA MAISON EN FÊTE
Les réceptions p. 144 ; Noël p. 147 ; Pâques p. 150

GUIDE D'ACHAT *p. 152*

INDEX *p. 154*

Embellir et préserver la maison

QUAND LES MURS S'HABILLENT

Les murs d'une maison lui confèrent une âme, une identité. Leur trouver une parure appropriée est donc une aventure passionnante. Peinture ou enduit, moulures, papier peint ou tissu mural, tout concourt à créer un effet décoratif. Osez donner à votre intérieur un petit air d'autrefois unique.

Colorez vos peintures avec des pigments.

Les peintures

❁ **Une teinte exclusive.** Composez votre couleur personnelle avec des pigments naturels en poudre ou des pigments synthétiques liquides. Ajoutez-les à une base blanche acrylique ou glycérophtalique. Avant de vous lancer, faites quelques touches d'essai avec de petites quantités de peinture, dans une assiette en plastique par exemple, puis teintez le pot tout entier, en respectant exactement les proportions de votre essai.

LE FAUX MARBRE

Un temps décriées et de nouveau en vogue, les peintures qui imitent à s'y méprendre le marbre, le bois, la pierre, nécessitent un peu de doigté mais ne présentent aucune difficulté majeure. À vous de jouer !

FOURNITURES

Peinture blanche, peinture noire et 3 coloris de peintures de même gamme et de même qualité : clair, moyen, foncé (ici, terre de Sienne naturelle, vermillon et terre de Sienne brûlée). Choisissez une laque glycérophtalique, à moins que vous ne soyez débutant, auquel cas préférez une peinture acrylique, qui se corrige plus facilement du moment que vous réagissez vite.

chiffon de coton non pelucheux ou éponge

3 brosses rondes souples

2 pinceaux fins d'artiste

brosse à adoucir

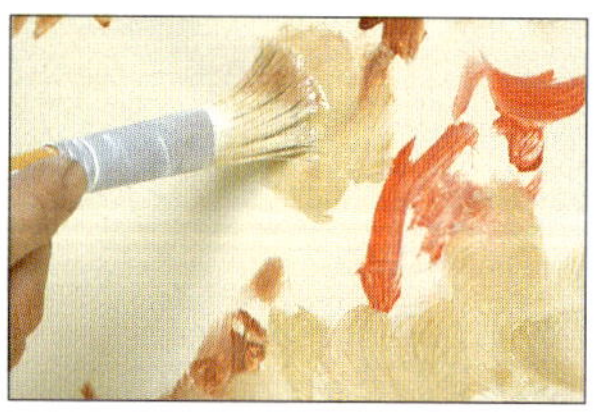

1 - À la brosse ronde, juxtaposez des taches irrégulières des trois couleurs sur un fond propre, uni, mat et sec. Commencez par la couleur la plus foncée pour terminer par la plus claire.

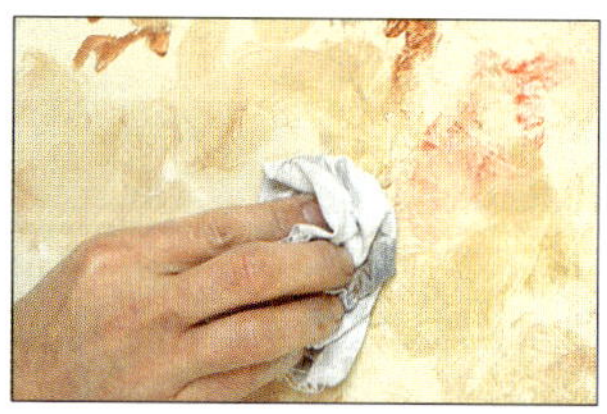

2 - Passez délicatement un chiffon de coton pour estomper les contours des taches, sans les effacer. (Ou bien, en tapotant avec une éponge humide, vous obtiendrez un effet caillouté de marbre avec des petits grains.)

3 - Fondez les couleurs avec la brosse à adoucir. Procédez alternativement horizontalement puis verticalement, en nettoyant la brosse avec un chiffon chaque fois que vous changez de sens. Laissez sécher 12 h.

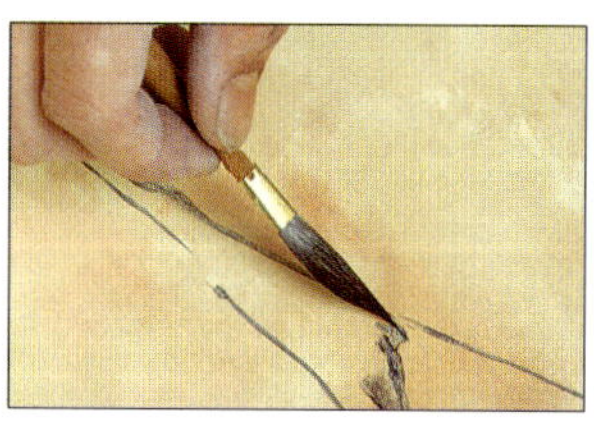

4 - Avec un pinceau fin, tracez les veines principales à la peinture noire. Travaillez délicatement à main levée, pour former le veinage brisé typique du marbre. Laissez sécher au moins 12 h, sans rien toucher.

5 - Avec un pinceau fin, ajoutez des taches blanches aux abords de certaines veines pour les rehausser. Puis estompez-les à la brosse. C'est à l'œil que vous réagirez pour que l'effet soit crédible.

6 - Ajoutez les petites veines et fissures, d'abord à la peinture noire, puis avec le blanc. C'est un travail d'artiste qui demande souvent des retouches. Pour une grande surface, opérez par petites zones juxtaposées.

Pour donner une perspective à une pièce un peu petite, pensez à un mur bicolore, dont la ligne de jonction sera délicatement rehaussée par une frise végétale d'une troisième couleur.

❁ **Une finition cirée.** Vous obtiendrez un effet étonnant de mur à l'ancienne si, par-dessus une peinture à l'essuyé, vous passez une cire incolore. Laissez bien sécher. Le temps de séchage de la cire étant variable selon la température et le degré hygrométrique de la pièce, vérifiez l'état au toucher sans trop appuyer pour ne pas marquer. Attention, sec au toucher ne signifie pas obligatoirement sec au travail ; patientez quelques heures de plus. Pour finir, polissez la cire avec un chiffon doux non pelucheux.

❁ **Pas de traces de pinceau ni de rouleau.** Lorsque vous peignez, croisez toujours les passes dans un sens puis dans l'autre, régulièrement, par petites zones. N'attendez jamais que votre premier passage dans un sens soit sec pour croiser en appliquant le deuxième. Ainsi, vous obtiendrez une teinte finale uniforme.

TRADITION-HISTOIRE

Le gris Trianon

Au XVIIe siècle, le hasard allié à la politique ont fait naître une tradition typiquement française, que nous envient toujours les étrangers. Louvois, surintendant des bâtiments de France, mais aussi ministre de la Guerre sous Louis XIV, décréta, pour ménager son influence auprès du roi et par souci d'économie au profit des armées, que les boiseries du Grand Trianon ne seraient pas rehaussées d'or... Nous étions alors en 1687. L'enduit sur les boiseries, à base de céruse, de blanc de Meudon et de cendres, blanc à l'origine, ne devait être qu'une sous-couche, mais il prit l'air. Le plomb de la céruse s'oxyda... Et l'enduit vira au gris. Un gris d'économie, indiciblement bleuté, et que l'on nommera par dérision le gris Trianon. C'est une couleur finalement subtile qui aujourd'hui a un chic à nul autre pareil.
Merci, monsieur de Louvois !

❁ **Un moucheté facile.** Sur une peinture glycérophtalique en cours de séchage, projetez de l'essence de térébenthine en tapotant sur le manche de la brosse. Attention à ne pas trop imbiber la brosse : égouttez-la avant d'agir. La projection de térébenthine sur le mur déjà peint crée un moucheté léger et ravissant.

❁ **La peinture au chiffon.** Vous obtiendrez un effet moiré en passant une première couche claire, puis une seconde plus foncée. Très vite, sans attendre que la peinture sèche, tamponnez avec un chiffon de coton non pelucheux, pour laisser apparaître la teinte plus claire.

❁ **Une patine comme autrefois.** Sur un fond clair et sec, passez une deuxième couche d'un ton plus soutenu. Utilisez des peintures de même qualité. Laissez sécher.

Poncez alors au papier de verre 00, doucement et de façon inégale. Vous obtenez un effet patiné, comme usé par les ans.

Les enduits

Mat et doux au toucher, le lait de chaux pénètre le mur et laisse s'évaporer l'humidité. Additionné d'une teinte lumineuse, il égayera facilement une cuisine ou une salle à manger rustique.

Lorsque vous souhaitez rénover des murs à l'aspect irrégulier ou abîmé, passez un crépi pour dissimuler rapidement et sans effort toutes les aspérités. Pensez au crépi de chaux, qui ne nécessite pas un savoir-faire d'expert.

❁ **La bonne consistance.** Pour bien délayer les enduits en poudre du commerce, utilisez un banal fouet de cuisine. Ne soulevez pas la poudre, mais tournez-la avec le fouet, cela suffit. Laissez la mixture reposer cinq minutes – pas plus ! – avant de l'appliquer sur le mur. Ce temps de repos permet à l'air de s'échapper du mélange. Tout enduit dont la base est minérale (plâtre, marbre ou chaux éteinte) sèche très vite : préparez donc votre enduit au fur et mesure en quantité réduite.

❁ **Application à la brosse de chiendent.** Vous avez certainement, dans votre placard de cuisine ou dans la buanderie, ce genre de brosse qui s'avère utile partout dans la maison. Utilisez-la pour appliquer un enduit à condition que vos murs soient sains, propres et secs. Préparez votre enduit au plâtre blanc ou colorez-le avec un pigment. Votre enduit ainsi appliqué aura un style rustique original. Attention, n'utilisez pas une brosse en nylon, aux poils trop souples.

Le stucco

Le stucco, enduit au poli profond, habille richement, sans clinquant, une belle pièce. La recette est très ancienne.
Dans les années 30, on le prisait beaucoup pour les décorations intérieures.

FOURNITURES

- poudre de marbre blanc (1 ou 2 mesures)
- plâtre fin (4 mesures)
- chaux éteinte (2 mesures)
- eau
- pigment compatible avec le plâtre (coloris ocre brique)
- pinceau large queue-de-morue
- truelle
- papier de verre fin 00
- cire incolore
- chiffon doux pour lustrer

1 - Mélangez bien la poudre de marbre, le plâtre et la chaux à la truelle. Plus vous mettrez de poudre de marbre, plus vous obtiendrez de profondeur et de poli. Délayez ensuite ce mélange en versant l'eau en filet, petit à petit. Ne remuez pas trop fort pour ne pas faire entrer de bulles d'air. Vous devez obtenir un badigeon liquide et crémeux.
2 - Passez une première couche au pinceau. Le séchage est rapide. Une nuit suffit en général. Mais vérifiez que tout est bien sec au toucher avant de continuer.
3 - Poncez au papier de verre très doucement et régulièrement pour obtenir un aspect très lisse, presque translucide.
4 - Pour la deuxième couche, le lendemain, préparez un badigeon légèrement plus épais avec un peu moins d'eau. Laissez sécher, puis poncez à nouveau.
5 - Pour la couche de finition, vous pouvez ajouter le pigment de votre choix. La tradition veut que ce soit l'ocre lavée de Roussillon qui soit la plus belle. Poncez une troisième fois, de façon irrégulière maintenant, pour laisser transparaître le blanc du fond. Laissez reposer 48 h. Reponcez au besoin — vous jugerez où à l'œil.
6 - Cirez pour parfaire le stucco, comme dans les villas palladiennes de la Renaissance en Italie. Laissez sécher la cire 24 h, avant de la lustrer doucement avec un chiffon doux non pelucheux.

TRADITION-HISTOIRE

Pratiques avant d'être décoratifs

Jusque dans les années 30, on plaquait un enduit sur les murs intérieurs des maisons pour maintenir les composants du mur lui-même, qu'il soit un torchis ou un assemblage de pierres ou de briques colmaté avec un joint poreux.
Le plus utilisé était le crépi de chaux. Peu onéreux et apprécié pour ses propriétés désinfectantes, il pouvait être renouvelé souvent par les occupants, ceux des pauvres bourrines vendéennes, par exemple.
L'intérieur habitable et parfois l'étable des plus modestes maisons paysannes étaient chaulés de la sorte.
Le même crépi, dosé différemment, était appliqué à l'extérieur. D'un seul coup, tout était propre !

Les enduits nouveaux sont arrivés

MODERNE ET PRATIQUE **Autrefois, pour délayer la poudre minérale avec de l'eau, il fallait veiller à ne pas faire de grumeaux, à ne pas rendre son enduit trop épais ni trop liquide... Déterminer la juste dose et trouver le bon mélange n'était pas à la portée d'un amateur. Aujourd'hui, grâce aux progrès des chimistes, s'il y a encore délayage à l'eau, il se fait sans souci ni la moindre petite bulle. D'autre part, il existe maintenant des enduits tout prêts vendus en pots. Ils s'appliquent au pinceau ou au rouleau, en une seule couche. Le lissé ou le relief original sont immédiats. Un atout pour les pressés ou les paresseux !**

Application à la truelle. Laissez sécher tels quels les petits débords des marques de truelle comme ils sont apparus. Ne lissez aucune des imperfections. Ce sont elles qui impriment le relief particulier et irrégulier d'un enduit dit « jeté ». Vous confirmez de cette manière son style artisanal.

Application à la taloche. Cette technique à l'ancienne revient à la mode pour les grandes pièces des maisons de campagne. Sorte de bouclier de bois, la taloche est une plaque assez large avec une poignée sur le dessus. Plaquez et replaquez la taloche sur le mur sans trop la déplacer. Laissez les marques de taloche pour authentifier l'enduit.

Pas de relief mais un lissé parfait. Commencez par lisser l'enduit à la taloche ou au couteau plat. Passez et repassez votre outil pour éliminer au fur et à mesure les rejets de matière, que vous récupérez sur une truelle. Si, après plusieurs passages, vous n'arrivez pas à obtenir un lissé impeccable à l'œil – ce qui est assez délicat –, armez-vous d'une brosse à adoucir large ou d'une éponge naturelle à peine humidifiée. Si vous avez la main légère pour ne pas imprimer de marque définitive, l'effet sera impeccable.

Un enduit poli. Votre enduit est complètement lisse et sec ? Poncez-le finement et cirez-le avec une cire incolore que vous laisserez sécher, une nuit entière au moins, avant de polir doucement avec un chiffon doux.

ATTENTION !

La chaux

La chaux vive se raréfie pour l'usage domestique car elle est très dangereuse à manipuler. Préférez toujours la chaux éteinte, aussi appelée chaux aérienne, mais restez vigilant. En effet, ce n'est pas parce qu'elle est éteinte qu'elle est inoffensive à 100 %. Portez toujours de gros gants de caoutchouc et éloignez les enfants et les animaux domestiques.

Un enduit passé sur un mur lui confère, même lissé, un aspect texturé très intéressant.

Les moulures

Dépoussiérer des moulures. Pour sauvegarder vos moulures anciennes en plâtre, ne les maltraitez surtout pas ! Si vous voulez les nettoyer, agissez délicatement. Avec une brosse à poils très souples, en soies de porc de préférence, vous passerez doucement sur les détails en creux des moulures. Gardez-vous bien d'appuyer : la poussière aurait alors tendance à s'incruster, car le plâtre est poreux. Prenez un pinceau fin pour aller jusqu'au fond des sculptures en creux. Si les moulures sont au plafond, n'oubliez pas de vous couvrir la tête !

Restaurer une moulure abîmée. Après nettoyage et éventuellement décapage du plâtre avec du papier de verre, vous pouvez vous occuper des effritements ou des dégâts plus importants. Préparez un peu de plâtre à gâcher. Avec une toute petite truelle ou un couteau de cuisine assez souple, rebouchez les endroits les plus touchés. Formez au doigt le volume approximatif de ce qui manque. Sans attendre que cela ne soit totalement sec, modelez les sculptures avec les doigts et en vous aidant du manche d'un fin pinceau pour marquer les tracés. Laissez sécher, puis poncez. C'est un peu un travail d'artiste et vous serez ravi du résultat.

TRADITION-HISTOIRE

Une inspiration baroque

Les moulures, rosaces, corniches et cimaises que nous connaissons aujourd'hui semblent inspirées en droite ligne de l'art baroque et du rococo. Cette époque, correspondant aux XVIIe et XVIIIe siècles, adorait les enluminures architecturales intérieures : il n'était pas rare de voir des moulures délimiter des écoinçons peints d'où s'échappaient anges ou nymphes dénudées. À la fin du XVIIIe et au début du XIXe, les gens de bien cherchèrent à recréer ce style baroque débridé dans leurs demeures bourgeoises. Une évidente surcharge florale, quelques angelots dodus se penchant sur les murs avaient les faveurs des gens enrichis. Le plafond devint alors décoratif en diable et objet de fierté des maîtres de maison !
Une certaine sobriété revint au goût du jour dans les années 30, qui privilégia les lignes géométriques pures.

La cimaise, cette moulure fine posée à l'horizontale au tiers inférieur d'un mur, crée un relief architectural de soubassement qui permet toutes les audaces de décoration. Collée, clouée ou vissée, elle délimite deux hauteurs de mur, que vous pouvez décorer en deux tons assortis. Elle peut être peinte, vernie ou teintée en accord ou en contraste avec les couleurs de la pièce.

Une peinture qui résiste au temps. Le plâtre neuf reste toujours poreux et a tendance à s'effriter doucement en fine poussière. Pour le protéger efficacement, peignez-le. Commencez par recouvrir le plâtre à vif au pinceau avec une peinture blanche vinylique. Laissez sécher la peinture blanche une nuit avant de peindre définitivement avec la peinture de votre choix. Cette sous-couche permettra à la peinture de finition de ne pas se craqueler ni s'écailler.

Moulures colorées. Au plafond ou en corniche, les moulures restent en général blanches. Mais pourquoi ne pas les peindre en couleur ? Une seule règle, bannissez les couleurs vives, ce serait trop dur. Soulignez les différents motifs avec des coloris pastel. Pour des lignes géométriques, rien ne vous interdit de jouer sur des contrastes de coloris dans un esprit Arts déco.

Le papier peint

❁ **Découpes propres.** Lorsqu'il faut couper le papier posé, en haut sur le plafond, en bas sur les plinthes, autour des portes, etc., munissez-vous d'un large couteau de peintre. Agissez tous les trois ou quatre lés pour que cela soit pratique. Appliquez le couteau là où vous devez couper pour marquer fortement une pliure sur la ligne de découpe. Soulevez légèrement le papier puis découpez avec des ciseaux à longues lames en suivant la ligne marquée. Repositionnez le papier et appuyez avec la brosse à maroufler pour faire bien adhérer les bords.

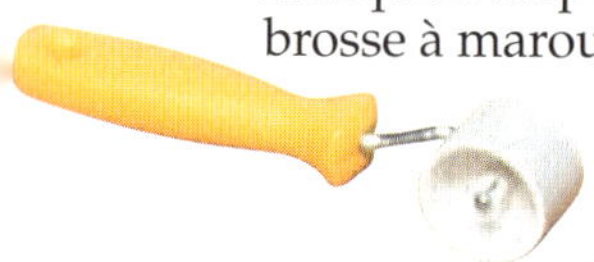

❁ **Chasse aux bulles.** Le papier que vous avez posé est truffé de petites bulles d'air ? Pas de panique. Prenez tout simplement une épingle ou une aiguille à coudre. Percez chaque bulle en son centre. Théoriquement, l'air s'en échappe et tout rentre dans l'ordre si vous aplatissez ensuite la zone percée avec la roulette à raccords ou avec le plat de la main.

❁ **Marouflage en douceur.** Vous n'avez pas de roulette à joints sous la main ? Courez à la cuisine chercher le rouleau de papier absorbant. Vous le roulerez pour maroufler les joints de papier peint, pour chasser les bulles d'air. Sa souplesse et sa douceur ne risquent jamais d'abîmer quoi que ce soit et vous pourrez appuyer fortement en cas de besoin. De plus, sa largeur est mieux adaptée.

Soignez les raccords des lés bord à bord, surtout si votre papier peint est à grands motifs. Il faut prévoir les chutes inutilisables dès l'achat des rouleaux.

❁ **Trois positions pour une frise.** Vous avez envie d'une fantaisie sans pour autant vouloir faire des folies ? Pensez aux frises. Il en existe de toutes sortes qui s'harmonisent avec mobilier et tissus d'ameublement.

Vous les collez sur le papier déjà posé. Placées en haut des murs, c'est classique et conseillé pour des murs hauts. En partie médiane de mur, elles prennent des allures de cimaises (voir à gauche). En pourtour de portes et de fenêtres (à droite), elles créent une animation attrayante.

Les frises autoadhésives

MODERNE ET PRATIQUE

Les frises sont de plus en plus à la mode. Pour rythmer une pièce unie ou animer de façon colorée un papier imprimé, vous serez ravi de découvrir des frises autoadhésives.

Elles se présentent en rouleau comme les frises classiques. Leur grand avantage : vous n'avez pas à les encoller, ce qui est toujours un peu délicat (la colle déborde souvent de cette petite largeur). Vous déroulez la frise et vous l'appliquez, en retirant la pellicule protectrice au fur et à mesure que vous avancez. Si jamais vous n'êtes pas satisfait du résultat, vous pouvez essayer votre frise ailleurs : elle est repositionnable. N'hésitez toutefois pas trop, car au bout de plusieurs essais infructueux la bande risquerait de moins bien coller.

❁ **Réparer un accroc.** Agissez tout en délicatesse. Soulevez avec un cutter la languette de papier déchiré, souvent froissée et repliée sur elle-même. Préparez de la colle à papier peint ou utilisez la colle blanche des enfants, parfaite et toujours prête. Encollez le dos de la languette de papier avec un petit pinceau ou du bout des doigts. Remettez-la en place en appuyant fermement. Passez ensuite une éponge humide sur l'endroit réparé pour redonner de la souplesse au papier.

TRADITION-HISTOIRE

La naissance du papier peint

Le papier peint tel que nous le connaissons aujourd'hui en rouleau a vu le jour au milieu du XVIIIe siècle, à Paris. Sa fabrication artisanale était liée aux progrès des techniques, qui permettaient d'imprimer des longues bandes et non plus seulement des feuilles. Ce n'est qu'après une série d'inventions françaises concernant l'impression des couleurs en continu, d'un certain M. Leroy, que le papier peint fabriqué en quantités industrielles se démocratise enfin dans les années 1890. La bourgeoisie du XIXe siècle couvre ses salons et ses boudoirs d'imitations de tentures d'Aubusson ou de Beauvais, et les « cocottes » de la même époque lui ouvrent leurs chambres douillettes.

Vous pouvez voir d'extraordinaires collections de papiers peints anciens dans les musées suivants :

- musée des Arts décoratifs - 107, rue de Rivoli - 75001 Paris ;
- bibliothèque Forney - 4, rue du Figuier - 75004 Paris ;
- musée du Papier peint - 28, rue Zuber - 68170 Rixheim (près de Mulhouse).

Effacer des traces de doigts. Vous venez de poser votre papier et vous vous apercevez que certains lés sont marqués de traces de doigts. Il vous suffit de frotter doucement les taches avec de la mie de pain pour redonner au papier sa netteté.

Coins impeccables. Pour couper les bandes de frise aux angles, une méthode simple : superposez les deux bandes et coupez au cutter en suivant la ligne de diagonale à l'aide d'une règle.

Repères pour les cadres. Lorsque vous retirez les décorations murales, enfilez une allumette ou un clou dans les trous de fixation que vous réutiliserez. Lors de la pose du papier peint, l'allumette formera une cloque facile à repérer pour retrouver le trou.

Transformez une porte un peu banale avec des chutes de papier peint. Veillez évidemment à l'assortir aux murs qui l'encadrent.

Le tissu mural

❁ **Prolonger la durée de vie du tissu.** Même si cela vous paraît long et fastidieux, posez votre tissu sur un molleton. L'absence d'isolation entre le mur et le tissu peut rapidement provoquer des problèmes importants : apparition de traînées sombres à travers le tissu en cas de fissures même très fines, de taches si le mur n'est pas uniforme, d'auréoles ou de traces d'humidité… Le molleton joue un excellent rôle d'isolant à la fois thermique et phonique. De plus, il soutient le tissu. Pensez-y, surtout si votre tissu mural est assez onéreux.

❁ **Derrière un radiateur.** Rien ne vous oblige à tenter de poser du tissu derrière un radiateur : ce n'est pas très facile, c'est inutile et la chaleur dégagée par le radiateur est relativement néfaste au tissu. Prenez soin de descendre le lé de tissu assez bas afin qu'on n'en voie pas l'arrêt et contentez-vous de passer une peinture derrière le radiateur, celle des plinthes ou des fenêtres, par exemple. Vous ferez ainsi des économies.

❁ **Portes et fenêtres.** Lorsque vous posez du tissu mural là où il existe une porte ou une fenêtre, faites comme si elle n'existait pas ! Agrafez provisoirement le tissu sur toute la surface du mur. Vérifiez l'aplomb du tissu. Agrafez définitivement le haut, toujours sans tenir compte des ouvertures. Puis agrafez le tissu tout autour de l'ouverture, les agrafes toujours en biais. Avec une large spatule en métal, arasez le tissu autour des menuiseries de la fenêtre ou de la porte. Dissimulez les agrafes avec du galon.

❁ **Couleur du galon.** Si vous souhaitez marquer les encadrements et souligner les ouvertures, choisissez un galon textile d'un ton légèrement plus soutenu que le tissu mural. Si vous voulez au contraire ne pas cloisonner votre espace, préférez un galon ton sur ton, le plus fondu et le plus neutre possible. Le galon se colle avec une colle spécial ameublement, qui ne tache pas si vous effacez rapidement les débords. N'encollez pas plus de 40 à 50 cm de galon à la fois, une plus grande longueur se manie difficilement.

Le tissu mural donne toujours un effet très raffiné. Osez poser du tissu là où l'on n'en attend pas, même dans une salle de bains. Certains tissus muraux sont spécialement apprêtés pour ne pas souffrir de l'humidité.

Les murs recouverts de tissu transforment une salle à manger en un univers douillet et chaleureux.

LE TISSU CONTRECOLLÉ

MODERNE ET PRATIQUE

La pose traditionnelle du tissu mural demande temps, patience, méthode et soin. Si la technique vous fait peur mais que vous rêviez d'une tenture pour habiller vos murs, le textile mural contrecollé sur un support papier est fait pour vous.
Il se présente en lés de faible largeur (0,53 m), comme le papier peint, et se colle avec des raccords à joints vifs en bord à bord comme un papier peint épais. Il suffit d'enduire le support papier de colle à papier peint avec une brosse souple. Vous trouverez toutes sortes de qualités et de styles de tissu contrecollé.
Une fois le tissu posé, le support papier est insoupçonnable.

Vieille dentelle. Pour donner à une chambre un petit air romantique, sans pour autant choisir un tissu fleuri – parfois un peu lourd –, optez pour un tissu uni orné de motifs ton sur ton qui imitent les broderies du linge de maison d'autrefois (monogrammes, guirlandes de fleurs...).

Décoration murale. Vous voulez fixer un tableau, une applique lumineuse ou une tringle à rideaux sur un pan de mur couvert de tissu. Marquez très légèrement d'une croix, au crayon à papier, l'endroit précis du tissu où vous voulez fixer le crochet de suspension, le clou ou le piton nécessaires. Découpez cette croix avec un cutter très affûté. Coupez sans hésitation les épaisseurs de tissu et molleton. Si vous ne pratiquez pas ainsi, vous allez déchirer le tissu mural.

Retirer les taches. Quelle que soit la nature de la tache, agissez au plus vite. Tamponnez-la immédiatement le plus possible, avec un papier absorbant renouvelé chaque fois qu'il est souillé.

- Lavez les taches maigres avec de l'eau claire additionnée d'un peu de savon. Épongez et séchez rapidement pour éviter les auréoles.
- Saupoudrez une tache grasse de terre de Sommières ou de talc (sur une surface verticale, ce n'est pas facile mais le gras fait adhérer la poudre). Laissez agir puis brossez doucement.
- Effacez les traces de doigts avec un chiffon légèrement imbibé de trichloréthylène.

TRADITION-HISTOIRE

Naissance de la toile de Jouy

En 1759, Christophe Philippe Oberkampf, Allemand d'origine, ouvre une manufacture d'indiennes à Jouy-en-Josas. Auparavant, l'industrie textile imprimée était interdite en France (sauf à Mulhouse, en Alsace, qui n'était pas sous la même juridiction que le reste du pays). Pour concurrencer l'afflux des toiles de coton en provenance des Indes (d'où le nom d'indiennes), un arrêt du Conseil au début de 1759 autorise l'industrialisation de ce produit. En effet, la vogue de ces cotonnades s'imposait depuis quelques années déjà et seule Mulhouse en profitait commercialement. Oberkampf crée ses machines, dessine ses motifs – fleurs, animaux, figurines –, imprime et teint ses tissus. La mode de sa toile de Jouy est telle que, pour faire face au succès, Oberkampf emploiera jusqu'à 1 200 ouvriers... Il parvient même à dominer le marché européen avec ses imprimés particuliers, d'une fraîcheur inégalée. Louis XVI l'anoblit pour le remercier et Napoléon le décore au nom de la nation...

La chaleur du bois

Depuis la nuit des temps, le bois est un matériau simple et naturel que les hommes ont plié à tous leurs désirs pour en parer leur maison. Et du sol au plafond, ce sont parquets, escaliers, poutres, lambris, portes et fenêtres qui apportent, selon les décors, une note raffinée ou rustique.

Le parquet

Nettoyer à fond un parquet ciré. Dans un seau d'eau très chaude, diluez 5 cuillerées à soupe de lessive Saint Marc. Frottez toute la surface de parquet à la brosse à pont. Trempez régulièrement la brosse pour renouveler la lessive, qui se souille rapidement des colorants de cire. Épongez en passant une serpillière plongée dans l'eau claire, à peine humide. Rincez-la dès qu'elle est saturée et souillée. Laissez sécher au moins trois bons jours – si possible fenêtres ouvertes – avant de cirer.

Cirer en beauté. Les cires en pâte ou les encaustiques liquides servent à faire briller joliment le parquet. Mais ne surchargez pas votre chiffon. Plusieurs couches fines donneront de meilleurs résultats qu'une épaisse qui poisse et s'incruste dans les interstices. Agissez toujours dans le sens des lames du bois pour que la cire s'imprègne dans les veines. Laissez sécher 4 heures et lustrez avec un chiffon de laine non pelucheux.

Remplacer une lame de parquet

Sur un parquet ancien, on a la chance de pouvoir changer facilement quelques éléments pour redonner une seconde jeunesse à une pièce entière. Ne vous en privez pas !

FOURNITURES

- ciseau à bois
- marteau
- clous
- tasseau
- lame de parquet
- colle à bois
- cale

1 - Retirez la lame de parquet endommagée à l'aide du ciseau à bois et du marteau.

2 - Clouez un petit morceau de tasseau. Il servira ainsi de support pour fixer la nouvelle lame.

3 - Encollez le pourtour du vide pour pouvoir mettre en place sans problème la nouvelle lame. Le biberon de colle à bois est très pratique pour cette opération.

4 - Avec le marteau et la cale, enfoncez la nouvelle lame, sciée aux dimensions du morceau ôté. Veillez à ce qu'il n'y ait pas de disjoint entre les lames environnantes.

Un parquet ciré à l'ancienne est toujours plus authentique qu'un parquet vitrifié. Le bois est vivant : il a besoin d'être nourri. Cela se justifie surtout pour les motifs très travaillés et les décors en grands panneaux de mosaïque.

TRADITION-HISTOIRE

Le parquet de château

Si le plancher de bois était chose courante depuis l'Antiquité – de nombreuses fouilles archéologiques nous le prouvent –, il en est tout autrement pour le parquet, qu'on ne saurait dater exactement. On peut imaginer que le premier parquet à lames clouées sur lambourdes est un de ceux du château d'Amboise, restauré par Charles VIII en 1495 après ses victoires sur l'Italie, d'où il ramène 45 tonnes de matériel décoratif. Il ne reste rien à Amboise des œuvres de ces artistes italiens. La Cour, après 1498, déménagea en emportant tout au château de Blois. Les autres châteaux de la Loire de style Renaissance, que nous devons à François Ier, offrent encore à voir de magnifiques parquets qui remplacèrent peu à peu les dalles de pierre ou de marbre. Ceux de Versailles font toujours référence, et le riche panneau de la galerie des Glaces n'a pas bougé depuis 1687. Le parquet imitait alors encore les compositions complexes des marqueteries de marbre des palais italiens, en utilisant différentes essences de bois. L'engouement persista au long des siècles dans les châteaux français et européens.
Puis le parquet devint très nettement populaire au XIXe siècle, en se simplifiant beaucoup, dans les appartements bourgeois parisiens et provinciaux.

Détacher un parquet ciré. Agissez le plus rapidement possible : tamponnez avec du papier absorbant. Puis, selon les types de taches, essayez d'effacer les dégâts, plus ou moins importants selon le degré d'encaustiquage de votre bois. Dans tous les cas, recirez ensuite.

- Pour les liquides colorés (vin, apéritif, café, thé, soda), essayez en premier lieu une éponge humidifiée avec du liquide vaisselle ou passée humide sur du savon de Marseille. Ou bien diluez une cuillerée à soupe de lessive Saint Marc dans un fond d'eau très chaude et frottez. Si une coloration persiste, poncez à la paille de fer.
- Effacez une tache d'encre avec de l'acide oxalique ou avec de l'eau de Javel diluée dans un peu d'eau froide. Laissez agir puis rincez à l'eau claire jusqu'à disparition de la tache. Laissez sécher. Si une coloration persiste, passez la paille de fer pour mordre les veines du bois.
- Le stylo-bille, le marqueur, le rouge à lèvres s'en vont avec un tampon imbibé d'alcool à brûler.
- Vous estomperez des taches grasses en versant dessus du talc ou mieux de la terre de Sommières. Laissez agir. Aspirez la poudre. Si cela ne suffit pas, remettez de la poudre, placez dessus un papier absorbant et chauffez avec un fer à repasser sec (thermostat laine).

Vernis maison. Au lieu d'une vitrification avec des produits modernes, faites vous-même un vernis que vous étalerez lame par lame au pinceau large. Mélangez bien dans un seau 250 grammes de gomme-laque et 0,5 litre d'alcool à brûler. Passez ce mélange immédiatement sur le bois et renouvelez l'opération si besoin. Le brillant obtenu sera rafraîchi en passant tous les six mois un chiffon imbibé d'alcool à brûler.

Blanchir un parquet. Versez dans un seau deux verres d'eau de Javel avec de l'eau claire froide. Passez cette eau javellisée sur votre parquet avec une serpillière. Portez des gants. Rincez à l'eau claire. Laissez sécher au moins 12 heures, fenêtres ouvertes. Ce lavage peut être pratiqué souvent. Le résultat dépend de la nature de votre parquet : s'il est en chêne, vous pourrez avoir une tonalité grisée claire mais jamais blanche comme lorsqu'il s'agit de pin ou de sapin.

Choisissez une couleur claire pour peindre votre parquet. Le blanc est très élégant, comme le prouve ce parquet peint traditionnel de l'île de Ré.

UNE PÂTE À REBOUCHER MAISON

Pour reboucher fentes et trous d'un vieux parquet, il est facile et économique de faire sa pâte à bois comme la faisaient jadis les réparateurs de parquets.

FOURNITURES

seau de ménage
sciure de bois
eau
1 paquet de colle à papier peint
couteau de peintre

1 - Faites tremper au moins 6 à 8 jours de la sciure dans de l'eau bouillante versée jusqu'à la recouvrir. La quantité dépend de vos réparations. Vous pouvez faire le test avec 3 verres de sciure et le tiers du paquet de colle. Remuez régulièrement votre pâte de sciure, ajoutez de l'eau bouillante en filet si le mélange vous paraît trop épais. Vous devez obtenir une pâte épaisse mais malléable.

2 - Préparez séparément de la colle épaisse à papier peint, en suivant les indications portées sur le paquet.

3 - Versez la colle dans le seau de pâte de sciure et mélangez vivement.

4 - Appliquez cette pâte sur les fentes et dans les trous du parquet avec un couteau de peintre. Laissez sécher complètement 48 heures avant toute finition.

❁ **Peindre un parquet.** Votre vieux parquet est quelque peu usé ? Peignez-le : c'est une solution pratique et facile à réaliser. Commencez par le poncer pour lisser la surface. Peignez toujours dans le sens des lames sans charger trop le pinceau ou le rouleau pour que la peinture ne coule pas dans les joints. Prévoyez deux couches espacées d'au moins 12 heures. Vernissez ensuite. Attendez 24 heures pour replacer les meubles.

• Les peintures glycérophtaliques spécial sols permettent de composer, si on le désire, des motifs géométriques par exemple, en deux tons.

• Les teintes et les lasures, plus transparentes, donnent de la luminosité tout en conservant apparents les veinages du bois.

LE SHAMPOOING DE VERNIS

MODERNE ET PRATIQUE

Un parquet vitrifié s'entretient assez facilement par simple passage d'une serpillière humide. Mais au fil du temps, le vernis se ternit, la serpillière laisse des traînées. Il existe depuis peu des shampooings spécifiques pour parquets vitrifiés qui se sont avérés efficaces. Ils nettoient et ravivent le brillant sans coller. Purs ou dilués dans un seau d'eau chaude, ils s'utilisent deux fois par mois environ.

❁ **Colorer et protéger un parquet.** Si vous avez nettoyé un parquet ancien ciré et que sa couleur un peu affadie ne vous plaise plus, teintez-le avec une huile de lin. Utilisez un balai à franges et un seau de ménage dans lequel vous allez verser un fond d'huile de lin. Passez rapidement sur le parquet le balai imprégné, repassez et repassez encore jusqu'à couvrir toute la superficie.

Deux couches sont souvent nécessaires, espacées d'au moins 48 heures. Laissez sécher 24 heures avant de lustrer avec un balai neuf à franges ou, mieux, avec un chiffon de laine enroulé sur un balai.

❁ **Parquet décoré.** Vous ne voulez pas peindre complètement votre vieux parquet mais juste l'égayer ? Ornez-le de quelques motifs que vous réaliserez au pochoir : une frise qui court le long des plinthes sera à la fois élégante et discrète. Utilisez une peinture glycérophtalique spéciale sols. Pour protéger votre décor, appliquez trois ou quatre couches de vernis incolore en laissant bien sécher chaque couche (une nuit si possible).

> **ATTENTION !**
> ## Le bon éclairage
> *Pour éviter tout risque de chute dans un escalier, il ne faut pas qu'il y ait de zones d'ombre. Dans un escalier droit, un plafonnier en haut des marches peut suffire. Mais, dans un escalier qui tourne, mieux vaut poser plusieurs appliques le long de la montée.*

❁ **Tapis central.** Si vous aimez le confort, posez un tapis dans votre escalier. Fixez-le à l'ancienne avec une barre métallique en bas de chaque contremarche. C'est un peu plus compliqué que de le clouer mais c'est plus durable, plus élégant et cela facilite l'entretien du tapis car les barres peuvent se retirer.

Les escaliers

❁ **Escalier en fête.** Si vous voulez faire honneur à vos invités lors d'une réception, habillez l'escalier. Ornez les balustres de la rampe de fleurs naturelles ou artificielles, de tulle, de rubans de satin, de guirlandes de feuillage, de frises en papier crêpon, selon votre thème festif. Si vous recevez en soirée, placez, sur les dernières marches du bas, au creux des contremarches, de petits photophores (attention aux enfants dans ce cas). Immédiatement, le ton de la fête est donné.

❁ **Plus de fantôme dans l'escalier.** Repérez à l'oreille la ou les marches qui grincent. Ce bruit gênant peut provenir :

- des vieux clous. Si vous pouvez enlever le dessus de marche en retirant les clous, faites-le. Versez du talc dans les trous laissés par les clous et sous la planche. Reclouez la marche avec des clous neufs.
- d'une fente dans un bois très sec. Si une marche est fendue, versez du talc (avec une brosse de chiendent, c'est plus facile). Sautez sur la marche pour que le talc s'éparpille. Puis bouchez la fente avec de la pâte à bois.

❁ **Solutions antiglisse.** Si vous glissez sur les marches cirées ou vernies d'un escalier en bois, commencez par poncer au papier de verre assez grossier les nez de marches. Cela ne nuit en rien à l'esthétique et peut suffire à retenir les semelles.

Si c'est insuffisant, collez un ruban de feutrine épaisse de 2 cm de large en bordure du nez de marche. Faites d'abord un essai avec du ruban adhésif double face que vous pourrez décoller si vous n'êtes pas satisfait. Choisissez de la feutrine d'un coloris proche du bois.

Une rampe souple en cordage (appelée aussi tire-veille) peut être un élément de décor supplémentaire, très utile dans les escaliers larges. Fixez sur le mur à intervalles réguliers des anneaux supports de tringles à rideaux en bois. Glissez-y une grosse corde et faites un nœud à chaque bout.

Les poutres et les lambris

Des poutres teintées blanc-gris créent une atmosphère élégante et douce pour une chambre, de même que des lambris ornés de motifs délicats.

UN DÉCAPANT POUR BOISERIES

Pour nettoyer à fond des murs lambrissés très encrassés par le temps, les fumées, les graisses… et décaper peinture et vernis, réalisez ce produit mordant très efficace.

FOURNITURES
1 récipient en émail ou verre
2 dl d'eau froide
1 cuill. à soupe de chaux éteinte
2 cuill. à soupe de carbonate de soude

1 - Mélangez à l'eau froide dans un récipient en émail la chaux éteinte puis ajoutez le carbonate de soude. Attendez la fin de la réaction et utilisez immédiatement cette potion magique, elle ne se conserve pas.

2 - Appliquez votre mélange sur les boiseries, en insistant sur les taches. Si vous avez de grandes surfaces à traiter, passez le produit avec un pinceau très large. Travaillez fenêtres ouvertes, avec une tenue qui ne craigne rien, des gants très épais de bricolage. Éloignez les enfants et les animaux domestiques.

3 - Grattez au couteau la peinture. Épongez pour enlever le produit. Rincez à l'éponge humide. Poncez au besoin. Laissez sécher puis retravaillez le décor comme vous le souhaitez.

Foncer des poutres. Que vous souhaitiez foncer du bois blanc ou raviver la teinte sombre de poutres anciennes, utilisez du brou de noix. Cette teinture très foncée, provenant de la décoction des feuilles vertes de noyer, peut se diluer avec un peu d'eau, plus ou moins en fonction de la teinte voulue. Faites un essai. Vous la passerez en plusieurs couches avec un pinceau large, toujours dans le sens du bois. Laissez sécher 12 heures au moins entre chaque couche. Pour que la teinte soit profonde et légèrement translucide, poncez finement entre chaque couche.

Poutres craquelées comme autrefois. Nettoyez les poutres à la lessive Saint Marc. Passez un vernis à l'huile. Sans attendre que ce vernis soit complètement sec, passez une couche de vernis à l'eau. Les craquelures vont naître de la réaction eau sur huile. Accentuez-les en utilisant un sèche-cheveux très chaud. Appliquez ensuite, au chiffon, un peu d'encre à l'eau, puis essuyez.

Lasure sur lambris. Vous avez envie de peindre vos lambris sans pour autant masquer le bois ? Facile avec la lasure, qui protège et colore tout en laissant transparaître les veines du bois. Appliquez-la au pinceau large, sur un bois propre et sain, décapé ou simplement nettoyé. Le bois semble teinté dans la masse, c'est ravissant.

Piqûres contre les vers. Vos poutres anciennes ont été allègrement dévorées par les vers ? Si vous constatez trop de ces petits trous qui, certes, authentifient les vieux bois, traitez les poutres – pour les sauver – avec une seringue : injectez un produit foudroyant contre les vers et les insectes dans tous les trous puis bouchez-les avec de la pâte à bois, de la bougie fondue ou encore de la gomme-laque fondue, que vous lisserez à la petite truelle pour qu'il n'y ait pas de débord. Poncez pour parfaire le lissé final.

Utilisez des poutres comme séparation dans une pièce, à la manière d'un claustra. Cela agrandit l'espace et constitue un élément décoratif. Elles peuvent être récupérées d'un ancien mur d'origine ; sinon, n'hésitez pas à en installer s'il n'y en a pas.

Les portes et les fenêtres

Effet de peinture. Vous avez la chance d'avoir des portes et des fenêtres sculptées, comme la plupart des modèles anciens ? Elles perdraient de leur cachet si vous les peigniez uniformément. N'hésitez pas à réchampir (avec un pinceau spécifique au bout pointu) les moulures en creux d'un ton plus soutenu que l'aplat de la porte. Les reliefs seront ainsi mis en valeur. Utilisez de la peinture glycérophtalique, qui a l'immense avantage de pouvoir se laver presque indéfiniment.

Volets intérieurs. Efficaces contre la chaleur, le froid et le bruit, les volets intérieurs sont de plus en plus rares. Ne les abandonnez pas, ils participent au décor à l'ancienne de votre intérieur. S'ils ne se plient plus, versez quelques gouttes d'huile sur les paumelles et sur les gonds. Surélevez avec une petite rondelle les gonds pour qu'ils fonctionnent avec plus de facilité.

Poignées chic. Si vous désirez donner un petit air d'autrefois à une porte, rien n'est plus facile que d'en changer la poignée. Une vilaine poignée en aluminium sera remplacée par une en laiton, en fer vieilli ou en porcelaine. Si vous posez une plaque de propreté assortie, l'ensemble peut être très élégant. Il en existe des modèles très stylés. N'oubliez pas le sens de la poignée ou optez pour une réversible, qui peut s'ouvrir indifféremment à droite ou à gauche.

Pour mettre en valeur des doubles portes vitrées ou des fenêtres originales, peignez-les d'une belle couleur soutenue, un rouge profond par exemple.

Le comble du raffinement. Que vous vous décidiez pour une poignée de porte ouvragée en métal ou un bouton à l'ancienne en bois ou en fer forgé, pensez à compléter par une rosace ou une plaque de serrure assorties.

- Dans un salon, veillez à harmoniser toutes les poignées des portes mais aussi des fenêtres.
- Un dernier détail : choisissez des tringles à rideaux du même style (métal, bois ou fer forgé).

Supprimer un frottement. Le bois a sans doute travaillé et gonflé. Dégondez la porte ou la fenêtre en vous aidant d'une petite cale qui fait office de levier. Rabotez le dessous légèrement et tout en douceur sur une bonne longueur. Replacez la porte ou la fenêtre sur ses gonds, avant de la repeindre éventuellement, pour vérifier que le rabotage est suffisant.

Une vieille porte tête de lit. Vous trouvez dans un grenier ou une brocante une porte en bois joliment ouvragé à l'ancienne ? Décapez-la, repeignez-la, décorez-la de moulures de plâtre, et transformez-la en tête de lit rétro et originale.

Vous pouvez aussi en faire une porte de placard qui sera plus élégante qu'une porte moderne dans une pièce meublée à l'ancienne.

MASTIC MAISON

Vous pouvez très facilement réaliser votre propre mastic pour restaurer des fenêtres anciennes.

FOURNITURES

- pot en verre
- blanc de Meudon
- huile de lin

1 - Dans un pot en verre, mettez 9 petites mesures de blanc de Meudon et 1 mesure d'huile de lin.
2 - Avec une cuillère, malaxez la pâte pour obtenir une crème lisse et ferme. Ajoutez de l'huile en filet si la pâte est trop épaisse.
Vous conserverez ce mastic en le recouvrant d'huile de lin.

❁ **La fenêtre ne s'ouvre plus**. Attention, n'allez pas tirer, d'une force herculéenne, la poignée. Si vous voulez débloquer la fenêtre, appuyez fermement sur le bas du châssis en même temps que vous tirez sur la poignée. Si vous ne pouvez pas tourner la poignée, versez quelques gouttes d'huile dans la crémone avec une burette. Si cela ne suffit encore pas, dévissez la crémone et huilez toutes les pièces avant de remonter le mécanisme.

❁ **Dégripper un grincement.** Rien de plus désagréable qu'une porte ou une fenêtre qui couinent à chaque mouvement. Si vous ne voulez pas la sortir de ses gonds, versez délicatement avec une burette quelques gouttes d'huile sur les gonds. Épongez le surplus avec du papier absorbant.

Insuffisant ? Alors il faut impérativement dégonder la porte (agissez à deux, c'est plus prudent). Ajoutez une rondelle (un petit joint suffit) sur chaque paumelle et replacez la porte ou la fenêtre.

❁ **Conserver du mastic.** Le mastic de vitrier à l'ancienne ne doit pas sécher. Si vous voulez le conserver, mettez-le dans un bocal en verre et recouvrez-le d'huile de lin. Fermez le bocal le plus hermétiquement possible et conservez-le à l'abri du gel et des fortes chaleurs, dans un garage ou une cave par exemple.

Le vitrage inamovible au-dessus des fenêtres est un élément supplémentaire dans la décoration. Les volets extérieurs sont à la dimension des fenêtres, ce qui laisse pénétrer, par le haut, une lumière flatteuse pour la pièce.

DES VITRAGES TRÈS PERFORMANTS

MODERNE ET PRATIQUE

L'efficacité des doubles vitrages contre les problèmes thermiques et sonores n'est plus à démontrer. Aujourd'hui, ce n'est plus le froid ou le bruit que l'on cherche à contrer, mais le soleil !
Les plus récents des vitrages de haute technologie s'assombrissent tout seuls dès que la luminosité augmente. Ils sont photosensibles grâce à de petites particules chimiques intégrées dans la composition du verre et invisibles à l'œil nu. Vous n'aurez (peut-être bientôt) plus besoin du moindre store solaire. Ces vitrages sont pour l'instant en test dans des immeubles à usage professionnel.

JEUX DE CÉRAMIQUE

Au salon, dans la cuisine, le couloir, ou la salle de bains, au sol ou sur les murs, les carrelages offrent une infinie variété de décors durables. Terre cuite, grès, faïence, mosaïque, à chaque matière son entretien.

La terre cuite trouve sa place dans toutes les pièces d'une maison de campagne, comme ce couloir salle de jeu. On trouve aujourd'hui des tommettes de tailles très variées, mais les plus petites, octogonales ou rectangulaires, gardent toujours le charme particulier d'autrefois.

La terre cuite

❁ **Protéger les tommettes.** Mélangez une part d'huile de lin avec deux parts d'essence de térébenthine. Faites chauffer doucement ce mélange dans une vieille casserole couverte. Soyez très prudent : le mélange est très inflammable. Stoppez le feu dès que la préparation commence à fumer.

Passez ce liquide au pinceau large sur les tommettes. Elles seront ravivées et protégées pour longtemps.

RÉPARER UN ÉCLAT

Un carreau cassé, ébréché ou abîmé peut être restauré sur place à peu de frais. Il suffit de confectionner une sorte de pâte pour reconstituer la matière manquante.

FOURNITURES

- 1 tommette
- grosse lime métallique ou râpe à bois
- colle pour carrelage
- petite truelle langue-de-chat
- papier de verre

1 - Préparez de la poudre de tommette en effritant la tommette avec la lime ou la râpe à bois. Versez cette poudre dans une coupelle qui ne craint rien.

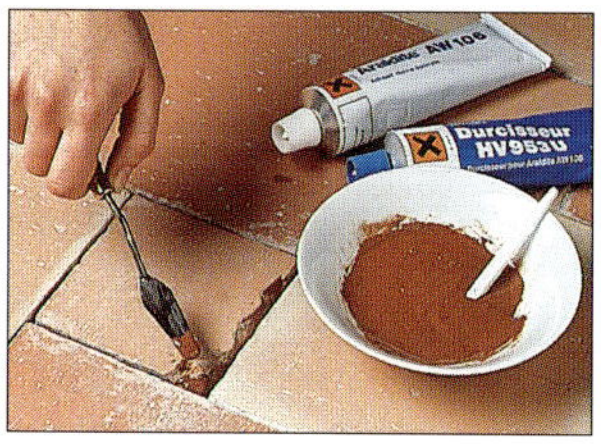

2 - Mélangez à cette poudre la colle pour carrelage en pâte. À l'aide de la truelle, colmatez l'éclat avec ce mélange. Poncez le carrelage au papier de verre avant de cirer.

❁ **Raviver le rouge.** La coloration rouge des tommettes anciennes a tendance à pâlir au fil des années à force de lavages répétés. Si vous voulez leur redonner un rouge profond, lavez tout d'abord le sol avec du savon noir liquide. Rincez abondamment. Laissez sécher une nuit. Passez sur les tommettes un chiffon imbibé de cire (sans silicone) incolore en première couche, puis utilisez en seconde couche une cire plus foncée que votre carrelage. Laissez sécher quelques heures, puis polissez avec un large chiffon de laine.

LE BON IMPERMÉABILISANT POUR TOMMETTES

MODERNE ET PRATIQUE **Pour protéger de vieilles tommettes, qui sont devenues encore plus poreuses que des neuves, vous avez une solution toute prête, efficace et facile à mettre en œuvre. Passez au pinceau ou au rouleau à manche télescopique un produit hydrofuge, autrement dit un imperméabilisant de surface (attention, vérifiez les étiquettes : bannissez les produits à base de silicone).**
Ce type de produit laisse la terre cuite respirer, ce qui est très important pour des sols anciens sans chappe de ciment.
Le carrelage ainsi imperméabilisé ne se laisse pas attaquer par des remontées d'humidité disgracieuses.

REMPLACER UN CARREAU

FOURNITURES

ciseau à bois et marteau	barbotine (pâte à joints)
ciment-colle	truelle langue-de-chat

1 - Descellez la tommette branlante ou cassée avec précaution à l'aide du ciseau à bois et du marteau. Débarrassez-la des restes de colle en la grattant avec le ciseau à bois et le marteau, et grattez également le sol.

2 - Encollez l'envers du carreau avec du ciment-colle. Vous pouvez aussi encoller le sol pour que le carreau adhère bien. Mettez-le en place et appliquez la barbotine avec la truelle langue-de-chat.

Lutte antitaches. Les terres cuites sont poreuses : les taches s'y incrustent. N'attendez jamais le lendemain pour agir, le résultat en dépend.

- Si vous n'arrivez pas à déterminer la nature des taches, passez le sol à la serpillière (ou mieux au lave-pont) avec de l'eau chaude additionnée de lessive Saint Marc, dosée à 5 cuillerées à soupe pour un seau d'eau. Autre solution pour lessiver un sol de terre cuite très sale : versez 1 dose d'acide chlorhydrique dans 5 doses d'eau froide. Attention : versez l'acide dans l'eau et jamais le contraire. Frottez à la brosse. Rincez bien à la serpillière. Laissez sécher.
- Pour détacher du gras, versez une bonne couche de terre de Sommières le plus rapidement possible sur la tache elle-même. Laissez agir environ 12 heures. Renouvelez l'application si besoin. Lavez au savon de Marseille en paillettes (très concentré avec de l'eau très chaude). Laissez sécher. Cirez une fois que tout est propre. Lustrez.

- Détachez le vin, le soda, la sauce tomate, le thé, le café… avec de l'eau très chaude additionnée d'ammoniaque (portez des gants et ouvrez les fenêtres). Brossez vigoureusement les taches avec une brosse de chiendent. Rincez à l'eau avec une serpillière et laissez sécher avant de passer de la cire colorée ou de l'huile de lin. Lustrez avec un balai enveloppé d'un vieux pull en laine douce.

Supprimer les traces blanches. Le salpêtre, qui remonte par capillarité du sol, et le tartre de l'eau de lavage laissent, surtout dans les maisons anciennes, des traces blanchâtres déplaisantes. Effacez-les en lavant le sol abondamment avec de l'eau très chaude additionnée de vinaigre blanc d'alcool. Rincez. Laissez sécher au moins 2 heures.

Si certaines taches résistent, renouvelez l'opération en frottant à la brosse de chiendent les taches les plus récalcitrantes avec du vinaigre blanc chaud.

N'hésitez pas à disposer les tommettes carrées en diagonale, mais pensez à rehausser l'agencement en alternant le biais avec des bordures ou des passages (entre deux pièces) disposés en ligne droite.

Les grès et la faïence

Récupérer un carrelage très encrassé. Lorsque vous faites cuire en assez grande quantité des pommes de terre, pour une purée par exemple, pensez à conserver l'eau de cuisson. Versez-la, chaude, sur un carrelage très encrassé. Frottez avec une brosse de chiendent. Laissez agir 10 minutes : l'amidon de pomme de terre absorbera les graisses et les salissures. Passez une serpillière pour éponger l'eau. Rincez abondamment à l'eau claire. Laissez sécher.

UN DÉTARTRANT POUR LES GRÈS

Confectionnez vous-même un bon nettoyant actif contre le tartre pour vos carrelages de sol. Vous pouvez également appliquer ce produit avec une éponge sur les murs carrelés.

FOURNITURES
20 cl d'ammoniaque
10 cl de vinaigre blanc d'alcool
40 g de bicarbonate de soude
3 litres d'eau chaude
seau en zinc ou en plastique
bouteille, bocal ou autre contenant qui peut se boucher

1 - Portez des gants lors de toute manipulation. Versez tous les éléments dans le seau et remuez bien.
2 - Mettez ce produit en bouteille, collez sur la bouteille une étiquette « Danger », et stockez-la hors de portée des enfants. Vous pouvez le conserver environ deux mois.
3 - Appliquez ce détartrant avec une serpillière, brossez éventuellement. Rincez toujours à l'eau chaude. Laissez sécher.

Découper un carreau. Procurez-vous une pointe à tracer dans un magasin de bricolage. Tracez la ligne de coupe sur la face émaillée du carreau avec une règle plate et un feutre. Toujours avec votre règle, passez d'un seul coup la pointe à tracer sur cette ligne de coupe. Elle mord dans l'émail et laisse une marque bien nette. Prenez le carreau en main de chaque côté de cette précoupe. D'un seul coup sec, cassez le carreau. C'est étonnant, mais ça marche !

Percer un carreau. Si vous voulez fixer un crochet sur un mur carrelé, vous allez utiliser la perceuse. Alors, attention ! Pour éviter que le carrelage n'éclate en se fendillant, collez du ruban adhésif en croix juste au point où vous voulez percer. Retirez le ruban après avoir percé et placé la cheville dans laquelle vous visserez le crochet de suspension.

Dans cette cuisine, le mur entier recouvert de faïence brillante, aux coloris dégradés soulignés par des joints larges, est équilibré par le sol mat en grès. Ce contraste est réussi car la pièce est suffisamment grande.

Joints colorés. Ensoleillez un vieux carrelage blanc, un peu terne, en refaisant ses joints en jaune franc. Décapez les joints anciens. Préparez une barbotine avec moitié de ciment fin blanc et d'eau. Teintez la barbotine avec un pigment jaune. Ne craignez pas que la couleur soit trop vive, car en séchant, la coloration éclaircit approximativement d'un ton, et sur des joints minces la couleur paraît moins soutenue. Versez la barbotine dans les joints et arasez. Laissez sécher.

Joints moisis. Versez sur les joints moisis du jus de citron pur. Laissez agir une heure ou deux. Frottez les endroits noircis avec une vieille brosse à dents et reversez-y éventuellement du jus de citron.

Carreaux peints. Si vous avez la main agile et un certain sens artistique, vous pouvez dessiner et peindre des motifs sur un carrelage uni. Il vous suffit d'utiliser, après décras-

sage de la surface entière, des peintures émail (disponibles dans les magasins d'art). Un motif par ci, un autre par là, une frise... Et la surface monotone prend vie. Si vous ne vous sentez pas capable de dessiner à main levée, vous pouvez utiliser la technique du pochoir.

Un plan de travail. Collectionnez les carreaux de faïence hétéroclites que vous récupérer çà et là et recouvrez-en le plan de travail de la cuisine de votre maison de campagne. Agencez les carreaux suivant leur forme et leur couleur.

Choisissez un joint hydrofuge pour une meilleure protection à l'entretien. Finissez les bordures avec des listels (sortes de corniches courbes) de couleur, qui ne déparent absolument pas avec un style ancien, surtout s'il est rustique.

Maquiller une fissure

Un très joli carrelage émaillé ne supporte aucune fissure. Réparez ces petits dégâts en peu de temps et avec un minimum de doigté. Votre sens esthétique sera votre principal guide.

FOURNITURES

- 1 mesure de blanc de Meudon
- 1 mesure de blanc de titane
- petit tube de colle forte
- petite truelle langue-de-chat
- peintures émail à froid de couleurs adaptées
- pinceaux fins (1 pour chaque couleur)
- white-spirit

1 - Mélangez le blanc de Meudon et le blanc de titane. Ajoutez de la colle forte et malaxez. Avec la truelle, passez cette pâte à reboucher dans les fissures. Arasez bien. Laissez sécher une nuit.

2 - Redessinez au pinceau sur le carreau les motifs dissimulés par la pâte à reboucher. Lavez vos pinceaux au white-spirit ; laissez-les sécher avant de les ranger. Ne grattez jamais la surface des carreaux ainsi restaurés.

La mosaïque

❁ L'art de tout casser. Ne jetez plus la vaisselle en faïence ébréchée, dépareillée ou celle que vous avez trop vue. Collectionnez les carreaux de carrelage. Les coloris les plus variés – motifs imprimés et unis – vous seront très utiles le jour où vous déciderez de créer votre mosaïque.

Mélangez vaisselle et carrelage dans un sac en toile, puis cassez-les avec un marteau ou une pince. Le sac vous protégera des éclats. Puisez des morceaux au fur et à mesure de votre réalisation. Le hasard préside cette création, et l'on dit souvent qu'il fait bien les choses.

La mosaïque est particulièrement élégante dans ce superbe habillage de baignoire blanc uni avec des morceaux de miroir.

TRADITION-HISTOIRE

Une drôle de maison chartraine

Si Chartres s'enorgueillit d'une majestueuse cathédrale, il est une petite maison de ses faubourgs que les touristes épris d'insolite se plaisent à visiter, dans le quartier Saint-Chéron. C'est la maison Picassiette, d'un certain Raymond Isidore, classée depuis 1983.
On connaît les folies de Gaudí, l'architecte espagnol qui créa l'église la plus colorée du monde, la Sagrada Familia à Barcelone. On connaît également le Palais idéal du facteur Cheval, à Hauterives dans la Drôme. Folie, surréalisme, génie président à la construction de ces bâtisses étonnantes, nées au début du siècle.
La maison de Raymond Isidore est de la même veine. Il construit une petite maison et récupère des assiettes cassées pour en décorer la façade. Les petits morceaux s'inscrivent dans le mortier de façade au gré des fantaisies de l'artiste. Puis, non content d'orner les murs extérieurs, il s'attaque à l'intérieur...
Enfin maître de sa technique, il se met à recouvrir les meubles de la maison, jusqu'à la machine à coudre de sa femme ! Pour parfaire son travail, il crée de ravissantes mosaïques pour le bassin du jardin. Il sculpte des personnages, des animaux..., qui figurent aujourd'hui dans le petit jardin attenant à la maison. Raymond Isidore est mort en 1964 après avoir œuvré seul à la décoration de sa maison extraordinaire.

❁ Petits outils utiles. La réalisation d'une mosaïque n'est pas très difficile mais encore faut-il avoir les bons outils.

- Procurez-vous une pince à tailler le carrelage pourvue de mâchoires en carbure de tungstène. Elle permet de découper aussi bien les carreaux de pâte de verre que les morceaux de vaisselle cassée.
- Une spatule en métal vous permettra d'étendre le mortier-colle et la barbotine de jointage.
- De vieux couteaux de cuisine vous rendront service, que ce soit pour déplacer un morceau de carrelage ou pour combler un interstice.

❁ Faire un motif précis. Vous voulez faire un dessin en mosaïque ? C'est facile. Tracez votre motif sur un papier libre ou, mieux, sur un papier millimétré. Sélectionnez minutieusement vos morceaux de carrelage ou de vaisselle à coller en fonction de leur couleur, de leur relief, de leur forme – au besoin recoupez quelques morceaux. Assemblez-les sur une table ou sur le sol pour juger de l'effet obtenu. Placez vos morceaux de mosaïque sur le mortier-colle en vous guidant grâce à votre modèle. À la fin, pour combler les petits vides, recoupez certains morceaux.

❁ Pâte de verre ternie. Si le doré ancien de certains petits carrés se ternit (aujourd'hui il est protégé), frottez la mosaïque avec un chiffon imprégné de jus de citron. Rincez et séchez au chiffon.

UN FILET DE SÉCURITÉ

MODERNE ET PRATIQUE **Si vous vous lancez dans la mosaïque, que ce soit de carrés tout prêts (pierre ou pâte de verre) ou de morceaux de vaisselle cassée, sachez qu'il existe un filet de soutien spécial à appliquer sur le ciment de fond avant de poser les morceaux. Grâce à ce filet, vous éviterez d'enfoncer les morceaux de façon irrégulière et vous aurez un résultat idéal. Une barbotine finira le travail : vous la coulerez dans les interstices. Ce type de filet est disponible dans les magasins d'artisanat.**

Décorations multiples. Songez à la mosaïque pour décorer une table basse (voir ci-contre), un mur, donner l'illusion d'un sol couvert d'un tapis, habiller un coin douche, créer une frise dans la salle de bains, recouvrir un plan de travail ou un petit meuble,

constituer des corniches, souligner des plinthes… Jouez avec les couleurs, les motifs, les morceaux de tailles différentes : c'est un patchwork original que vous imaginez vous-même.

Nettoyer une mosaïque en pâte de verre. Ne passez jamais de poudre abrasive du commerce sur des carreaux de pâte de verre : vous risqueriez de les ternir et de les rendre poreux.

Pour ne pas entamer la surface des pâtes de verre, nettoyez la mosaïque avec de la sciure de bois fine, additionnée d'une cuillerée à soupe d'acide chlorhydrique. Frottez la surface avec cette pâte sèche, sans oublier de porter des gants et d'aérer convenablement la pièce où vous travaillez.

ATTENTION !

L'ennemi de la mosaïque

Les carreaux de mosaïque en pâte de verre supportent tous les produits chimiques mais surtout pas l'acide fluorhydrique ! En effet, cet acide, mélange de fluor et d'hydrogène, sert à graver le verre.

Très beau motif figuratif autour de ce robinet de jardin : la vasque fleurie aux morceaux très ajustés contraste avec le fond blanc tout en relief.

Parures minérales

De génération en génération, les hommes ont apprécié les matériaux bruts pour construire et décorer leur intérieur. La pierre se fait rustique, le marbre reste noble et l'ardoise mise sur ses reflets dansants.

Un sol de pierres polies sera brillant si vous le cirez après l'avoir nettoyé à la lessive Saint Marc. Passez plusieurs couches de cire sur le sol bien sec, en lustrant entre chaque couche avec un chiffon de laine.

La pierre

Réparer une fêlure. Vous restaurez un mur et une fissure vous apparaît un peu trop évidente ? Colmatez-la avec un mélange de 3 parts de plâtre (teinté avec un pigment pour s'harmoniser au coloris d'ensemble), 2 parts d'eau et un peu moins de 1 part de colle à papier peint. Étalez ce mélange visqueux assez épais avec une petite truelle langue-de-chat. Arasez pour que tout soit bien lisse. Poncez le lendemain au papier de verre très fin.

Des joints discrets et élégants. Si vous devez refaire les joints d'un mur de pierres brutes, évitez le ciment brut, gris et désastreux ! Choisissez un joint qui soit de même coloris que la pierre pour ne pas trop forcer sur les contrastes. Le relief irrégulier des pierres se suffit à lui-même.

Lorsque vous préparerez votre barbotine, complétez-la avec un pigment compatible au ciment blanc pour lui donner une belle couleur. Lissez en creux afin que le joint ne déborde jamais de la pierre.

Récupérer un devant de cheminée. Vous souhaitez redonner un coup de jeune aux pierres situées devant l'âtre d'une cheminée ? Grattez-les à la brosse métallique pour mordre la croûte de suif et de salissure.

Si ce traitement n'est pas suffisant, utilisez du produit pour décaper les fours, en bombe. Laissez agir selon les indications. Essuyez. Rincez. Au besoin, grattez à nouveau. Ne touchez pas aux pierres du cœur du foyer, ce ne serait pas joli.

Détacher les pierres. Vous effacerez des taches de rouille en les couvrant de blanc d'Espagne. Attendez une nuit. Retirez la poudre à l'éponge. Recommencez au besoin l'opération. Vous pouvez aussi utiliser un produit antirouille réservé au linge, en le versant sur les traces et en laissant agir selon le mode d'emploi. Rincez.

- Effacez les taches de graisse avec de l'alcool à brûler, de l'ammoniaque pure ou diluée (1 cuillerée à soupe d'ammoniaque dans 1 litre d'eau) ou du white-spirit. Soyez toujours très attentif lorsque vous manipulez ces produits dangereux : portez des gants, aérez et éloignez les enfants.
- Les taches colorées (vin, café, thé, fruits, etc.) seront d'abord atténuées avec de l'eau très chaude. Laissez sécher, puis passez de l'eau de Javel. Si le matériau se décolore un peu, passez une cire plus ou moins teintée sur l'endroit pour récupérer la couleur originelle.

Refaire des joints de pierre

Pour redonner un air de fraîcheur à un mur de pierres, préparez une barbotine (pâte à joints).

FOURNITURES

- mortier spécial joints
- pigment
- truelle
- fer à joints
- pinceau large queue-de-morue

1 - Préparez votre barbotine avec le le mortier selon le mode d'emploi du paquet. Teintez-la avec le pigment. Remplissez les joints, en opérant avec l'oblique de la truelle pour éviter d'en mettre trop sur les pierres.

2 - Creusez la barbotine encore humide avec le fer à joints, en donnant de petits coups pour refaire le joint à l'identique. Les joints ne doivent pas être réguliers pour garder l'aspect de l'ancien.

3 - Avec le pinceau large, avant que la barbotine ne soit sèche, enlevez la matière qui aurait pu coller aux pierres. Lissez également les joints afin qu'ils ne soient pas trop rugueux. Laissez sécher 24 h au minimum sans toucher.

Le marbre

❁ **Taches sur marbre blanc.** Prenez un demi-citron, saupoudrez la chair de l'agrume de sel fin. Puis servez-vous du citron comme d'un tampon pour frotter les taches. Laissez agir une dizaine de minutes. Rincez à l'eau chaude. Laissez sécher.

Selon le résultat, recommencez autant de fois que nécessaire ; l'essentiel est de toujours bien rincer.

❁ **Raviver un sol de marbre.** Lavez un sol ancien et assez sale avec une dissolution d'acide oxalique (0,5 litre d'acide versé dans un seau d'environ 12 litres d'eau et non l'inverse). Frottez avec une brosse de chiendent les endroits très encrassés (aux alentours d'une cheminée par exemple). Lavez à l'eau chaude plusieurs fois avec une serpillière rincée dès qu'elle est souillée. Pour que le sol retrouve sa beauté, séchez et passez une cire incolore naturelle sans silicone. Lustrez avec une flanelle.

Un décapant pour marbre blanc

C'est le plus beau des marbres, mais aussi le plus fragile. Il se ternit et bien souvent jaunit. Pour lui redonner un aspect translucide, confectionnez cette potion.

FOURNITURES
25 cl d'eau oxygénée à 20 %
2 cuill. à soupe de sel fin

1 - Dans une coupelle usagée, versez l'eau oxygénée. Mélangez le sel fin de façon à obtenir une pâte.

2 - Si le marbre blanc est encrassé, versez-y directement la pâte obtenue et frottez avec un chiffon. En cas de taches récalcitrantes, frottez avec une brosse de chiendent. Si le sol n'est que légèrement jauni, humidifiez le chiffon avec un peu de pâte et passez en gestes larges le chiffon sur le sol.

3 - Lustrez jusqu'à ce que toute trace de matière ait disparu. Cirez et polissez.

❁ **Colmater une petite fissure sur un marbre clair.** Coulez de la bougie blanche sur la fissure. Laissez prendre.

Arasez avec une lame ou une raclette. Poncez avec le papier de verre le plus fin.

Si la couleur n'est pas la même, passez dessus du feutre indélébile de couleur avoisinante, après avoir fait des essais sur un papier. Cirez pour rendre cette réparation la plus invisible possible.

Seuls les marbres blancs et noirs peuvent être unis, sans veinures. Ils sont magnifiques dans de grandes pièces. Pensez à alterner avec une disposition en damier dans les couloirs ou les lieux de passage.

ATTENTION !

L'eau de Javel et le marbre

Ne versez jamais d'eau de Javel pure, ni fortement concentrée, sur du marbre, même blanc. La réaction serait catastrophique pour l'aspect. Vous pouvez seulement diluer 1 cuillerée à soupe d'eau de Javel dans un grand seau d'eau de 12 litres pour laver un sol de marbre clair très sale. Rincez aussitôt à l'eau impérativement !

❁ **Redonner un joli poli.** Votre marbre a, au fil du temps, perdu son poli ? Utilisez généreusement du blanc d'Espagne, que vous étalerez en frottant avec un chiffon de coton.

Procédez en faisant de petits mouvements circulaires pour que le polissage ne laisse pas de traces visibles, car il n'y a pas de sens ni de droit-fil dans le marbre !

Frottez jusqu'à ce que le blanc disparaisse sous le chiffon. Cirez à la cire incolore, lustrez à la flanelle.

L'ardoise

Traces blanchâtres sur dalles d'ardoise. Lorsqu'elles apparaissent, sachez que cela est dû à la composition même du matériau (le fautif est le carbonate de calcium : à l'air humide, il lui prend des envies de voir le jour). Si les dalles sont très anciennes, vous ne pourrez qu'effacer momentanément les traces, car elles resurgiront toujours. Lavez le sol au savon noir dosé fortement (2 verres pour 10 litres). Frottez les taches avec un lave-pont ou une brosse de chiendent. Rincez. Laissez sécher. Lustrez avec une flanelle ou un chiffon de laine doux. La couleur originelle sera ainsi renforcée.

Faire briller un sol d'ardoise. Après un bon lavage, passez deux couches de cire, en lustrant vigoureusement avec un chiffon doux. Utilisez une cire liquide sans silicone pour éviter de boucher et d'encrasser la surface. Choisissez un coloris neutre pour ne pas dénaturer la teinte d'origine.

Un lait de beauté. Si vous êtes à court de cire liquide incolore, pensez à utiliser du lait. Cela n'est pas ruineux. Passez rapidement sur le sol la serpillière légèrement imprégnée de lait entier pur. Laissez sécher, puis lustrez avec un chiffon doux et non pelucheux. Vous pourriez craindre une odeur... Non ! Soyez rassuré, à moins que vous n'ayez utilisé du lait périmé.

TRADITION-HISTOIRE

Les ardoisières d'Angers

Au XVIe siècle, sous la Renaissance, Angers était surnommée « la ville noire aux mille ardoises ». La cité, tournée vers les arts et les lettres, développait l'exploitation de ses ardoisières naturelles. À la douceur angevine, chère aux poètes Joachim du Bellay et Pierre de Ronsard, s'ajouta, au XVIIe siècle, une activité débordante. La Loire permettait l'acheminement par bateaux, jusqu'à l'étranger, des ardoises exploitées dans la région. Il s'agissait avant tout d'ardoises de couverture pour les toits. Ce qui n'excluait pas que l'ardoise trouvât sa place dans les intérieurs des riches châtelains des pays de la Loire. Au début de notre siècle, les petites exploitations et les ardoisiers étaient nombreux. Aujourd'hui, à Trélazé, ancienne capitale de l'Anjou noir (pays des ardoises), un musée permet de se remémorer le métier et de visualiser tous les sites. Outre les outils utilisés par les fendeurs d'ardoise, on peut y voir des œuvres d'art en ardoise et un intérieur de maison du XIXe siècle.
Musée de l'Ardoise : 32, chemin Maraîchère, 49800 Trélazé.

Un coup de fouet. Lavez votre sol d'ardoise avec une eau chaude additionnée de bicarbonate de soude (3 cuillerées à soupe pour 10 litres d'eau). Frottez les endroits très encrassés à la brosse de chiendent. Rincez à l'eau claire. Passez une serpillière humidifiée avec du vinaigre coloré (mais attention : pas de vinaigre de vin). Puis, chaque jour, lustrez avec un chiffon de laine.

Dans une grande cuisine, un sol d'ardoise a très belle allure.

Du velours sous les pieds

Confortables et moelleux, tapis, revêtements de sol en fibres naturelles et moquettes réchauffent l'ambiance d'une pièce et feutrent les bruits. Tous ces éléments du décor nécessitent un entretien irréprochable.

Les tapis

Traitement au thé. Pour rehausser la couleur d'un tapis de laine ancien, tissé ou en velours, aux motifs foncés, essayez le thé. Récupérez des feuilles déjà infusées ; laissez-les sécher un peu. Lorsque ces feuilles sont encore légèrement humides, répandez-les sur le tapis. Frottez avec les mains pour que les feuilles absorbent poussières et salissures. Laissez en l'état une heure environ, puis aspirez les feuilles sèches.

Ne délaissez pas les descentes de lit, qui sont tellement agréables !

Détacher un tapis. Agissez le plus vite possible. Absorbez le maximum avec une éponge, un chiffon sec ou du papier absorbant. Tamponnez à l'eau froide. Laissez sécher et jugez du résultat. S'il n'est pas concluant, essayez de tamponner à l'eau chaude (mais pas bouillante). Vous pouvez passer sans risque un chiffon légèrement imprégné de trichloréthylène sur l'ensemble du tapis, sans vous attarder. Cela ravive les couleurs, mais aussi assainit la texture.

- Sur une tache de gras, déposez de la terre de Sommières, puis passez un chiffon de trichloréthylène.
- Sur une tache d'urine, tamponnez au maximum et passez une éponge mouillée d'eau chaude pour la diluer. Absorbez à nouveau. Recommencez. Pour désodoriser, passez un chiffon de trichloréthylène.
- Effacez les taches de feutre, de stylo-bille, ou d'encre avec de l'acide oxalique ou de l'alcool à brûler. Faites toujours un essai sur l'envers du tapis pour vérifer que les couleurs tiennent le choc !

Tapis bien en place. Vous empêcherez votre tapis de glisser sur le carrelage ou sur le parquet en collant sous ses quatre angles du ruban adhésif double face. Vous pouvez enrouler sur lui-même un bout de ruban adhésif toilé fort pour obtenir ainsi un double face solide. Renouvelez-le de temps à autre. Si des traces d'adhésif apparaissent sur le sol, supprimez-les avec un tampon d'acétone.

Raviver les coloris. Si vous avez la chance d'avoir un grand jardin, profitez-en. Sur une bonne neige fraîche pas trop mouillée, transportez votre tapis de laine ou de coton et déroulez-le, le dessus contre la neige. Laissez-le s'imprégner une heure ou deux, sans pour autant sauter dessus ! Retournez-le. Suspendez-le pour éliminer la neige, tapotez-le avec le plat de la main et non avec une tapette ni un bâton. Laissez-le s'aérer au froid encore deux heures. Puis rentrez-le. Vous constaterez qu'il est vraiment plus « frais ».

Si vous n'avez pas de jardin, ramassez la neige du balcon et répandez-en plusieurs poignées sur le tapis du salon ; l'effet sera le même.

ATTENTION !

De la douceur pour les tapis !

Ne pliez jamais un tapis, les fibres en seraient cassées. Même un très lourd tapis doit se rouler. Faites un rouleau de papier journal froissé pour démarrer le roulage, cela sera plus facile. Ne battez jamais un tapis, même avec une tapette censée être réservée à cet usage. Ce traitement est trop violent et risque, lui aussi, d'endommager les fibres, de casser le tissage. Tapotez-le doucement après l'avoir retourné, pour faire sortir les salissures et les poussières.

Vous pouvez confectionner vous-même votre tapis de laine. Lancez-vous en faisant des carrés aux différents motifs, c'est moins décourageant. Assemblez-les au final. Bordez votre ouvrage avec une épaisse ganse unie, ce sera plus joli que des franges. Posez votre tapis sur un maillage antidérapant.

Chou nettoyeur. Pas de neige dans votre douce région, pas de thé à la maison ? Essayez le chou pour nettoyer un tapis de petit format. Prenez un beau chou vert, coupez-le en deux et râpez-le (ou passez-le au moulin à légumes). Répandez sur votre tapis le chou râpé, frottez pour absorber les saletés. Retirez au fur et à mesure le chou encrassé. Ne le laissez pas agir longtemps, juste le temps qu'il soit souillé. Lorsque vous aurez retiré tout le chou, laissez le tapis s'aérer fenêtres ouvertes, puis passez l'aspirateur.

Le sisal, le jute et le coco

Distinguer coco, jute et sisal. Voici quelques trucs pour reconnaître ces fibres végétales.

- La fibre de coco provient des enveloppes de noix de coco : au toucher, vous sentirez comme des piquants. C'est une fibre très résistante, d'où son utilisation fréquente dans un escalier.
- Les filasses de la fibre du jute lui donnent son aspect particulier, couleur ficelle. Pensez aux sacs de pommes de terre ! C'est la plus souple et la moins résistante des fibres naturelles.
- Même teint en rouge, vous reconnaîtrez un tapis de sisal (dont les fibres proviennent de l'agave) à sa ressemblance avec le raphia.

Séance de ménage. Le tissage grossier de ces tapis retient les miettes, les poussières. Vous pouvez les dépoussiérer à l'aspirateur, mais sachez que le passage répété de la brosse finit par lustrer les fibres trop aplaties. Mieux vaut sortir vos tapis au garage, dans le jardin ou sur la terrasse, roulés (pas pliés), pour les retourner et passer un grand coup de balai de paille de riz.

Retirer les poils d'animaux. Les poils de chien ou de chat s'accumulent d'autant plus qu'ils sont pratiquement invisibles sur ces matières de coloris en général neutres. Pour les dénicher sans peine, enroulez une bande adhésive large autour d'une brosse, puis passez-la sur les fibres. Les poils vont, en un seul passage, se coller sur l'adhésif.

Peindre des ornements. Votre tapis de sisal ou de jute (évitez le coco) vous semble trop uni ? Décorez-le d'un motif ou d'une frise que vous peindrez au pochoir. Utilisez des peintures acryliques en pot et de grosses brosses à poils ras. Ne déposez pas trop de peinture pour ne pas faire de paquets inesthétiques, qui s'useraient trop vite. Laissez bien sécher avant de remettre le tapis en place.

Nouvelle vie pour vieux tapis. Les franges de votre tapis sont en mauvais état, le pourtour est très usé ? Posez tout autour une ganse de coton, large et résistante, d'un ton contrasté (une ganse de tapissier conviendra parfaitement). Vous auriez tout le mal du monde à la coudre : collez-la avec une colle pour tissu d'ameublement.

ATTENTION !

Pas d'eau pour le coco

Les tapis en fibres végétales tropicales, très sèches, ne supportent pas l'eau qui les amollit, les déforme et les décolore. Alors pour les assainir, les nettoyer, n'utilisez jamais d'eau tamponnée à moins que la tache ne soit toute petite. Passez plutôt un chiffon imprégné de pétrole désodorisé que vous trouvez en droguerie. Faites toujours un essai sur le dessous avant de prendre le moindre risque de décolorer la teinte de surface. Ces tapis ont souvent été teints artisanalement en Asie ou en Amérique du Sud, alors prudence !

Rustique, sobre et peu onéreux, le coco peut se poser partout. Dans une chambre, prévoyez des tapis moelleux en descente de lit si vous marchez pieds nus.

Comme toutes les fibres naturelles, le sisal est apprécié pour ses tons chauds.

La moquette en laine est la plus confortable. Elle se décline en une riche palette de coloris et n'est pas réservée qu'aux intérieurs modernes.

La moquette

❁ Brûlure de cigarette. Avec de très fins ciseaux à ongles, coupez les fibres brûlées à ras. Passez un tampon de coton imbibé d'eau oxygénée à 20 volumes sur les dernières traces brunes pour décolorer les traînées disgracieuses. Rincez à l'eau froide en épongeant au fur et à mesure. Rincez et laissez sécher à l'air libre. Une fois que la moquette aura « bougé » à côté du petit trou, vous ne verrez presque plus rien.

Si les dégâts sont plus graves, découpez le trou au cutter et collez-y une petite rondelle prélevée dans une chute de moquette, en respectant le sens des poils.

Sous votre moquette bouclée pure laine, intercalez une couche de feutre spécial, appelé thibaude. Vous aurez ainsi un moelleux sensationnel.

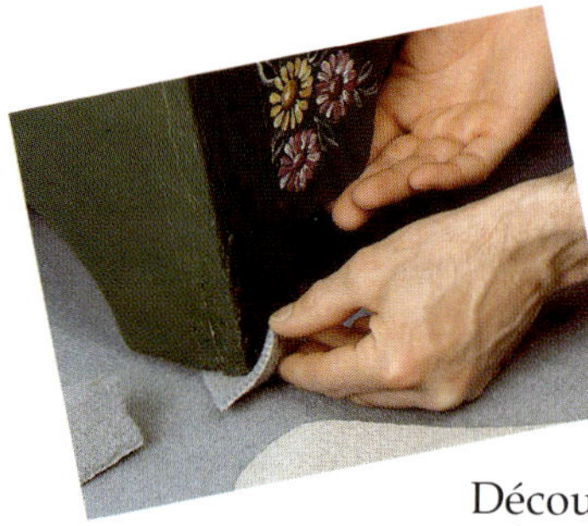

❁ Pas de marque. Les empreintes laissées par les pieds des meubles sont redoutables. Pour les éviter, placez sous chaque meuble lourd des sortes de patins. Découpez dans les chutes de moquette, ou de revêtement de sol plastique, des petits morceaux de la dimension exacte des pieds, et glissez-les dessous.

Vous effacerez les marques trop importantes sur la moquette en passant un fer à repasser chaud sur une pattemouille. Les poils de la moquette vont se redresser à la chaleur humide. Au besoin, ébouriffez-les avec les doigts pour en unifier l'aspect.

ATTENTION !

La moquette, un nid d'allergies ?

Il a été de bon ton, il y a peu de temps, de dénigrer la moquette en prétextant qu'elle était cause d'allergies respiratoires graves : la chasse aux acariens était lancée. Il est vrai que ces parasites aiment loger dans les poils de la moquette… mais ils sont aussi dans les plis et replis de nos draps et couvertures, sur les canapés, les chaises, et même sur les murs… La lutte la plus efficace est de faire régulièrement le ménage avec une brosse spéciale tapis/moquettes et d'aérer sa maison chaque jour. Ces petites bêtes détestent à la fois le froid (en dessous de 10 °C) et le chaud (au-dessus de la température humaine). De plus, la moquette n'est pas seule responsable des problèmes respiratoires : la pollution urbaine est sans aucun doute plus fautive que les acariens domestiques !

❁ Une pose parfaite. Que vous posiez votre moquette libre ou collée, sachez que le joint entre deux raccords doit se trouver perpendiculaire à la source de lumière naturelle pour être le plus invisible possible. La position de la fenêtre est donc très importante dans votre calcul du métrage.

❁ L'art du détachage. Avant tout traitement, épongez la tâche avec une éponge ou du papier absorbant.

• Pour le chewing-gum collé, durcissez-le avec un glaçon et tirez vivement dessus. Détachez ce qui reste avec une lame de rasoir. Étêtez les poils restant agglutinés avec des ciseaux fins.

• Pour les taches alimentaires (et de vomi ou d'urine), utilisez de l'eau avec du détergent et du vinaigre blanc.

• Pour des taches de graisse, couvrez avec de la terre de Sommières sur une moquette foncée, ou du talc sur une moquette claire. Aspirez la poudre et passez un chiffon imprégné de trichloréthylène.

• Pour une tache ancienne, passez un chiffon imprégné de trichloréthylène. Sur de la laine claire, tamponnez avec un chiffon à peine imprégné d'eau javellisée.

Petites guerres du quotidien

Rongeurs, nuisibles rampants ou volants, mauvaises odeurs, vents coulis, froid, humidité ou chaleur, autant d'ennemis contre lesquels il faut batailler pour conserver saine une maison. En ce domaine tout particulièrement, il est des astuces qui facilitent bien la vie !

Les petits rongeurs

Éloigner les souris. Des souris ont envahi votre demeure ? Stoppez dès que vous le pouvez leur expansion. Repérez leur trajet ; coutumières, elles prennent souvent le même. Placez sur ce chemin du poivre en grains. Les souris détestent son odeur piquante. Résistantes et rusées, elles prendront peut-être un chemin parallèle, poivrez à nouveau, elles finiront par se sauver ailleurs.

• Émiettez quelques feuilles de menthe fraîche devant le trou des souris et sur leur trajet.

Avec de la menthe poivrée, le résultat sera encore plus probant car ce sont les deux senteurs qu'elles détestent.

• Mettez un morceau de sucre blanc sur une soucoupe, en métal de préférence. Posez-la devant le trou de souris. Avec une grande allumette, carbonisez le sucre. La souris ne supporte pas cette odeur...

Des appâts non toxiques

MODERNE ET PRATIQUE

À côté des traditionnelles mort-aux-rats, il existe aujourd'hui des plaquettes qui tuent les rongeurs mais qui ne sont pas toxiques pour les humains (ce qui ne signifie pas qu'il faille les placer à portée de main des enfants). Ces plaquettes, gluantes à la surface, contiennent un appât. Les rongeurs, immobilisés par la glu, mangent le contenu de la plaquette et meurent très rapidement. Il faut jeter la plaquette entamée. Efficaces, ces appâts présentent également l'avantage d'être assez discrets.

Une cave bien rangée et nettoyée attirera moins les rongeurs.

À chacun ses goûts. Si vous êtes décidé à éliminer radicalement les rongeurs en les empoisonnant, posez le poison sur des appâts, chacun selon ses préférences :

• les souris sont friandes de gras, c'est-à-dire de lard ;

• les rats noirs des greniers seront alléchés par du pain avec beaucoup de mie ;

• les rats des caves, omnivores, adorent les graines et les restes de repas ;

• les loirs (ci-contre), lérots et mulots préféreront les fruits frais ;

• les campagnols se régalent de fromage.

Surveillez pour éliminer très rapidement les rongeurs morts.

Les insectes

❁Des oignons contre les mouches. Faites cuire à l'eau quelques oignons. Coupez-les en tranches et déposez-les dans des coupelles. Cachez celles-ci derrière un cadre, un bibelot, cela ne nuira en rien à l'esthétique de votre décor. Retirez régulièrement les mouches mortes et changez les oignons tous les deux à trois jours. L'oignon sera encore plus efficace si vous le piquez de deux ou trois clous de girofle.

Protégez votre linge avec des feuilles de cèdre antimites efficaces et décoratives.

❁ Éradiquer les œufs de mite. Si vous découvrez de minuscules boules blanchâtres dans un tapis ancien, en laine tissée ou nouée, sachez que ce sont des œufs de mite (voir larve ci-dessus). Commencez par en éliminer le plus possible à la brosse sèche (nettoyez ensuite la brosse en la laissant tremper dans de l'eau bouillante javellisée). Puis passez un chiffon imbibé de pétrole désodorisé sur toute la surface du tapis.

• Si le tapis est de petite dimension, vous pouvez aussi le repasser avec une pattemouille fortement vinaigrée, à fer très chaud.

❁Garde-manger à l'ancienne. Pour laisser les fruits mûrir ou les fromages s'épanouir à l'abri des insectes, fabriquez-vous un garde-manger avec des tasseaux de bois et de la toile métallique. Prévoyez des étagères à claire-voie faites de tasseaux juxtaposés pour que l'air circule bien. Ainsi les produits alimentaires se conserveront plus longtemps.

UNE PULVÉRISATION ANTICAFARDS

Cette recette d'autrefois était, aux dires des grands-pères surtout, redoutable ! Les résistants cafards d'aujourd'hui sont toujours mis K-O. Ramassez-les dès qu'ils sont morts. Ne laissez ni les enfants ni les animaux domestiques s'approcher des endroits traités.

FOURNITURES
1 part de camomille (fleurs séchées)
6 parts de borax
0,5 part de sulfate de chaux
1,5 part de soufre
1 part de poudre de pyrèthre

1 - Enfilez des gants épais de bricolage.
2 - Dans un seau en zinc, mettez tous les produits dans l'ordre des fournitures. Mélangez bien.
3 - Appliquez la poudre obtenue avec un pulvérisateur de jardin ou une boîte poudreuse aux endroits où vous avez repéré les cafards.

❁Solution parfumée. Pour vous débarrasser des insectes volants fréquents en été à la campagne, vaporisez sur des boules de coton hydrophile des essences d'eucalyptus, de cannelle, de patchouli, de santal et de girofle. Posez le coton dans des petites assiettes cachées à l'abri des regards.

❁ Haro sur les puces. Broyez et émiettez quelques feuilles de menthe là où vous soupçonnez que certaines puces de maison ou d'animaux ont pu élire domicile : sous les matelas, les couvertures, au creux des fauteuils et des canapés… Renouvelez souvent pour que l'odeur soit toujours présente.

Autrefois, le garde-manger protégeait bien les aliments contre les insectes, à condition que le maillage du grillage soit très fin. Aujourd'hui, il peut être plus décoratif qu'utilitaire.

TRADITION-HISTOIRE

Du temps où le cafard était roi

Le cafard, honni et maudit de nos jours, fut, il y a bien longtemps, un animal précieux. Dans l'Antiquité, en Égypte, les cafards pullulaient sous l'œil bienveillant des habitants d'une maison. Car qui dit cafard dit provision et, qui dit provision dit richesse... Des tablettes égyptiennes relatent même que, lors des déménagements, les habitants étaient fiers d'avoir réussi à capturer un cafard pour l'implanter dans leur nouvelle demeure. Symbole de richesse, il était aussi symbole de fécondité.

Protéger les vêtements des mites. Rangez les vêtements que vous ne mettez pas sous une housse et placez au fond de celle-ci une petite boule de coton hydrophile imbibée d'essence de cèdre, de romarin ou de thuya (en pharmacie ou herboristerie). L'alcool camphré agit bien également.

- Si vous avez la chance de posséder un noyer dans le jardin, sachez que les feuilles de noyer sont d'une rare efficacité contre les puces, qui exècrent leur odeur.
- Glissez des feuilles fraîches de géranium dans une pile de pulls. Placez-les au préalable entre deux feuilles de papier absorbant pour qu'elles ne tachent pas les vêtements.

Chasser les fourmis. Vous vous souvenez du soufre épandu le long des murs pour faire fuir les fourmis. Pas très discret !

- Il vous reste le trichloréthylène (assassin radical de fourmis), que vous manipulerez avec précaution et tiendrez hors de portée des enfants.
- Une solution douce, efficace et très rapide : mélangez de la cendre de cigarette avec du cerfeuil réduit en miettes. Placez cette mixture sur le chemin des fourmis. Renouvelez très souvent car les fourmis reconnaissent l'endroit où sont mortes leurs congénères.
- Sachez aussi que les fourmis se détournent de l'eau de Javel et du citron moisi.

PEINTURE ANTICAFARDS

MODERNE ET PRATIQUE

La peinture anticafards est redoutablement efficace. Des tests scientifiques le prouvent. Appliquée dans le conduit du vide-ordures des immeubles collectifs, elle permet d'éliminer cet insecte et d'assainir la trappe à ordures pendant au moins trois ans.
Dans sa texture, cette peinture comporte en effet des agents chimiques, toxiques non seulement pour les cafards adultes mais aussi pour leurs œufs. Et c'est en cela qu'elle est révolutionnaire !

Des feuilles de tomate contre les araignées. Placez des feuilles de tomate aux angles des murs, là où les araignées adorent remonter lentement et sûrement pour tisser leur toile. Elles ne supportent pas cette odeur et succombent si elles en inhalent trop.

Les mauvaises odeurs

Une éponge absorbante. Si vous avez fait cuire un steak ou frire des sardines, vous aurez tout le mal du monde, même si la hotte aspirante fonctionne, à vous débarrasser des odeurs dans la cuisine. Posez sur une assiette une grosse éponge (végétale ou naturelle) gorgée d'eau très chaude. La vapeur d'eau va remplacer les molécules responsables du désagrément. Renouvelez l'eau chaude pour plus de résultat.

Précieuses essences. Pour chasser les mauvaises odeurs tenaces que vous n'arrivez pas à identifier, mélangez dans une coupelle quelques gouttes d'huile de benjoin et d'essence de santal. Versez dessus un peu d'alcool à 90° et laissez s'évaporer le tout.

Vous pouvez créer votre propre mélange en utilisant d'autres huiles essentielles : l'ylang-ylang, issu d'un arbre exotique aux délicieuses fleurs blanches extrêmement parfumées ; la vanille, aux notes sucrées ; la violette, au parfum délicat ; l'iris.

Le pouvoir désodorisant du lait. Pour juguler les mauvaises odeurs, placez du lait dans une ou plusieurs soucoupes. Vous pouvez utiliser ce petit truc dans toutes les pièces de la maison, car il est très efficace. Mais n'oubliez pas de dissimuler les soucoupes, inesthétiques, derrière un canapé, des livres ou des plantes.

Le pouvoir désodorisant de la moutarde. Évidemment, si vous avez des chats, renoncez à utiliser le lait. Essayez plutôt la farine de moutarde : délayez-en avec un peu d'eau pour obtenir une pâte crémeuse ou laissez-la telle quelle dans la soucoupe.

Plus d'odeur de moisi. Pour désinfecter une pièce où l'odeur de moisi prédomine, mélangez 100 g de camphre et un flacon d'alcool à 90°. Parfumez avec quelques gouttes d'essences de girofle et d'eucalyptus. Humidifiez de ce désinfectant un torchon. Suspendez celui-ci dans la pièce dont vous voulez renouveler l'atmosphère. Ouvrez les fenêtres afin que le linge sèche naturellement.

Classique lavande. Pour parfumer une pièce, pulvérisez de l'essence de lavande sur toutes les plinthes. Vous pouvez aussi utiliser ce produit sur les doubles rideaux, mais sur l'envers et dans l'ourlet, pour ne pas risquer de les tacher. Sachez que les mouches se tiendront éloignées car elles n'aiment pas cette odeur.

Les odeurs d'ailleurs. Vous souvenez-vous du papier d'Arménie ? Sachez le retrouver – très peu cher – en pharmacie ou parapharmacie. Enflammez un bord du papier et éteignez la flamme immédiatement pour laisser la petite feuille se consumer seule dans une soucoupe en métal ou en céramique. Il réduit à néant toutes les odeurs de cuisine (en particulier celles des viandes grillées, du poisson et du chou-fleur).

• Si vous en aimez le parfum, les encens exotiques en bâtonnets ou en cônes sont également très efficaces.

Marc de café pour siphon. Votre siphon dégage une odeur nauséabonde ? Versez du marc de café directement par la bonde de l'évier et faites couler de l'eau bouillante en mince filet. N'ayez crainte, le marc de café ne risque absolument pas de boucher votre évier, au contraire. Il va glisser doucement dans les canalisations et, de par sa texture un peu grasse mais fine, entraîner les salissures. Attention, le marc de café n'est pas fait pour déboucher.

EFFLUVES PARFUMÉS CONTRE ODEUR DE RENFERMÉ

Lorsque vous arrivez dans une maison de campagne fermée depuis quelques mois, les odeurs persistantes vous assaillent. Faites chauffer des épices dans un autocuiseur et parfumez ainsi toute la maison.

FOURNITURES

2 gousses de vanille
2 ou 3 bâtons de cannelle
1 toute petite poignée de clous de girofle

1 - Versez 2 à 3 cm d'eau au fond d'un autocuiseur. Jetez en vrac la vanille, la cannelle et les clous de girofle. Fermez la cocotte.
2 - Lorsque le bouchon vapeur chuinte, baissez le gaz au minimum. L'important est que la vapeur s'échappe le plus doucement mais aussi le plus longtemps possible.
3 - Ouvrez toutes les portes de la maison pour que le parfum se répande partout. Recommencez l'opération si nécessaire.

De l'eucalyptus pour un air plus sain. Placez quelques feuilles d'eucalyptus sur une cuisinière tiède ou dans un four éteint mais encore chaud. Non seulement leur parfum masquera les odeurs, mais l'air tout entier sera assaini.

Pensez à cette astuce en particulier lorsque vous êtes enrhumé, vous pourrez renouveler l'atmosphère de la maison tout en l'embaumant.

- Si vous faites un feu de cheminée, n'hésitez pas à jeter dedans une poignée de feuilles d'eucalyptus, elles grilleront vite fait bien fait en dégageant leurs principes actifs.

Herbes aromatiques. Pour éliminer une odeur de friture tenace, faites brûler sur un gril chaud des feuilles de laurier, des branches de thym, de sauge ou de romarin.

Contre les odeurs de tabac. Pendant une soirée où les gens fument, n'oubliez pas d'allumer des bougies. Pour assainir l'atmosphère le lendemain, faites longuement bouillir une casserole d'eau avec quelques gouttes d'essence de thym ou de lavande.

Malgré les hottes aspirantes, la cuisine est bien souvent le lieu privilégié des odeurs persistantes. Pensez à l'aérer régulièrement.

DES DÉSODORISANTS SANS PARFUM

MODERNE ET PRATIQUE

Il existe aujourd'hui des produits actifs et assainissants pour lutter contre des odeurs spécifiques (odeurs de tabac, de cuisine, de litière animale, de peinture…). Au contraire des classiques bombes du commerce, ces nouveaux produits à vaporiser ne parfument pas. Du fait de leur composition chimique différente, ils ne masquent pas les molécules qui composent les mauvaises odeurs mais les détruisent. L'absence de parfum est déroutante la première fois, puis on adopte vite ces bombes car leur action est rapide.

Les caprices de la météo

Tapis à l'abri de l'humidité. Si vous quittez une maison plusieurs semaines ou plus, roulez vos tapis en intercalant des feuilles de papier journal. Ne les laissez pas à même le sol, mais rangez-les debout ou, mieux, en hauteur, loin des atteintes des bestioles rampantes. Le papier journal absorbe l'humidité et l'encre est un excellent protecteur contre les mites.

Miroir sans buée. Lorsque vous prenez une douche bien chaude, vous ne pouvez plus vous regarder dans le miroir de la salle de bains. Il est très facile d'y remédier. Frottez le miroir avec un chiffon non pelucheux (torchon de lin) ou, mieux, du papier absorbant imprégné de glycérine incolore liquide, vendue en pharmacie. Ce procédé est également valable pour les vitres.

Redoutables moisissures. Si vous constatez que vos murs ou vos sols sont tachés de moisi, passez dessus une serpillière trempée dans de la lessive Saint-Marc (trois verres pour un seau d'eau), puis essorée. Vous assainirez ainsi le support. Si cela s'avère insuffisant, utilisez une brosse et une eau javellisée dosée à deux verres de Javel pour un seau d'eau froide. Rincez à l'eau claire.

Assainir avec du sel. Dans une pièce froide et humide, placez un grand saladier rempli de gros sel (inutile de choisir le haut de gamme !). Celui-ci va très rapidement absorber l'humidité ambiante et se dissoudre. Changez souvent le contenu du saladier, sinon le sel devient vite inopérant. Cachez le récipient si vous occupez régulièrement la pièce (sous un meuble, sur une armoire) et ne l'oubliez pas !

Stopper les vents coulis. Renouez avec la tradition de nos grands-mères en plaçant un boudin de tissu devant votre porte d'entrée. Confectionnez un tube étroit d'une dizaine de centimètres de large et dont la longueur correspond à la largeur de la porte. Bourrez-le de collants filés, de vieux pulls, de chutes de tissu ou de mousse. Ne cherchez pas à tout prix à rendre votre boudin invisible en choisissant un tissu neutre car il peut être décoratif. Osez la couleur en veillant à ce qu'elle s'harmonise avec votre entrée. Vous pouvez même décorer ce boudin de feutrine.

Une belle idée qui donne une allure théâtrale à votre entrée : fixez une grosse tringle et un rideau épais, qui vous protégera des courants d'air et renforcera l'isolation de votre porte.

ATTENTION !

Pas de calfeutrage en hiver

C'est une erreur de vouloir tout calfeutrer pour rendre agréable une maison par des températures excessivement basses. En effet, il faut que l'air circule et se renouvelle à l'intérieur, pour éviter le plus possible à l'humidité et à la condensation de s'accumuler et de ruiner papiers peints, peintures et sols. Il est donc impératif de conserver ouvertes de temps à autre les grilles d'aération prévues à cet effet. Vous pouvez remplacer les grilles fixes par des modules à tirette, qui permettent de modifier l'arrivée d'air lorsqu'il fait très froid.

Contre les courants d'air. Vous en avez assez des portes qui claquent ? Fabriquez-vous un cale-porte en bois, rustique et tout simple. Choisissez une bûche d'environ 25 cm, sur laquelle prend naissance une petite branche. Fendez-la en deux. Posez votre cale-porte contre la porte ouverte.

Plus de givre aux fenêtres. Frottez vos vitres anciennes, qui se couvrent facilement de givre, avec un morceau de coton imbibé d'alcool à 90°. Insistez bien en repassant plusieurs fois au même endroit. Laissez sécher puis recommencez. Le givre n'apparaîtra plus puisque l'alcool gèle à une température bien inférieure à 0 °C.

Radiateurs plus efficaces. Si votre chauffage central ne vous protège pas suffisamment du froid, déroulez derrière chaque radiateur une feuille d'aluminium ménager (choisissez le plus épais). Collez-la avec du ruban double face. La chaleur rayonnera vers l'avant et ne sera plus absorbée par le mur.

Contre la grande chaleur. Rien ne vaut l'évaporation d'eau pour rafraîchir une pièce par temps de canicule. Suspendez au chambranle d'une porte une petite gargoulette en terre cuite poreuse. Remplissez-la chaque jour d'eau fraîche, qui, en s'évaporant, humidifiera l'atmosphère et fera descendre la température de quelques précieux degrés.

- Autre possibilité : fermez les volets, ouvrez la fenêtre et humidifiez les voilages avec un vaporisateur d'eau.

Un badigeon contre le soleil. Il fait chaud comme dans un four dans votre grenier ? Badigeonnez la vitre de la lucarne avec un mélange utilisé autrefois dans les serres de jardin pour abriter les plantes des rayons du soleil. Mélangez 500 g de blanc de Meudon et 120 g de bleu d'outremer. Ajoutez 150 g de solution concentrée de silicate de soude. Versez de l'eau en filet pour obtenir un badigeon liquide.

Règles d'or

d'un intérieur bien tenu

DU BEAU MOBILIER

Rien n'est plus agréable ni plus accueillant que des meubles bien entretenus. Ils dénotent une maison soignée et donnent son style à une pièce. Tous les matériaux méritent des soins attentifs : le bois, le métal, le fer forgé, le marbre, l'osier, le rotin, la paille, le cuir et les tissus.

Le bois

Économie de cire. Si vous mettez de la cire liquide sur un chiffon, c'est lui qui va s'en nourrir et non le bois. Utilisez un pinceau, vous gâcherez beaucoup moins de produit. Versez une cire liquide dans un contenant à fond plat (coupelle, assiette creuse) où vous pourrez tremper et égoutter facilement votre pinceau. Ne versez que de petites quantités de cire liquide à la fois, c'est plus prudent et plus pratique. Si la cire est en pain dur, faites-la ramollir au bain-marie.

Joli brillant. Vous venez de cirer un meuble et souhaitez le lustrer au chiffon ? Mettez un peu de fécule de maïs sur votre chiffon avant de frotter. La fécule absorbera l'excès de cire et donnera de l'éclat à votre meuble.

RESTAURER UN PETIT MEUBLE

Le petit meuble que vous avez déniché aux puces est un peu mal en point ? Le placage se décolle et il en manque des morceaux çà et là ? Donnez-lui une nouvelle jeunesse par de petites réparations assez faciles et dont le résultat sera spectaculaire.

FOURNITURES

- colle à bois
- couteau de peintre
- serre-joint
- éponge
- pâte à bois
- papier de verre très fin
- chiffon
- teinture fluide à l'alcool ou vernis à bois ou cire liquide
- pinceau plat

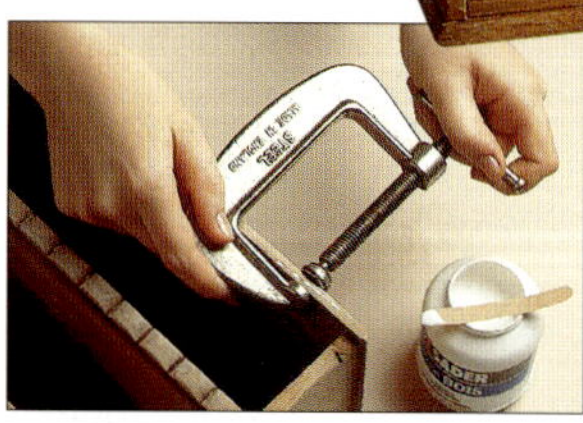

1 - Recollez les morceaux de placage avec de la colle à bois que vous appliquerez avec le couteau de peintre. Maintenez les deux parties à l'aide du serre-joint. Effacez toute trace de colle avec une éponge.

2 - Bouchez les fissures et les trous ou reconstituez les parties manquantes en passant de la pâte à bois avec le couteau de peintre et lissez bien. Ne laissez pas trop de matière sur la surface.

3 - Attendez que la colle ou la pâte à bois soit sèche (une nuit environ), puis poncez finement au papier de verre. Époussetez avec un chiffon. Poncez jusqu'à ce que tout soit parfaitement lisse et poli.

4 - Appliquez la teinture, le vernis ou la cire au pinceau, toujours dans le sens des veines du bois. Si votre meuble a été décapé, recirez-le entièrement, sinon faites juste un raccord à l'endroit des réparations.

Les meubles en bois bien entretenus brillent et captent la lumière. N'oubliez pas vos chaises, dont les dossiers et les barreaux doivent être souvent nettoyés.

❁ Cirer le bois blanc. Le bois blanc a lui aussi droit à des égards pour offrir un bel aspect. Vous protégerez votre meuble en bois blanc en le frottant avec un chiffon imbibé d'huile de lin. Mais avant de le cirer, appliquez une couche de fond dur pour boucher les pores du bois et éviter qu'il ne s'encrasse.

TRADITION-HISTOIRE

Petit lexique pour un siège

Il est très amusant d'évoquer les noms que prit le siège français, au fil des siècles. Au VIIe siècle, le « faudesteuil » du roi Dagobert est une sorte de pliant en bronze, comportant deux accoudoirs. Au XVIe siècle, les caquetoires sont des chaises basses que l'on place près de l'âtre pour papoter autour du feu. Mais c'est au XVIIIe siècle que l'on connaît le plus d'appellations. Une bergère est un fauteuil bas avec des oreilles et des joues pleines, c'est-à-dire rembourrées. Une duchesse est une bergère longue (ci-contre une duchesse en bateau d'époque Louis XV). Une duchesse brisée est comme une chaise longue avec un bout de pieds. Une veilleuse s'installe près de la cheminée et ressemble à une duchesse brisée. Quant à la turquoise, c'est un grand siège de repos avec un dossier amovible... Une voyelle est une chaise sur laquelle on s'assoit à califourchon et qui possède un dossier à accoudoir pour poser les bras devant soi. Et lorsque cet accoudoir comporte une boîte à cigares, la voyelle s'appelle une fumeuse.

❁ Effacer les taches d'eau. Le verre d'eau que vous avez posé sur un meuble récemment ciré a laissé une vilaine tache ronde ? Une seule solution : prendre votre courage à deux mains pour décirer puis cirer à nouveau. Passez d'abord un chiffon imprégné d'un mélange d'une part de vinaigre d'alcool blanc et d'une part d'essence de térébenthine. Laissez bien sécher.

Poncez avec une laine d'acier extrafine, puis éventuellement avec un papier de verre fin pour mettre à nu les veines du bois si la trace persiste. Époussetez pour vérifier que la tache est partie. Passez deux couches de cire espacées d'au moins vingt-quatre heures et lustrez.

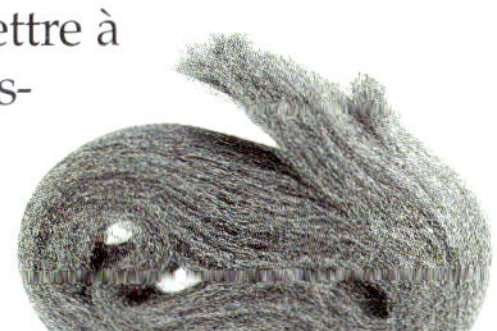

❁ Décolorer une tache de vin. Passez un chiffon imprégné d'alcool à 90° pour décolorer les traces de tanin. Si la décoloration n'est pas parfaite, poncez avec une laine d'acier ou un papier de verre très fins pour mordre doucement les veines du bois – faites-le toujours dans le sens de ces veines afin de ne pas endommager la surface. Époussetez précautionneusement la surface. Puis, si vous êtes satisfait du résultat, passez deux couches de cire et lustrez.

Évitez de trop cirer les meubles car à la longue l'excès de cire encrasse le bois et celui-ci ne brille plus. Il faut alors décirer avant de recirer.

Détacher du gras. Supprimer une tache de gras demande du temps et de la patience. Il faut parfois renouveler l'opération plusieurs fois avant d'obtenir entière satisfaction.

Commencez par recouvrir largement la tache de terre de Sommières. Laissez agir une nuit. Époussetez et vérifiez le résultat. Poncez et recirez.

Si cela ne suffit pas, passez un chiffon d'essence de térébenthine pour nettoyer la surface et décirer. Soyez toujours prudent lorsque vous manipulez cette essence : portez des gants, travaillez avec un tablier, aérez la pièce et ne fumez surtout pas ! Laissez sécher. Poncez avec une laine d'acier fine. N'hésitez pas si nécessaire à mordre profondément les veines superficielles pour atteindre le bois sain. Une fois que vous aurez à nouveau bien nourri le bois en le cirant, il n'y paraîtra plus.

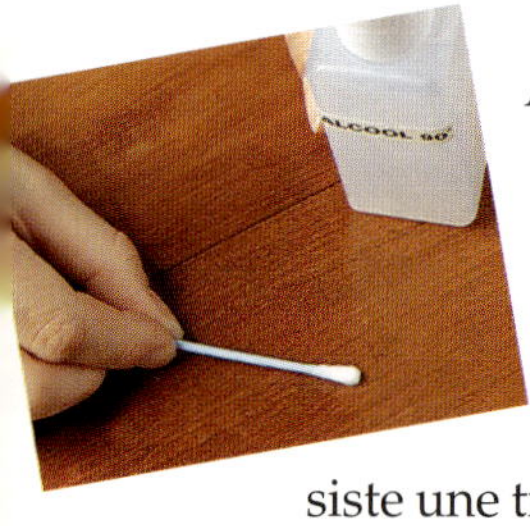

Polir une rayure sur un meuble verni. Agissez délicatement pour ne pas risquer d'endommager davantage le vernis. Passez sur la rayure un Coton-Tige imprégné de dissolvant à ongles en prenant garde de ne pas déborder. Appliquez ensuite un peu plus largement de l'alcool à 90° avec un autre Coton-Tige. Laissez sécher. S'il subsiste une trace terne, frottez-la doucement avec un coton imprégné de très peu d'essence de térébenthine et de quelques gouttes d'huile d'olive.

Donnez une touche de couleur fleurie à votre commode en changeant les poignées, que vous pouvez faire vous-même en pâte à sel ou en argile.

Pour ranger des affaires ou exposer des objets, les meubles en bois à l'ancienne, rustiques ou raffinés, ont un cachet incomparable. Table de cuisine (1), secrétaire (2) ou meuble à couture (3), ils ont leur place dans toutes les pièces de la maison. Une jolie table de chevet suffit à donner une âme à une petite chambre où tiendrait difficilement l'armoire à glace traditionnelle.

La cire en bombe

MODERNE ET PRATIQUE

La cire en bombe est une solution idéale pour redonner un lustre d'antan aux meubles sculptés. Inutile alors de vous munir d'une petite brosse à dents pour nourrir le bois dans ses moindres recoins et volutes. Une pression sur le bouton de la bombe, et la cire se pose en pluie toute légère là où vous le souhaitez. La bombe est à réserver à ce seul usage car son prix est assez dissuasif. Il existe plusieurs coloris : choisissez le plus proche de la teinte de la cire que vous utilisez habituellement afin de ne pas créer de démarcation.

Nettoyer le bois doré. Commencez par dépoussiérer très délicatement le bois doré avec une brosse en poils naturels très souples, genre brosse à épousseter les vêtements.

Pour raviver le doré, préparez une mixture maison. Battez en neige ferme deux blancs d'œufs. Ajoutez une demi-cuillerée à café d'eau de Javel (si les blancs tombent un peu, c'est sans importance). Avec ce mélange, badigeonnez au pinceau les parties dorées, en insistant dans les sculptures en creux. Laissez bien sécher. Polissez énergiquement avec un chiffon de laine très doux. Dans les creux, utilisez une brosse à dents très souple.

Entretenir la laque. Votre meuble laqué est couvert de traces de doigts ? Frottez-le avec une peau de chamois, il retrouvera tout son éclat.

Pour un nettoyage plus profond, frottez votre meuble avec une peau de chamois trempée dans du lait frais (le lait cru est le meilleur) et essorée. Puis lustrez avec une peau de chamois sèche.

Une encaustique maison

Ingrédients

500 g de cire jaune en pain (cire d'abeille de préférence)

2 litres d'essence de térébenthine

1 - À l'aide d'un couteau, réduisez le pain de cire en copeaux très fins que vous mettrez dans un bocal. Ajoutez 1 litre d'essence, fermez le bocal et secouez fortement.

2 - Agitez le bocal de temps en temps pour faciliter la dissolution de la cire, qui peut prendre plusieurs jours.

3 - Si le mélange est trop épais, ajoutez de l'essence jusqu'à ce que la pâte prenne la consistance d'une crème.

4 - Appliquez cette encaustique au pinceau sur vos meubles.

1
2
3

Le métal et le fer forgé

Les bancs et les chaises en métal peint agrémentent avec bonheur les jardins et les terrasses extérieures ou couvertes. L'antirouille et la peinture les protègent, et ils peuvent être lavés à l'eau savonneuse.

❁ **Guerre contre la rouille.** Essayez de supprimer une toute petite tache de rouille en la frottant avec un oignon coupé en deux et saupoudré de sucre semoule. Si cela n'est pas suffisant, passez à un traitement plus radical.

Pour dérouiller des ferrures de meuble très anciennes et abîmées, appliquez du pétrole désodorisé. Utilisez un chiffon ou une laine d'acier si les ferrures sont vraiment endommagées. Portez des gants de bricolage très épais pour cette opération, éloignez les enfants et les animaux domestiques et aérez le local où vous travaillez.

❁ **Nettoyer le fer.** Lavez un objet en fer avec de l'eau chaude additionnée de lessive de soude. Comptez une cuillerée à soupe pour 0,5 litre d'eau. Rincez à l'eau et polissez avec du papier journal froissé en boule.

❁ **Patiner en bleu.** Ce truc n'est valable que pour des petits objets ou des ferrures. Placez vos objets à traiter dans un récipient allant au feu. Recouvrez-les d'huile de vidange. Couvrez le récipient et faites chauffer à feu très doux pendant une heure, voire plus : il faut que l'huile arrive à se dessécher. Surveillez bien la casserole. Sortez les ferrures avec des gants. Vous constaterez alors qu'elles sont de ce beau bleu intense qu'on appelle bleu ferronnerie. Lustrez-les avec un chiffon de laine.

❁ **Nettoyer le fer peint.** Vous pouvez laver un meuble en fer dont la peinture est impeccable avec une éponge et de l'eau savonneuse très diluée. Rincez avec l'éponge et séchez soigneusement avec un chiffon doux non pelucheux.

Mais si la peinture boursoufle ou s'écaille, ne lavez surtout pas votre meuble à l'eau. Passez-y rapidement un chiffon imprégné d'ammoniaque (en aérant le local dans lequel vous êtes).

❁ **Protéger des ferrures patinées.** Pour que la couleur des ferrures que vous venez de patiner tienne longtemps, recouvrez-les de cire d'abeille.

Ramollissez celle-ci au bain-marie pour pouvoir l'appliquer au pinceau. Choisissez une cire claire ou incolore pour ne pas durcir la couleur. Passez deux couches de cire espacées d'une nuit ou de douze heures de séchage au minimum. Lustrez ensuite avec un chiffon de laine. Pour les endroits délicats à atteindre, utilisez une brosse douce en poils naturels.

❁ **Un noir plus noir.** Intensifiez le noir d'un meuble en fer forgé en enduisant celui-ci de cirage noir au chiffon. Attention, cette astuce n'est valable que pour un fer forgé ni rouillé ni attaqué par les intempéries. Dans les endroits difficiles à atteindre, appliquez le cirage avec une petite brosse. Laissez-le sécher une vingtaine de minutes avant de le lustrer au chiffon. Pour les petits recoins, vous utiliserez une vieille brosse à dents bien propre pour faire briller.

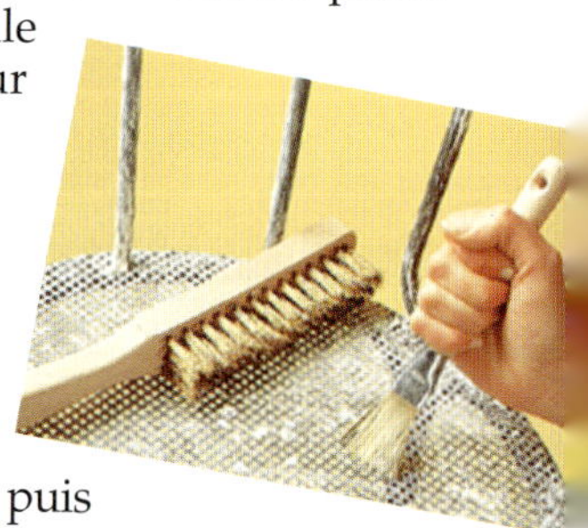

❁ **Décaper du fer peint.** La peinture d'une chaise de jardin commence à boursoufler ? C'est le signe que vous devez la décaper avant de la repeindre. Appliquez un décapant chimique au pinceau, puis raclez la peinture avec un couteau. Le grattage qui suit tout décapage doit être impeccable. Si certains endroits résistent, griffez-les avec un couteau avant d'appliquer à nouveau du décapant. Éliminez les dernières écailles de peinture à la brosse métallique.

POURQUOI ÇA MARCHE

Des journaux pour patiner le métal

Pour patiner un objet en métal nu et non peint, fer forgé ou pas, on conseille de le poser sur des feuilles de papier journal dans une vieille bassine en zinc puis de faire brûler le journal (cette opération doit avoir lieu en extérieur).
Une fois le papier consumé, l'objet a pris une belle teinte noir ferronnerie, de style traditionnel.
Ce truc qui semble magique a une explication chimique : sous l'action de la chaleur, l'encre d'imprimerie devient volatile et adhère au métal.

Bien décapé, le fer forgé retrouve une seconde jeunesse, comme ce vieux lit qui s'intègre bien dans le décor mansardé. Le fer forgé sera encore plus beau si vous le cirez.

Décaper un meuble en fer forgé. Armez-vous d'une brosse métallique pas trop fine et usez de votre huile de coude. Grattez très soigneusement chaque partie pour décaper le noir ancien ou enlever la rouille. Pour peaufiner votre travail, prenez une brosse de plus en plus fine. Puis vous poncerez avec une laine d'acier fine. Ensuite seulement, vous pourrez commencer une remise en couleur ou en noir.

TRADITION-HISTOIRE

La mode du fer forgé

Avant les années 20, le fer forgé ne trouvait pas sa place dans les décorations intérieures raffinées. Il a fallu que les adeptes des Arts déco lancent cette mode pour que le métal élise domicile non seulement sur les terrasses, dans les vérandas, mais aussi dans les salons (ci-contre bar et tabouret haut). De nombreux artistes se lancent alors dans les arts décoratifs et créent des meubles qui allient fer forgé, métal, verre, marbre et incrustations de bois. Les consoles deviennent fort à la mode. Leurs pieds ouvragés sont en fer teinté de bleu ou de noir. Le Corbusier lui-même, génial architecte de 1919 aux années 50, crée du mobilier qui joue sur le mélange de tous ces matériaux. Aujourd'hui, ses meubles continuent à être diffusés industriellement sans avoir pris une ride.

Un produit deux en un

MODERNE ET PRATIQUE

Jusqu'à maintenant, pour obtenir une peinture antirouille, il fallait ajouter un antirouille incolore à une peinture normale. Il existe désormais une peinture qui contient son propre antirouille et qui se passe en une seule couche, rarement deux, sur les métaux juste dépoussiérés et grattés. Inutile avec cette toute nouvelle peinture de décaper complètement avant de rénover. Il suffit de gratter les plus grosses fleurs de rouille pour qu'elles ne laissent pas de relief. À noter : les coloris proposés sont très élégants ; on a retenu par exemple un vert martelé, charmant pour des meubles de jardin et plus original que le noir ou le blanc traditionnels...

Le marbre

❁ **Le meilleur nettoyage.** Lavez le plateau de votre console en marbre avec une éponge savonneuse (savon de Marseille ou lessive en paillettes). Ne mouillez pas trop, c'est inutile. Insistez sur les endroits très sales avec une brosse de chiendent. Rincez soigneusement pour éliminer toute trace de savon. Ne laissez pas sécher car des traces d'eau ou de calcaire disgracieuses resteraient alors. Essuyez avec une peau de chamois ou un torchon qui ne peluche pas.

❁ **Un dessus de marbre éclatant.** Pour protéger un dessus de marbre de la poussière et des taches courantes, cirez-le. Choisissez une cire d'abeille le plus claire possible pour ne pas foncer la couleur de votre marbre. Appliquez la cire, préalablement ramollie au bain-marie, au pinceau. Laissez-la sécher au moins quatre heures puis polissez-la avec un chiffon de laine non pelucheux. Repassez une deuxième, voire une troisième couche la première fois que vous appliquez ce traitement. Pour réchauffer le brillant, lustrez avec un chiffon doux que vous aurez laissé tiédir sur un radiateur.

Le marbre craint les taches. Pour profiter sans risques d'une jolie table, mieux vaut l'imperméabiliser à la cire.

❁ **Enlever de la bougie.** Une bougie a coulé sur le plateau de marbre de votre commode ? Grattez la tache très précautionneusement avec une lame de rasoir. Ayez soin de ne pas mordre la surface du marbre. Recouvrez la tache qui subsiste de blanc de Meudon. Frottez avec un chiffon roulé sur lui-même. Laissez sécher puis polissez avec un chiffon doux. Cirez au besoin.

Recoller un plateau de marbre

Votre commode ou votre table de chevet a piètre allure avec son dessus de marbre cassé ? Lancez-vous dans une restauration dont le résultat vous étonnera. Après avoir recollé les morceaux de marbre cassé, vous poncerez légèrement avec un papier de verre pour éliminer toute trace de colle et unifier la surface. Puis vous peindrez un raccord avec de la peinture acrylique en imitant les veines du marbre pour faire illusion.

Fournitures

- couteau
- trichloréthylène
- colle époxy à deux composants
- couteau de peintre
- alcool à brûler
- serre-joint ou ruban adhésif fort

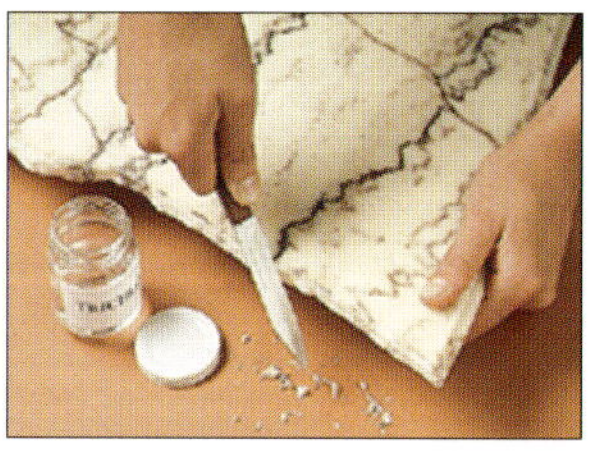

1 - Souvent le marbre recasse là où il avait déjà cassé. Grattez les anciennes traces de colle avec le couteau et nettoyez les derniers résidus au trichloréthylène. Si la cassure est récente, nettoyez-la aussi.

2 - Mélangez les deux composants de la colle puis étalez-la avec le couteau sur les deux tranches cassées. Ne débordez pas et ne touchez pas la colle car elle est redoutablement efficace. Réunissez les deux parties.

3 - Effacez la colle avec un tampon d'alcool à brûler. Posez le serre-joint si cela est possible, sinon collez un morceau de ruban adhésif fort. Vous n'avez plus qu'à poncer et à peindre un raccord si nécessaire.

Un fauteuil à bascule en osier ou en rotin est parfait pour paresser sur la terrasse ou au jardin.

Blanchir le rotin. Votre mobilier de jardin en rotin est devenu gris ?

- Nettoyez-le à l'éponge avec de l'eau chaude additionnée d'eau oxygénée à 15 volumes (4 ou 5 cuillerées à soupe pour 1 litre d'eau). N'oubliez jamais de rincer.
- À défaut, vous pouvez utiliser du jus de citron dans les mêmes proportions.

Nourrir le rotin. Protégez et nourrissez votre mobilier en rotin en l'enduisant au pinceau d'une huile de lin pure ou d'une huile de teck (plus nourrissante). Laissez sécher au moins deux jours. Lustrez au chiffon non pelucheux.

L'osier, le rotin et la paille

Décrasser l'osier. Pour dépoussiérer dans ses moindres recoins un meuble en osier tressé très encrassé, utilisez votre aspirateur, il n'y a pas mieux. Grattez la poussière agglomérée avec un petit couteau et aspirez.

Grand lavage pour l'osier. Lavez le meuble à la lessive Saint Marc diluée à raison de 2 cuillerées à soupe pour 1 litre d'eau. Rincez abondamment. Laissez sécher à l'extérieur (jamais au soleil) ou dans un local très aéré. Vous ne risquez rien à renouveler l'opération.

Blanchir l'osier. Utilisez une eau javellisée dosée faiblement (1 cuillerée à soupe par litre d'eau froide) pour blanchir l'osier patiné par les ans. Brossez énergiquement avec une brosse de chiendent. Rincez abondamment à l'eau claire.

Laver le rotin. Lavez-le avec une brosse trempée dans de l'eau additionnée de lessive Saint Marc (2 cuillerées à soupe pour 1 litre d'eau).

- Autre solution : utilisez du bicarbonate de soude (2 cuillerées à soupe par litre d'eau). Rincez à l'eau claire. Laissez sécher à l'air libre mais jamais en plein soleil.

Nettoyer la paille. Dépoussiérez l'assise en paille de vos chaises avec une brosse douce. Frottez toujours dans le sens des fibres, même lorsqu'elles sont entremêlées et tressées. Si la paille est très encrassée, lavez-la avec de l'eau chaude fortement salée (un verre de gros sel pour un seau d'eau).

Blanchir la paille. Passez du jus de citron avec une éponge sur l'assise des chaises et rincez à l'eau claire pour que la paille retrouve souplesse et brillant. Oubliez l'eau javellisée, trop agressive pour la paille. Laissez sécher à l'abri de toute source de chaleur.

Le cuir

Le cuir est un matériau facile à entretenir et qui vieillit bien. Mais n'utilisez pas de cire à base de silicone, qui empêcherait le cuir de respirer.

❁ **Nourrir le vieux cuir.** Le cuir perd tout doucement de son éclat. Ravivez-le avec des peaux de banane. La recette est économique mais, avouons-le, peu pratique, aussi réservez-la aux petits meubles. Frottez le cuir avec l'intérieur des peaux de banane. Laissez sécher dix minutes puis polissez avec un chiffon sec qui ne peluche pas : il éliminera tous les résidus de la peau de banane.

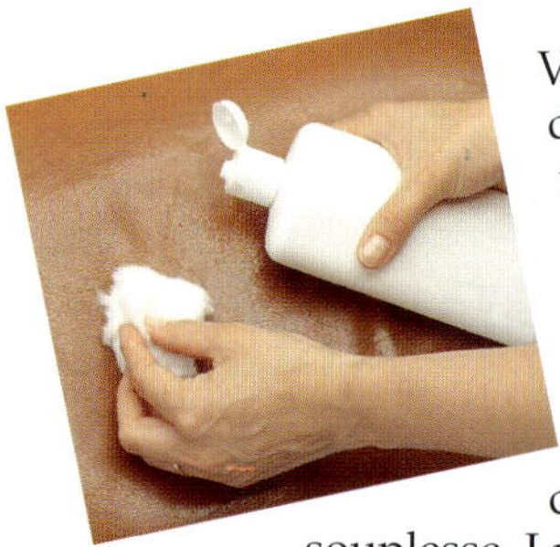

❁ **Restaurer un cuir craquelé.** Votre vieux fauteuil anglais déniché dans une brocante a triste mine…

- Enduisez-le de lait démaquillant ou, mieux, de lait de toilette pour bébé. N'hésitez pas à passez plusieurs couches, jusqu'à ce que le cuir ait retrouvé une certaine souplesse. Lustrez.
- Si les dommages sont trop importants, appliquez trois couches d'huile de vaseline au pinceau. Laissez sécher une nuit entre chaque couche. Lustrez enfin avec un chiffon de laine douce.

❁ **Traces d'eau.** Frottez les taches avec un chiffon imprégné d'essence de térébenthine. Recirez pour retrouver la coloration originelle. Lustrez.

❁ **Nouvel éclat pour cuir terne.** Détachez et cirez votre meuble. Laissez bien sécher. Préparez un mélange d'huile de lin (1/3) et d'essence de térébenthine (2/3). Appliquez cette solution coup de fouet au pinceau. Laissez sécher et lustrez avec un chiffon doux non pelucheux.

❁ **Masquer une éraflure.** Frottez doucement la griffure avec une pierre ponce pour en adoucir les bords. Époussetez bien au fur et à mesure. Appliquez du cirage avec un pinceau fin ou une brosse à dents. Lustrez avec une flanelle douce.

❁ **Taches de stylo.** Prenez un Coton-Tige et trempez-le dans de l'alcool à 90° ou de l'éther. Passez-le sur la ligne d'encre, de stylo bille ou de feutre. Tamponnez doucement pour ne pas étaler les traces. Recommencez jusqu'à disparition totale. Passez ensuite un Coton-Tige imbibé d'essence de térébenthine, puis laissez sécher et recirez. Lustrez.

❁ **Masque pour cuir sombre.** Mélangez 1/3 de glycérine et 2/3 d'alcool à brûler. Portez des gants pour travailler, aérez le local où vous êtes et éloignez les enfants et les animaux domestiques. Utilisez une brosse douce pour passer ce mélange très volatil sur le cuir. Les cuirs grenus apprécient ce nettoyage nourrissant.

Crème de beauté pour cuir clair

Vous serez étonné des effets salutaires de cette crème qui nourrit et ravive le cuir clair.

FOURNITURES

- doseur de cuisine
- huile de ricin
- alcool à brûler

1 - Mélangez 2 dl d'huile de ricin et 2 dl d'alcool dans un doseur de cuisine que vous réserverez à vos mixtures de décoration.
2 - Passez ce mélange sur votre meuble avec un chiffon.
3 - Laissez sécher au moins 24 h, puis passez un chiffon à peine imprégné d'huile de ricin pure.
4 - Attendez 24 h pour lustrer.

Les tissus

Redonner vie à une soie ancienne. Votre petit sofa ou votre fauteuil recouvert de soie ancienne est sali et terne ? Regardez le tissu précieux de près. S'il paraît solide et en bonne santé, essayez ce traitement de beauté miracle. Faites préparer par votre droguiste un mélange de 1/3 de magnésie et de 2/3 d'essence minérale. Appliquez cette pâte sur siège, accoudoirs, dossier et appuie-tête. Attendez que cela soit sec puis époussetez doucement avec une brosse souple en poils naturels. Encore une fois, cette astuce n'est valable que pour un textile sain !

Enlever de la bougie. Grattez le plus possible de matière sèche avec la lame d'un couteau de cuisine. Puis placez une feuille de papier absorbant sur les traces de bougie. Passez un fer à repasser sec sur le papier, qui va absorber le gras de la bougie. Déplacez rapidement le papier et changez de feuille très souvent. Si une petite coloration persiste dans les fibres du tissu, frottez avec un chiffon imprégné de trichloréthylène.

Le fauteuils capitonnés en tissu clair sont délicats à entretenir. Pour les protéger, jetez-y un carré de mousseline ou de dentelle en appui-tête.

Un fauteuil en habit neuf

Votre vieux fauteuil, bien qu'encore valide, présente un tissu très abîmé. Du doigté, de la patience et un peu de savoir-faire vous permettront de le remettre à neuf. Pour dégarnir votre siège, décollez le galon en l'arrachant et retirez toutes les semences qui fixent le tissu, à l'aide d'une pince. Gardez le tissu, qui vous servira de patron pour découper votre nouvel habillage.

Fournitures

- toile blanche aux dimensions
- molleton ou ouatine aux dimensions
- tissu d'ameublement aux dimensions
- houseaux (épingles longues à tête)
- semences de 7 mm (clous de tapissier)
- marteau de tapissier
- galon de tapissier assorti au tissu
- colle d'ameublement

1 - Assurez-vous du bon état du tissu blanc de protection, qui servira de base pour que le molleton reste bien en place. Au besoin, il faudra le changer aussi, en procédant comme pour le tissu du dessus.

2 - Posez le molleton sur le tissu blanc du fond et recoupez-le juste au-dessus des semences. Inutile de le fixer avec des semences, car il adhère tout seul et sera maintenu par le tissu du dessus.

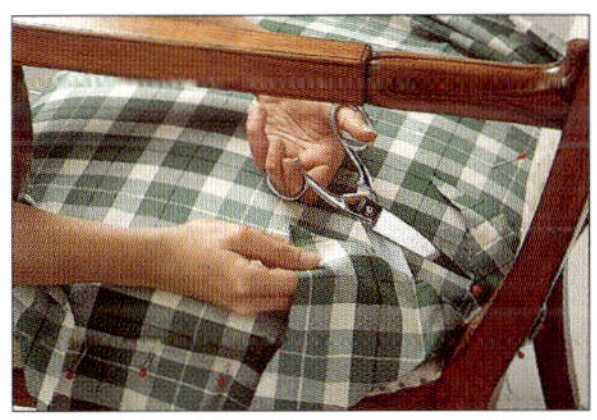

3 - Coupez le tissu en vous servant de celui que vous avez retiré comme patron. Comptez une marge de 6 à 8 cm. Fixez-le sur le fauteuil avec des houseaux. Crantez les angles en suivant la forme des montants du fauteuil.

4 - Recoupez les arrondis des coins arrière du siège et fixez-les d'abord avec des houseaux. Repliez le bord du tissu vers l'intérieur et fixez-le avec les houseaux. Clouez des semences tous les 2 cm avec le marteau.

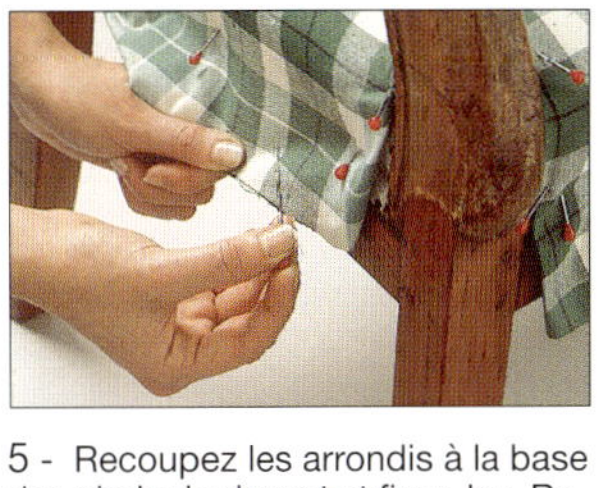

5 - Recoupez les arrondis à la base des pieds de devant et fixez-les. Revérifiez l'axe du tissu et retendez-le bien, en commençant par le milieu devant, puis à droite et à gauche, de façon qu'il n'y ait pas de faux plis.

6 - Repliez le tissu vers l'intérieur et fixez-le avec les houseaux. Clouez des semences tout au bord du tissu, d'abord tous les 2 cm, puis entre chaque semence. Pour finir, collez le galon par-dessus.

1
2

Si vos sièges sont trop abîmés ou si vous voulez changer de décor à peu de frais, confectionnez d'élégantes housses en coton, qui ont de plus l'avantage d'être facilement lavables. Ne vous privez pas de l'atmosphère douillette et confortable que créent les coussins, que vous pouvez réaliser vous-même en broderie (1) ou en imprimé fleuri (2). Déhoussables, ils pourront être régulièrement lavés et repassés.

Raviver le velours. Pour traquer la poussière, qui est la pire ennemie du velours, brossez énergiquement le tissu avec une brosse souple en tapotant de la paume de la main. Passez la petite brosse de l'aspirateur dans les jointures seulement, pour ne pas marquer le velours. Pour lui redonner couleur et bonne mine, passez un chiffon imprégné de tétrachlorure de carbone (que vous trouverez en droguerie).

Rafraîchir les fauteuils tapissés. Dépoussiérez les fauteuils à l'aide de la petite brosse de l'aspirateur. Passez-la dans le sens de la trame du tissu. Ne tapez pas trop fort sièges et dossiers pour ne pas casser les fibres textiles et ne pas endommager sangles et ressorts. Passez rapidement sur le tissu (en particulier sur les accoudoirs et le repose-tête) un chiffon épais légèrement imbibé de benzine désodorisée. Aérez bien la pièce.

Détacher les tissus. Vous enlèverez une trace de sucre avec un tampon humide d'eau tiède.

• Vous effacerez des taches colorées d'alcool (vin, bière) avec un chiffon imprégné de trichloréthylène.

• Vous supprimerez le gras en saupoudrant du talc sur un tissu clair ou de la terre de Sommières sur un tissu foncé pendant toute une nuit. Époussetez et brossez. Passez un chiffon de trichloréthylène pour parfaire votre travail et raviver les coloris.

• Pour les traces de stylo bille ou d'encre, utilisez de l'acide oxalique ou simplement un Coton-Tige imbibé d'alcool à 90°.

Ces repose-pieds garnis de chintz et de coton satiné risquent de se ternir ou de se salir, mais ils sont si faciles à recouvrir d'un nouveau tissu que ce serait dommage de se priver de si soyeuses notes de couleur !

Nouvelle parure pour une chaise de jardin. La toile de votre chaise longue est usée ? Remplacez-la par du lin, dont l'aspect naturel est très élégant. Pour un résultat raffiné, posez un galon blanc et pour plus de confort, prévoyez des coussins ornés de dentelle blanche et de croquet pour la tête et les jambes. Ces coussins, amovibles, sont accrochés par des pattes à gros boutons.

Laver les sièges de jardin. Lavez vos sièges en toile à la lessive Saint Marc faiblement dosée (1 cuillerée à soupe pour 1 litre d'eau chaude). Frottez à la brosse de chiendent si la toile est très encrassée. Rincez à grande eau et laissez sécher à l'air libre, mais pas en plein soleil.

Vous pouvez laver ainsi tous les sièges, même ceux rembourrés de mousse. Essorez bien la mousse synthétique entre vos mains après avoir rincé et comptez un temps de séchage plus long.

Retendre la toile des chaises de jardin. La toile des chaises longues finit toujours par s'affaisser. Si elle est en bon état, retendez-la. Repérez les clous qui sont dissimulés sous un retour de toile autour de l'un ou l'autre des montants. Déclouez-les sur l'un des montants avec un marteau chasse-clous. Coupez quelques centimètres de tissu pour qu'il soit à nouveau tendu. Reclouez avec des petits clous de tapissier neufs.

Vous pouvez procéder de la même façon pour changer carrément de toile, en déclouant les deux montants.

Une literie saine et confortable

Édredons bien ronds, oreillers de plume moelleux, lourdes couvertures, matelas de laine, draps et taies chiffrés, les lits à l'ancienne avaient beaucoup de charme. Même avec une literie moderne, retrouvez le goût du linge de lit bien entretenu.

Les édredons, les couettes et les couvertures

Nettoyer un édredon. Nettoyez vous-même un édredon (ou une couette, un oreiller) synthétique ou garni de plumes avec un chiffon imprégné de trichloréthylène. Frottez rapidement l'enveloppe de chaque côté.

Attention : les émanations de trichloréthylène étant nocives, laissez l'édredon s'aérer au moins quarante-huit heures à l'extérieur si possible (jamais en plein soleil) avant de le ranger ou de le remettre en service.

Un édredon ancien remis à neuf. Videz votre édredon en ouvrant une couture latérale sur une dizaine de centimètres. Retirez les plumes par poignées et enfermez-les immédiatement dans un grand sac plastique pour qu'elles ne s'envolent pas. Pour nettoyer les plumes, glissez un tampon de coton imprégné de trichloréthylène dans le sac. Fermez-le bien et secouez-le de temps en temps pendant une journée. Retirez le tampon de coton, secouez à nouveau le sac plastique.

Dans le tissu de votre choix, faites une housse aux dimensions de l'ancienne enveloppe. Replacez les plumes à l'intérieur. Fermez l'enveloppe. Laissez l'édredon s'aérer à l'extérieur au moins quarante-huit heures avant de le remettre sur un lit.

Se protéger des plumes. Rien à faire... Les plumes traversent votre édredon ou votre oreiller et cela vous gêne ? Passez sur l'enveloppe qui enferme les plumes du savon de Marseille sec. Il va boucher les petits trous du tissage de l'enveloppe et vous serez tranquille.

Recouvrez l'enveloppe passée au savon d'une housse. Renouvelez le traitement au savon une fois par mois.

Une belle couverture piquée satinée bicolore peut suffire à créer une atmosphère douillette. Vous y ajouterez du cachet en choisissant pour l'oreiller une taie aux coloris anciens.

Une jolie pile d'oreillers. Sur un lit, multipliez les oreillers non seulement pour votre confort, si vous lisez au lit par exemple, mais plus encore pour l'aspect décoratif. Variez les tailles : utilisez comme base un polochon, qui donnera une bonne assise, puis placez un grand oreiller carré, un rectangulaire et mettez enfin devant, en exposition, un plus petit, carré ou rectangulaire. Jouez aussi avec les housses : choisissez-les très contrastées ou au contraire dans une même harmonie de coloris.

Détacher une couette. Votre petit déjeuner au lit se solde par une tasse de café ou de chocolat renversée sur la couette ? Soyez prompt. Épongez au maximum la tache. Enlevez vite la housse et tamponnez la couette avec de l'eau chaude. Si cela n'est pas suffisant pour décolorer la tache, tamponnez avec un chiffon imprégné d'une eau javellisée faiblement dosée (1/2 cuillerée à soupe pour 1 litre d'eau froide). Rincez soigneusement en tamponnant toujours pour ne pas trop humidifier le rembourrage. Laissez sécher à l'air libre.

Plutôt qu'un ou deux oreillers un peu stricts, placez-en plusieurs sur le dessus de lit en jouant sur les tailles. Harmonisez vos plus beaux coussins à volants avec une tenture fixée en tête de lit.

Courtepointe à l'ancienne. Pour un joli effet déco dans une chambre meublée à l'ancienne, posez une courtepointe colorée sur un dessus-de-lit blanc (crocheté, en piqué de coton ou en boutis provençal). Le contraste des couleurs est très élégant.

Vous pouvez réaliser vous-même votre courtepointe en cousant ensemble des morceaux de drap ou de tissu (un peu comme un patchwork).

Doublez-la d'une toile de piqué de coton blanc, ou d'une couleur assortie à la teinte dominante de votre ouvrage. Repliez cette doublure en bordure tout autour sur le dessus de votre ouvrage en formant des onglets dans les angles.

Laver une couette. Si votre machine à laver a une capacité suffisante, vous pouvez y mettre une couette lavable d'une personne.

Pour éviter la formation de gros paquets à l'intérieur de la couette, ajoutez trois ou quatre balles de tennis dans le tambour de la machine.

Rangement estival. Ne rangez pas édredons et couettes sans les avoir secoués vigoureusement. Pliez-les sans les tasser. Mettez-les sous housses. Protégez-les des mites en glissant dans les housses des boules de coton imprégnées d'essence de lavandin ou des feuilles de menthe fraîche ou séchée.

TRADITION-HISTOIRE

Du lit clos populaire au lit de parade

Le lit clos est une tradition française régionale (ci-contre, lit clos normand). On en comptait beaucoup en Bretagne et dans les provinces de l'est ou du centre de la France à la fin du XVIIIe siècle. Question d'économie de chauffage la nuit, une fois les portes fermées, il y faisait moins froid, surtout lorsque les paysans s'y entassaient à plusieurs, parents et jeunes enfants par exemple.

Si le lit de parade, entouré de rideaux et surmonté d'un ciel de lit, tel le baldaquin, était très fréquent depuis le Moyen Âge, c'était seulement dans les grandes demeures des gens aisés et dans les châteaux. On se souvient du rite établi par Louis XIV autour de son coucher et de son lever.

Les bourgeois du XIXe siècle, quant à eux, donneront la préférence à un lit hybride, avec une structure en bois (ou châlit). Il sera recouvert d'une multitude de couvertures piquées et d'un édredon, car les chambres n'étaient jamais chauffées.

Les housses antiacariens

MODERNE ET PRATIQUE **Pour les sensibles aux acariens, les allergiques, les asthmatiques, il existe désormais des housses d'oreiller et de matelas antiacariens. Composées d'un textile microporeux et traitées contre l'humidité, ces housses restent perméables à l'air. Elles sont lavables en machine et il est recommandé de les nettoyer souvent pour maintenir un excellent niveau d'hygiène.**

Rajeunir une couverture piquée. Pour restaurer une ancienne couverture piquée, recouvrez-la de tissu neuf. Fabriquez-vous une housse aux dimensions exactes de la couverture. Puis, avec une aiguille recourbée de matelassier et du fil assorti assez épais, refaites les points de matelassage. Vous n'êtes pas obligé de tous les reproduire : quelques-uns suffiront pour maintenir en place le tissu neuf.

Nos grands-mères aimaient les superpositions : oreillers, traversin, édredon, dessus-de-lit à pans plissés (ci-contre). Dans l'esprit d'autrefois, confectionnez un ciel de lit pour une chambre d'enfant (ci-dessus). Celui-ci est doublé et fixé sur la largeur du lit. Il est retenu par deux gros nœuds à chaque montant du lit.

ATTENTION !

Question de mesures

Les mesures des accessoires de literie ne sont pas standard en Europe. Or, les magasins qui proposent des produits d'autres pays européens sont de plus en plus nombreux en France. Aussi, lorsque vous allez acheter des taies d'oreiller ou une housse de couette, n'oubliez pas de noter leurs dimensions ! En France, nous sommes plutôt carrés pour les oreillers (65 x 65 cm), mais les Européens du Nord et les Anglo-Saxons préfèrent les dimensions rectangulaires (50 x 75 cm). Quant aux couettes, une housse pour une personne mesure 1,40 x 2 m en France parce que nous aimons que la couette retombe un peu de chaque côté ; en Allemagne, c'est plutôt 1 m ou 1,20 m de large sans retombée ; en Angleterre, c'est aussi 1,20 m, tout comme en Suède.

Une couverture comme neuve. Que la ganse d'une couverture s'effiloche et aussitôt c'est toute la couverture qui a piètre allure ! N'attendez donc pas pour renouveler une ganse mal en point. Décousez l'ancienne sur tout le pourtour. Pour la remplacer, choisissez une ganse soit de la même couleur que celle de la couverture, soit dans un ton contrasté. Fixez-la à cheval avec une piqûre machine ou à la main à points glissés.

Des couvertures aux couleurs bien vives. Secouez et aérez le plus souvent possible les couvertures de laine car elles prennent vite la poussière et ternissent, mais ne les exposez pas en plein soleil, les couleurs risqueraient d'en pâtir.

❁ **Matelas tachés.** Les fuites sont toujours imprévisibles chez les enfants... Alors sachez traiter les taches d'urine. Tamponnez le matelas avec une éponge humide chaude ; passez ensuite un tampon d'alcool à brûler sur les surfaces souillées. Laissez sécher puis renouvelez un tamponnage à l'eau chaude. Aérez le plus possible avant de remettre le matelas en service.

- Frottez une tache de sang sur le matelas avec du sérum physiologique puis tamponnez avec de l'eau oxygénée à 10 volumes. Rincez à l'eau en épongeant avec un chiffon propre. Laissez sécher.

❁ **Chasse aux acariens.** Les acariens, source d'allergies, adorent loger dans votre literie. Retournez votre matelas très régulièrement (par exemple le premier jour de chaque mois). Tapotez le sommier, aspirez ou tapez les bords recouverts de coutil.

Les sommiers et les matelas

❁ **Nettoyer un sommier.** Votre sommier est poussiéreux et a besoin d'un coup de fouet ? Frottez le coutil avec un chiffon imprégné de trichloréthylène. Laissez le sommier s'aérer une journée entière au minimum, fenêtres ouvertes, avant de refaire le lit.

❁ **Un matelas bien protégé.** Ne jetez plus vos draps décolorés, tachés, usés ou même troués. Réparez-les grossièrement et utilisez-les en protège-matelas, pardessus l'alèse. Cela ajoutera par la même occasion du moelleux à votre couchage.

La toile à matelas peut être très décorative. Ici, elle tapisse une banquette garnie d'un matelas très rembourré, laissé à nu pour mettre en valeur son capitonnage et son épaisseur. Les traversins sont sans taie et jouent sur le bicolore pastel. Un coussin de tapisserie et un édredon plié sur le côté rehaussent de couleurs vives quelques beaux coussins de boutis blanc.

Le summum du confort

MODERNE ET PRATIQUE

Avec les sommiers à lattes articulés, il est facile de dormir la tête et/ou les pieds surélevés. D'un confort absolu, les lattes sont très appréciables pour les personnes alitées pour raison de santé. Certains lits possèdent une télécommande pour actionner le sommier sans aucun effort. Ces performances technologiques se paient assez cher mais les personnes qui en ont fait l'acquisition en sont absolument enchantées.

1

2

❁ **Repasser les draps brodés.** Humidifiez les parties brodées et laissez-les se détendre une dizaine de minutes, avant de les repasser sur l'envers. Ne repassez jamais les broderies sur l'endroit, vous les écraseriez. Insistez autour des broderies avec le bout pointu du fer.

Pour avoir un linge empesé comme autrefois, délayez de l'amidon dans l'eau de rinçage. Ajoutez une pincée de sel pour que l'amidon ne colle pas au fer. Si vous n'avez pas d'amidon, délayez 1 cuillerée à soupe de Maïzena avec 2 verres d'eau et vaporisez.

Le linge de lit

❁ **Des draps parfumés.** Vous voulez donner à votre linge de lit une odeur plus naturelle que celle des lessives ou des adoucissants ? Lavez-le avec du savon en paillettes et ajoutez quelques gouttes d'essence de lavande, de verveine ou de romarin.

❁ **Des draps sans taches.** Vos draps anciens ont de vilaines traces jaunes ? Faites-les tremper une nuit dans du lait cru puis lavez-les normalement.

- Pour effacer des taches de moisissure, mouillez le drap avec de l'eau fortement vinaigrée (1 part de vinaigre pour 2 parts d'eau).
- Pour venir à bout d'une tache de rouille, passez des tiges de rhubarbe à la centrifugeuse ou au mixeur et frottez la tache avec le jus obtenu. Laissez agir une nuit puis lavez le drap.

❁ **Des draps trop rèches.** Le linge en lin vous semble trop empesé ? Pour lui donner de la souplesse, faites-le tremper une heure dans un seau d'eau chaude avec un verre de gros sel et un verre de cristaux de soude. Puis lavez le linge plusieurs fois de suite à la machine.

❁ **Séchage sur pré.** Retrouvez l'image idyllique des draps d'autrefois séchant sur une prairie. Déposez vos draps au petit matin, lorsque l'herbe est mouillée de rosée très oxygénée, qui blanchit le coton. Mais vérifiez l'épaisseur du tapis herbeux pour que vos draps ne soient pas tachés de terre.

Autrefois, chaque jeune fille savait broder les jours (1) et son trousseau de mariée comportait une parure brodée à son chiffre (2). Cette housse de couette est réalisée en lin naturel associé à des broderies récupérées d'un ancien drap.

Blanchir les draps à l'ancienne

Les lavandières d'autrefois utilisaient la cendre de bois pour donner aux draps un blanc immaculé.

FOURNITURES
5 oignons
1 litre de vinaigre d'alcool blanc
150 g de cendre de bois
50 g de savon en paillettes ou de savon de Marseille râpé
lessiveuse

1 - Râpez les oignons pour en faire une purée. Pressez cette purée pour en extraire le maximum de jus.
2 - Mélangez le jus d'oignon au vinaigre, ajoutez la cendre de bois et les paillettes de savon. Portez ce mélange à ébullition dans la lessiveuse.
3 - Plongez le drap dans ce liquide détachant. Laissez tremper une nuit entière. Portez à nouveau à ébullition en ayant soin d'ajouter suffisamment d'eau pour couvrir le drap. Laissez refroidir.
4 - Sortez le drap et rincez-le abondamment à l'eau. Faites sécher à l'air libre mais jamais au soleil ni par pleine lune.

❁ **Récupérer des broderies anciennes.** Vous avez déniché des draps ou des taies brodés trop usés pour être utilisés ? Découpez de façon assez large les chiffres brodés épargnés par l'usure. Appliquez ces broderies sur des draps neufs en faisant une piqûre tout autour.

❁ **L'art du rangement.** Dans une armoire ancienne, rangez vos piles de draps dans des housses que vous aurez fabriquées avec des torchons de lin. Pour plus de raffinement, brodez-les au point de croix avec du coton rouge : « chambre parents », « chambre amis », « chambre enfants »... Plus de confusion possible entre les draps.

DES VÊTEMENTS LONGUE DURÉE

L'entretien courant des vêtements et des accessoires exige quelques menus travaux de couture et des soins adaptés aux différentes matières : textiles naturels ou synthétiques, tissus particuliers. Redécouvrez le plaisir d'une armoire s'ouvrant sur des habits impeccables.

La couture et le tricot faciles

Boutons pas trop serrés. Pour coudre un bouton en laissant assez de jeu au fil, glissez une allumette entre le bouton et le tissu.

Boutons solides. Sur des vêtements un peu épais, cousez un bouton de soutien en dessous de chaque bouton apparent. Il vous sera facile de coudre les deux boutons ensemble s'ils ont à peu près les mêmes perforations.

Boutons souples. Sur les vêtements des jeunes enfants, ceux qu'ils auront à refermer ou tenter de refermer tout seuls, cousez tous les boutons avec du fil de latex, assez épais et élastique.

Réserve à boutons. Pour ne pas chercher vos petits boutons dans votre boîte à ouvrage, enfilez-les sur une épingle de nourrice. Si vous en avez beaucoup, triez-les par couleurs : une épingle pour les rouges, une pour les bruns…

Rassemblez tout votre matériel de couture sur un plan de travail : c'est beaucoup plus commode que d'avoir à le sortir et à le ranger à chaque utilisation.

LA COLLE À OURLETS

MODERNE ET PRATIQUE **On connaissait le ruban de stoppage thermocollant qui s'applique au fer à repasser, mais il y a encore mieux en mercerie pour les adeptes du moindre effort : la colle à ourlets. Vous déposez un filet de colle sur les deux faces de tissu à assembler ; vous faites pression, et c'est tout. Une seule précaution : évitez de laver à l'eau bouillante les vêtements ainsi ourlés.**
Attention : ne comptez pas utiliser cette colle sur des textiles très épais – elle ne tiendrait pas –, ou au contraire très fins – elle traverserait le tissu.

Pour manipuler plus facilement votre tricot lorsque vous faites un jacquard, faites des petits bobineaux avec les laines que vous mettez en attente et attachez-les à l'ouvrage avec une épingle de nourrice.

❁ **Enfiler une aiguillée.** Difficile de faire passer le fil à travers le chas de l'aiguille ? Frottez l'extrémité du fil sur du savon, elle ne s'effilochera plus et vous la manipulerez plus aisément.

❁ **Ciseaux tout neufs.** Les petits ciseaux de couture rouillent assez facilement. Pour les aiguiser, coupez plusieurs fois de suite un morceau de toile émeri fine. S'il reste des traces de rouille, frottez les lames avec du papier de verre fin.

❁ **Le fil de la pelote.** Lorsque vous commencez un tricot, plongez les doigts à l'intérieur de la pelote de laine ou de coton et tirez sur le fil. C'est par cette extrémité que vous allez débuter votre ouvrage ; vous ne rencontrerez jamais de nœuds.

Ce dévidoir-envidoir permettait de faire des écheveaux de laine puis de la mettre en pelotes.

❁ **Un raccommodage décoratif.** Faites disparaître de minuscules trous dans un tee-shirt d'enfant en brodant une petite étoile au point lancé.

❁ **Défriser de la laine.** Vous voulez récupérer la laine d'un vieux pull ? Détricotez-le en embobinant la laine. Pour la défriser, maintenez-la au-dessus d'une casserole où vous faites bouillir de l'eau.

• Autre solution pour défriser la laine : repassez-la avec beaucoup de vapeur sur une serviette-éponge ; et rembobinez-la en pelote serrée.

❁ **Raccorder un rang.** Choisissez le début d'un rang pour faire un raccord de fil à tricoter. À la fin de votre pelote et du rang, laissez quelques centimètres de fil. Commencez le rang suivant avec la nouvelle pelote en laissant libres quelques centimètres de fil. Pour plus de solidité, enfilez ces deux fils ensemble avec une grosse aiguille à laine dans la lisière.

REPRISER UN ACCROC

Plutôt que d'essayer de masquer vainement un vilain accroc, initiez-vous à la reprise damassée, en utilisant des fils de couleurs contrastées.

FOURNITURES
tambour à broder
ciseaux à repriser
aiguille à repriser
2 fils de couleur de la même grosseur que le fil du tissu

1 - Fixez le tambour à broder autour de l'accroc afin que le tissu soit bien tendu.

2 - Avec les ciseaux, découpez tout autour de l'accroc : les bords doivent être bien droits et suivre la trame du tissu.

3 - Mettez en place les fils de chaîne en piquant l'aiguille à 0,5 cm des bords. Changez de couleur tous les quatre fils sans les couper.

4 - Passez les fils de trame dessus/dessous les fils de chaîne. Inversez le tissage au retour. Changez également de couleur tous les quatre fils.

Plutôt que de les oublier au fond d'une armoire ou d'un grenier, exposez au mur vos plus jolis vêtements à l'ancienne. Ils donneront à la pièce un petit air rétro charmant.

Coton blanc. Vous voulez raviver un vêtement blanc qui a jauni ou terni ? Lavez-le à la main en utilisant du savon en paillettes. Rincez généreusement puis, dans la dernière eau de rinçage à froid, ajoutez 1/2 cuillerée à soupe d'eau de Javel. Si vous êtes incommodé par l'odeur du chlore, ajoutez quelques gouttes d'ammoniaque, qui la neutraliseront. Faites sécher à l'ombre.

Les textiles naturels

Plus de mauvaises surprises. Pour éviter que vos vêtements neufs en coton ne rétrécissent au lavage, faites-les d'abord tremper douze heures dans de l'eau froide salée.

Coton de couleur. Vous avez taché votre jupe rouge ? Commencez par passer du savon de Marseille sec sur la tache. Frottez-la ensuite avec de l'eau oxygénée à 20 volumes diluée dans de l'eau froide (soyez prudente et faites un essai sur l'envers). Puis lavez comme d'habitude.

Coton noir. Les teintures noires ont tendance à verdir ou à blanchir. Pour redonner de la profondeur au noir, lavez le vêtement en dosant faiblement la lessive. Rincez à l'eau froide. Ajoutez un verre de vinaigre d'alcool coloré et laissez tremper quelques heures avant de rincer à l'eau claire une dernière fois. Faites sécher à l'ombre.

Attention !

Déjaunir la soie et la laine

L'eau de Javel est à proscrire pour la soie et les lainages, même s'ils sont blancs. Ne l'oubliez pas, vous brûleriez vos vêtements. Pour déjaunir de la soie, plongez-la quelques minutes dans un mélange composé de 4 parties d'eau, 1 partie d'eau oxygénée à 10 volumes et quelques gouttes d'ammoniaque. Pour déjaunir la laine, laissez-la tremper une demi-heure dans une cuvette d'eau froide additionnée de 3 cuillerées à soupe d'eau oxygénée à 10 volumes. Faites sécher la soie ou la laine à l'ombre, à plat et à couvert.

Col propre. Sur un vêtement en coton, frottez le col avec une éponge imbibée d'alcool à 90° dans lequel vous aurez fait dissoudre du gros sel.

- Sur un lainage, frottez le col avec une brosse à habits, puis passez un chiffon imprégné de trichloréthylène.

Tache d'encre. Dans un bol, battez un jaune d'œuf à la fourchette. Ajoutez au fur et à mesure 1 cuillerée à soupe d'eau tiède puis quelques gouttes d'alcool à 90°. Appliquez la mixture au pinceau sur la tache. Laissez agir le temps qu'elle se décolore. Recommencez si nécessaire. Lavez ensuite le vêtement à l'eau savonneuse.

Repassage futé. Votre vêtement en coton a de jolis boutons fragiles ? Protégez-les avec une petite cuillère pour ne pas risquer de les abîmer avec votre fer très chaud.

Noble lin. On reproche au lin de se froisser facilement. Pour le repasser au mieux, vaporisez-le d'amidon et humectez-le avant de le repasser. Utilisez une pattemouille humide.

Rien n'est plus pratique qu'un coin lingerie comme autrefois : la table à repasser est ainsi toujours prête et vous avez sous la main tout ce dont vous avez besoin : fer, paniers et étagères pour le linge, jeannette (1), cintres, pinces à linge, savon, lavande (2), amidon, pattemouille…

Repasser la laine. Pour que votre pull garde son moelleux, posez sur votre table une serviette-éponge ; repassez le pull à l'envers avec une pattemouille humide sans appuyer.

Laver la soie. Lavez et rincez la soie à l'eau déminéralisée. Utilisez du savon de Marseille en paillettes, et diluez-le bien avant de tremper le linge. Pressez entre vos mains sans jamais frotter ni tordre. Rincez abondamment.

Détacher la soie. Pour éliminer des traces de transpiration, diluez 1 cuillerée de jus de citron dans 1 cuillerée d'eau tiède, imprégnez les taches, laissez agir quinze minutes, lavez et faites sécher. Si cela n'est pas suffisant, recommencez l'opération avec de l'ammoniaque diluée (comptez 1 cuillerée à soupe pour 1 verre d'eau).

Séchage malin. Pour éviter les marques de pinces à linge sur un pull, un sweat-shirt…, enfilez un vieux collant ou deux bas dans le col et faites passer les jambes dans les manches. Vous fixerez les pinces à linge sur le collant.

Laine sombre. Pour raviver les lainages sombres, faites-les tremper dans une eau de lierre (faites bouillir quelques feuilles dans 1 litre d'eau puis laissez tiédir).

Laine feutrée. Ne croyez pas au miracle, si le vêtement en laine est très feutré, presque rétréci, il n'y a plus rien à faire... Si, en revanche, le feutrage est léger, laissez tremper le vêtement dans de l'eau déminéralisée. Faites sécher soigneusement.

- Autre solution : un mélange d'eau tiède et de glycérine (1 cuillerée par litre d'eau) peut rendre un meilleur aspect au lainage.

Peluches et bouloches. Ne vous armez pas d'un rasoir pour les enlever, vous risqueriez de couper le vêtement. Enroulez un large ruban adhésif fort autour d'une brosse à habits, puis brossez et rebrossez votre vêtement. Renouvelez le ruban adhésif lorsqu'il est couvert de peluches.

Doux angora. La laine d'angora est ravissante, mais elle laisse ses poils doux un peu partout. Pour limiter les dégâts, placez votre pull en angora dans un sac en plastique que vous mettrez dans le haut du réfrigérateur, près du freezer. Laissez le pull une nuit entière. Inutile de le placer au congélateur comme il est parfois recommandé, cela casse les fibres.

POURQUOI ÇA MARCHE

Le succès du lin

Le lin est une fibre vieille comme le monde. Cette plante doit son succès à sa culture facile en zone tempérée : le lin se sème tous les sept ans seulement. C'est une plante particulièrement généreuse puisqu'elle donne, outre ses fibres vouées au tissage, des graines avec lesquelles on fabrique de l'huile (très utile pour entretenir les carrelages poreux) et des résidus pour nourrir le bétail. Le tissu de lin est solide et reste frais par temps chaud. Il ne peluche pas, ne se détend pas et ne passe pas à la lumière.

Quoi de plus doux que le coton d'autrefois ? Une simple chemise de grand-père ou une vieille chemise de nuit deviendront des cadeaux de choix si vous les ornez de poignets raffinés et d'une poche en dentelle.

Les textiles synthétiques

Petit coup de frais pour les sous-vêtements synthétiques. Délayez une demi-boîte de bicarbonate de soude de 500 g dans un lavabo plein d'eau chaude. Plongez tous vos sous-vêtements et laissez-les tremper une nuit. Rincez-les et faites-les sécher, ils seront comme neufs.

Des bas et des collants plus solides. Plus vous laverez vos bas et vos collants, plus ils dureront. Ils seront également plus résistants si vous versez quelques gouttes de glycérine dans l'eau de rinçage.

N'oubliez pas de vous protéger avec des gants de caoutchouc et un tablier avant de teindre des textiles.

Détacher les synthétiques. Les coloris des textiles synthétiques sont généralement stables, mais faites toujours un essai sur une couture ou un revers invisibles, pour vous assurer que le détachant que vous utilisez est sans danger. Agissez le plus rapidement possible.

- Vous pourrez effacer les taches de gras et de fruit avec du jus de citron : tamponnez à plusieurs reprises, puis rincez abondamment.
- Frottez les taches de café avec un tampon d'eau oxygénée, puis rincez.

Déjaunir le nylon. Si vous avez déniché un chemisier des années 50 en nylon blanc et que vous le trouviez un peu jauni, faites-le tremper dans une eau froide (environ 10 litres), dans laquelle vous verserez 1/2 litre de vinaigre d'alcool blanc. Lavez ensuite le vêtement doucement sans trop l'essorer et faites-le sécher à couvert.

Teindre des textiles artificiels. S'il ne vous est pas possible de déjaunir un vêtement en fibres synthétiques ou artificielles, vous pouvez alors facilement le teindre. Prenez soin de vérifier que la poudre de teinture est bien conseillée pour les synthétiques, sinon la teinte obtenue sera très pâle et tout à fait irrégulière.

ATTENTION !

Un entretien délicat

Souples et soyeuses, les fibres synthétiques telles que la rayonne ou la viscose deviennent raides et cassantes sous l'effet du lavage. Ne vous inquiétez pas : une fois secs, ces tissus retrouvent leur aspect.

Ne lavez pas les vêtements composés de ces fibres à trop haute température. Ne les essorez pas violemment, ne les tordez pas : ils sont très fragiles et peuvent parfois rétrécir.

Pour repasser tous ces textiles synthétiques, qui sont très froissables mais ne supportent pas directement la semelle d'un fer chaud, utilisez une pattemouille légèrement humidifiée.

Les tissus particuliers

Blanchir des dentelles. Pour raviver des dentelles un peu fatiguées, lavez-les avec du savon en paillettes et faites-leur prendre un bain blanchissant dans une eau javellisée (1 cuillerée à soupe pour 1 litre d'eau).

Teindre des dentelles claires. Faites tremper les dentelles dix à douze heures dans un bain de thé fort. Remuez souvent pour que la teinture soit uniforme. Épongez-les sans les tordre, puis faites-les sécher à plat.

- Pour un ton moins soutenu, utilisez une décoction de tilleul.

Robe en linon brodée de fleurs et ornée de guipure blanche (1900).

Raviver des dentelles noires. Plongez-les dans un bain de café noir. Amidonnez-les et faites sécher à plat. Elles auront retrouvé tout leur éclat.

Empeser des dentelles. Après avoir lavé et rincé les dentelles, faites-les tremper dans de l'eau sucrée (comptez 6 morceaux de sucre pour 1/2 litre d'eau).

Repassage délicat. Pour repasser ruchés, plissés, tuyautés anciens comme ceux des coiffes ou des tenues régionales, utilisez un fer à friser bien chaud. Vous aurez pris soin d'amidonner votre linge avant pour une bonne tenue de l'ensemble.

Coiffe provençale en dentelles (XVIIIe siècle).

TRADITION-HISTOIRE

Le mot robe

Si, du XIIe au XIVe siècle, la robe était le butin volé sur autrui (voir le verbe dérober), son sens évolua jusqu'à désigner tous les vêtements qui composaient l'habillement au XVIe siècle. De nos jours, le mot robe désigne encore un vêtement masculin très particulier, sacerdotal ou professionnel, comme la robe du moine ou de l'avocat. Mais il s'applique avant tout, depuis le XVIe siècle, au vêtement féminin par excellence.

Conserver un plissé régulier. Avant de laver une jupe plissée, passez un fil de bâti sur l'arrondi, après avoir mis soigneusement à plat tous les plis. Laissez le fil en place pendant le séchage et le repassage, puis coupez-le. Redonnez éventuellement un petit coup de fer à vapeur pour supprimer toutes les traces d'aiguille.

UN PRODUIT IMPERMÉABILISANT MAISON

INGRÉDIENTS

10 litres d'eau

250 g d'alun en poudre

1 – Versez la poudre d'alun dans l'eau et faites-la bouillir. Procédez en deux fois si vous n'avez pas de faitout assez grand.
2 – Mettez vos vêtements dans l'eau encore tiède et laissez-les s'imprégner du produit pendant quelques minutes. Essorez-les grossièrement sans les tordre et laissez-les sécher.

De la douceur pour le satin. Lavez le satin avec du savon en paillettes. Rincez-le à l'eau déminéralisée. Sinon, ajoutez quelques cuillerées à soupe de vinaigre cristal et une petite pincée de sucre en poudre à l'eau de rinçage. N'essorez pas le satin, tamponnez-le entre deux serviettes-éponges. Faites-le sécher à plat et recouvert d'un torchon. Vous le retrouverez lisse et brillant.

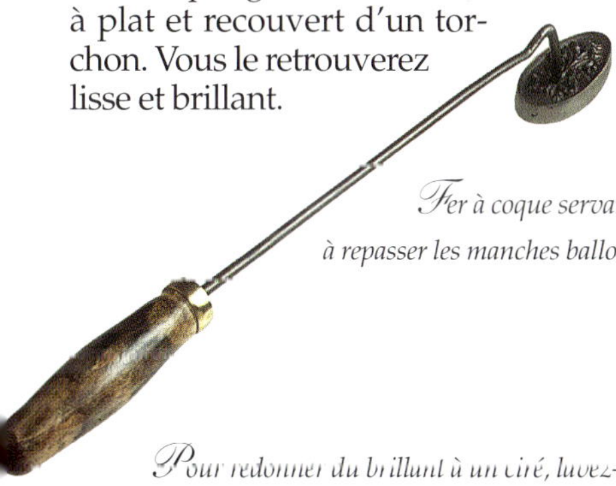

Fer à coque servant à repasser les manches ballon.

Pour redonner du brillant à un ciré, lavez-le avec une éponge imbibée d'eau savonneuse. Rincez-le à l'eau tiède et essuyez-le soigneusement avec un chiffon non pelucheux. Puis frottez-le avec un tampon de papier absorbant imbibé de lait cru. Séchez-le à nouveau au chiffon.

Lamé et paillettes. Vous sortez votre fourreau en paillettes ou votre robe en lamé une fois par an ? Rangez votre tenue de fête soigneusement pliée dans des feuilles de papier de soie foncé après l'avoir saupoudrée d'un peu de talc pour que les fibres métalliques ne cassent pas. Lorsque vous sortirez le vêtement, secouez-le énergiquement. Puis placez-le sur un cintre dans votre salle de bains lorsque vous prenez une douche ou un bain chaud. L'humidité permettra une remise en forme complète.

Nettoyer le velours. Secouez et brossez régulièrement les vêtements en velours, car la poussière a tendance à s'y installer durablement. Pour ôter une tache, frottez-la avec un peu de sable fin et propre.

Repasser le velours. Procédez toujours sur l'envers pour ne pas risquer d'écraser les côtes ou de marquer les fibres. Faites glisser le fer sans appuyer avec beaucoup de vapeur.

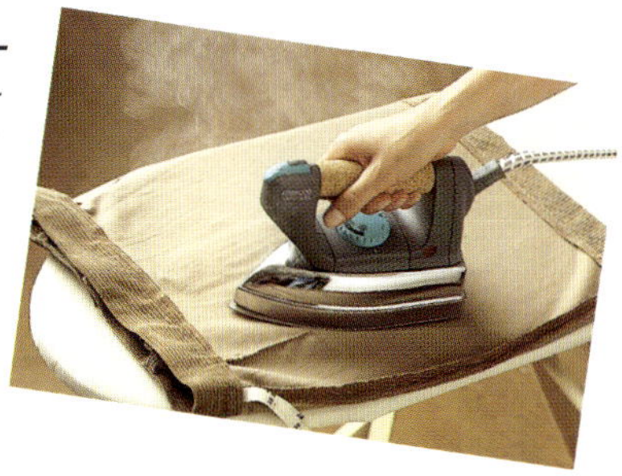

Supprimer le lustre. Votre pantalon en velours a pris un vilain lustre ? Frottez-le doucement avec une brosse trempée dans de l'eau additionnée de poudre d'alun. Laissez sécher, puis brossez à nouveau à sec dans le sens du tissu.

Versez une pincée de talc dans vos chaussures : elles seront plus faciles à enfiler ; de plus, vous les désodoriserez, vous empêcherez que l'intérieur ne se salisse et vous éviterez que vos pieds ou vos chaussettes claires ne prennent la coloration du cuir ou du daim.

TRADITION-HISTOIRE

Les ancêtres de nos chaussures

Très tôt, les hommes ont compris l'intérêt de porter des couvre-pieds. Ainsi, nombreux sont les musées à nous montrer la diversité des souliers, sandales, socques et bottines datant du Moyen Âge. Jusqu'au XVIIe siècle, les hommes préfèrent les chausses, qui couvrent le corps depuis les pieds jusqu'à la ceinture. Quant aux femmes, elles portent des chaussures basses et fines, souvent en tissu brodé pour les fêtes. Avant le XVIIe siècle, si l'on fait une différence entre soulier et chaussure, c'est pour préciser la finesse et le matériau dont l'un ou l'autre est fait : soulier fin en tissu ou chaussure lourde en cuir. Par la suite, les deux mots se confondent peu à peu.

Les accessoires

❁ **Gants souples.** Si vos gants en peau sont secs, craquants, enfilez-les après vous être passé les mains à l'huile d'amandes douces. Massez-vous les mains gantées : le cuir va s'imprégner d'un peu d'huile et s'assouplir. Vous pouvez recommencer sans scrupules autant de fois que nécessaire.

❁ **Plus de traces sur les mains.** Vos gants en peau non doublés déteignent ? Retournez-les et passez dessus un tampon de coton imbibé d'alcool à brûler.

❁ **Détacher le daim clair.** Frottez doucement les taches avec un papier de verre 00 (le plus fin), puis passez une gomme d'écolier blanche sur la surface pour ébouriffer le duvet.

❁ **Chaussures non glissantes.** Si les semelles sont en cuir, frottez-les au papier de verre pour mordre sur la matière et la rendre rugueuse.

- Une pomme de terre crue coupée en deux passée sur la semelle est aussi efficace, mais renouvelez souvent l'application.
- Si ce sont des semelles en caoutchouc lisse, pratiquez dedans quelques entailles superficielles avec un cutter.

❁ **Cirage pour bébé.** Si votre bébé a tendance à sucer ou à mordiller ses chaussures en cuir blanc, frottez celles-ci avec du lait cru ou du lait de toilette pour enfants et lustrez vigoureusement au chiffon. Cela sera moins nocif et tout aussi efficace que du cirage blanc.

❁ **Chapeau de feutre.** Ne gâchez pas un vieux chapeau de feutre en le lavant. Offrez-lui tout simplement un bain de vapeur pour lui redonner une nouvelle jeunesse. Suspendez-le au-dessus d'une casserole d'eau bouillante. Puis laissez-le sécher sur un moule de fortune (casserole, saladier, bol...).

Si vous avez la chance de posséder d'anciennes boîtes à chapeau en cuir, pensez à les entretenir régulièrement avec un cirage nourrissant.

L'ART DU RANGEMENT

Autrefois, nos grands-mères n'avaient pas forcément beaucoup plus de place que nous, mais sans doute une organisation plus rigoureuse et un grand sens de l'ordre… Renouez avec leurs astuces gain de place.

L'armoire idéale

Une penderie à plusieurs niveaux. Placez des barres à différentes hauteurs pour suspendre les vêtements suivant leur longueur : vestes, chemises, chemisiers et pantalons pliés sur une barre ; les vêtements longs, comme les robes, manteaux, imperméables, sur une autre. Si vous le pouvez, faites mieux encore : séparez les espaces penderie par des cloisons pour ne ranger ensemble que des vêtements de même nature.

Armoire douillette. Même décapée et recirée, une armoire ancienne sera plus douillette pour vos vêtements ou votre linge de maison si vous gainez de papier fort (chutes du papier peint de la pièce dans laquelle se trouve l'armoire, papier kraft) ou, mieux, de tissu les étagères, les planches de séparation et l'intérieur des portes. Maintenez en place le gainage avec une agrafeuse électrique en faisant un petit rentré à chaque bord. Lissez le plus possible le tissu pour éviter les plis disgracieux.

Tiroir secret. Vous venez de dénicher une vieille armoire ancienne ? Inspectez-la bien. Dans les armoires de grand-mère, il y a souvent un tiroir à double fond quasi invisible au premier regard. Placez-y les vêtements ou le linge dont vous vous servez peu (foulards, pochettes…), à moins que vous ne préfériez dissimuler les lettres d'amour ou les photos de votre jeunesse... N'y mettez pas d'argent, la cachette est connue des cambrioleurs !

Jupes impeccables. Cousez deux boucles de ruban à l'intérieur de la ceinture de vos jupes – une de chaque côté – et suspendez-les par ces attaches sur un cintre à encoches.

- Autre solution si vous n'avez pas de cintres à pinces : accrochez vos jupes sur un cintre ordinaire avec deux pinces à linge.

Suspendez à l'intérieur des portes de vos armoires des vide-poches en tissu. Vous y glisserez des tas de menus objets difficiles à ranger. Pour un résultat élégant, assortissez vide-poches et boîtes de rangement.

DIVISER POUR MIEUX RANGER

MODERNE ET PRATIQUE

Il existe dans le commerce des séparations verticales à fixer sur une étagère par un clip. En fil métallique gainé de plastique, elles sont idéales pour isoler les éléments à ranger sur une très grande planche. Grâce à elles, plus de piles de chemises ou de pulls qui s'affaissent, plus de chapeaux qui glissent. Peu onéreuses, ces séparations sont réellement astucieuses pour aménager une armoire ancienne dont on peut difficilement changer l'ordonnancement.

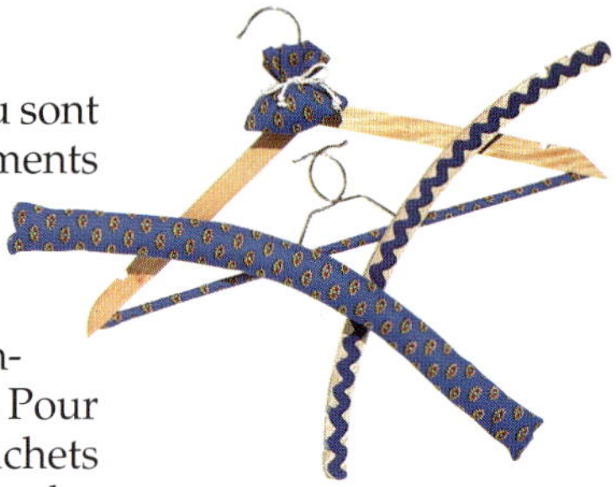

Cintres maison. Les cintres recouverts de tissu sont chers, mais bien pratiques pour suspendre les vêtements fragiles ou très légers. Qu'à cela ne tienne, fabriquez-les vous-même. Rembourrez un cintre standard en l'entourant d'une bande de vieux tissu. Recouvrez ce rembourrage d'une jolie étoffe que vous maintiendrez en place en la cousant à tout petits points. Pour une penderie raffinée, confectionnez des petits sachets parfumés à la lavande dans le même tissu et collez sur les autres cintres un galon ou un croquet assorti au tissu des cintres rembourrés.

Garnissez chaque étagère de vos armoires d'une frise à l'ancienne : tissu blanc brodé, dentelle, cotonnade colorée… Choisissez en fonction du contenu de l'armoire.

Housses protectrices raffinées. Protégez de la poussière et des faux plis les vêtements fragiles ou ceux que vous portez rarement en les rangeant dans des housses confectionnées en tissu léger. Prenez pour patron une housse en plastique de teinturier.

Trouver la paire. Si vous ne voulez pas partir à la chasse à la chaussette dépareillée, retournez-les l'une sur l'autre par l'ouverture en les rangeant ou pliez-les ensemble soigneusement. Placez-les toutes dans un grand sac en tissu accroché à la porte de votre armoire ou dans une grande boîte que vous aurez pris soin de recouvrir d'un joli imprimé.

Pantalons sans faux plis. Vous ne voulez pas être obligé de repasser à nouveau votre pantalon lorsque vous le sortez de l'armoire ? Pour que le cintre ne marque pas, vous pouvez enrouler autour un cylindre de carton – celui du papier absorbant, par exemple – que vous ferez tenir par du ruban adhésif. Ne mettez pas plusieurs pantalons sur le même cintre, celui du dessous serait froissé.

Cravates à portée de main. Suspendez les cravates sur des petits crochets larges ou sur une tringle fixée sur la porte de votre armoire.

- Si vous n'avez pas cette possibilité, nouez-les sur la barre transversale d'un ou de plusieurs cintres en bois pour qu'elles ne glissent pas.
- Dernière solution : réservez-leur un tiroir, roulez-les soigneusement et rangez-les les unes à côté des autres par couleurs.

Du tri dans les ceintures. Vous en avez assez de devoir sortir toutes vos ceintures pour trouver la bonne ? Fixez de grands clous ou des pitons recourbés dans la porte de votre armoire. Rangez les ceintures par styles – les larges, les fines, les sport, celles du soir – ou par couleurs. Si vous réservez une ceinture à une tenue, rangez-la en l'enfilant sur le même cintre.

❁ **Sous-vêtements bien à l'abri.** Fabriquez-vous de jolies pochettes pour enfermer à l'abri de la poussière et de la lumière le petit linge délicat. Elles vous seront aussi très utiles en voyage. Utilisez un coupon de lin de 180 cm de long sur 40 cm de large que vous plierez en trois parties égales – deux formeront la pochette et la troisième servira de rabat. Piquez les côtés. Brodez une bride au milieu du rabat et cousez un bouton sur la pochette pour pouvoir la fermer. Personnalisez votre pochette en brodant sur le rabat un motif au point de tige (ci-dessus, un angelot aux couleurs pastel).

❁ **Chaussures à part.** Rangez vos chaussures nettoyées et cirées dans un placard isolé de votre penderie. Vous éviterez les odeurs... Placez chaque chaussure sur un piton en bois fiché sur une barre transversale, les paires tiendront moins de place que posées côte à côte.

- Autre solution : confectionnez des petits sacs en tissu. Passez dans le haut de chaque sac, entre deux coutures, un biais ou une ganse pour pouvoir le fermer. Pour éviter que les chaussures ne s'abîment, rangez-les tête-bêche dans chaque sac. Pour gagner de la place, entassez les sacs sur une étagère. Vos sacs vous seront aussi très utiles en voyage pour ne pas salir votre linge dans la valise.
- Enfin, si vous avez un peu plus de place : gardez vos boîtes à chaussures en carton et habillez-les de tissu. Pour un rangement élégant, utilisez toujours le même tissu ou des étoffes coordonnées. Vous pouvez pratiquer une ouverture dans l'un des petits côtés de chaque boîte pour en voir le contenu sans avoir à l'ouvrir.

L'élégance de ce placard de rangement tient à la simplicité des matériaux utilisés : bois, tissu, osier, métal... Vouloir masquer à tout prix le contenu d'un placard par de grandes portes n'est pas toujours une bonne idée. Ici, certaines niches sont protégées du regard par un petit rideau blanc, d'autres sont laissées ouvertes et permettent de voir des malles très décoratives ou des piles de linge soigneusement plié.

Le gain de place

Piles de chemises. Rangez les chemises et chemisiers pliés tête-bêche (un col d'un côté puis un autre col de l'autre). Cette alternance vous permettra d'avoir des piles équilibrées, moins hautes, et qui ne risqueront pas de se défaire.

Vide-poches malin. Difficile de trouver une place pour tous ces petits riens dont on ne sait que faire, mais qui sont trop importants pour qu'on s'en débarrasse. Glissez-les dans des pochettes en tissu que vous accrocherez sous une étagère murale. Ci-dessus, les pochettes sont décorées d'une fleur artificielle assortie au tissu.

Plus de place perdue sous les lits. Organisez le dessous des lits sur pieds. Confectionnez des housses rectangulaires en tissu plastifié qui ferment bien (avec une fermeture à glissière ou des attaches Velcro). Glissez-les vers le centre du lit afin qu'elles ne soient pas visibles. Là, à la belle saison, vous pourrez ranger des couvertures ou des vêtements d'hiver nettoyés et bien pliés. N'oubliez pas de placer un antimites à l'intérieur pour vous éviter les mauvaises surprises. Si vous n'aimez pas coudre, réemployez vos vieilles valises pour cet usage.

Recouvrir un carton à chapeau

Qu'elle vous serve réellement à ranger un chapeau ou que vous y cachiez des petits trésors, une boîte ronde est toujours utile. On en trouve maintenant très facilement dans le commerce. Habillez-la d'un papier assorti aux tons de la pièce dans laquelle vous comptez la placer. Servez-vous de la boîte comme patron pour découper le papier peint. Prévoyez une marge de 4 cm (2 cm en haut + 2 cm en bas) pour la bande de papier qui couvrira le corps de la boîte.

FOURNITURES

- boîte ronde
- papier peint
- colle à papier peint
- pinceau plat
- ciseaux
- compas

1 - Encollez la bande de papier et appliquez-la autour de la boîte. Découpez des languettes et rabattez-les sur le fond et à l'intérieur.

2 - Avec le compas, dessinez sur le papier peint un rond à peine inférieur au diamètre du fond de la boîte. Découpez-le et collez-le.

3 - Découpez un autre rond supérieur de 3 cm au diamètre du couvercle. Collez-le. Découpez des languettes tout autour et rabattez-les.

4 - Pour masquer les languettes sur le couvercle, collez une fine bande de papier de dimension à peine inférieure à la largeur du bord du couvercle.

Des tiroirs qui glissent mieux. Rien de mieux pour l'ordre que les tiroirs, mais ils peuvent vite devenir récalcitrants. Frottez un bloc de paraffine sur leurs bords : ils n'opposeront plus aucune résistance. Attention : n'utilisez pas de savon, il prend l'humidité.

Bocaux faciles à saisir. Vous rangez de petits éléments (pointes et vis, boutons, bonbons ou bougies anniversaire) dans des bocaux en verre ? Au lieu de les poser sur une étagère, vissez les couvercles des pots sous la planche. Plus de couvercles perdus, et, autre avantage, vous pouvez ranger autre chose sur l'étagère.

Plateaux de cuisine au mur. Vous les rangez verticalement entre deux meubles, mais ils glissent sans cesse. Vous les entreposez à plat, mais vous les trouvez encombrants. Il vous reste une solution simple et pratique : confectionnez un porte-plateaux avec un anneau de rideau en bois et deux bandes de tissu. Suspendez-le au mur dans votre cuisine.

À l'instar de nos grands-mères, qui utilisaient une couronne d'office pour suspendre jambons, saucisses, viandes, gagnez de la place dans votre cuisine en rangeant en hauteur ustensiles et/ou aliments.

Tasses suspendues. Il est difficile et dangereux d'empiler les tasses sur une étagère. Fixez plutôt des petits crochets recourbés sous la planche et accrochez-y vos tasses par l'anse : c'est très pratique et décoratif. Espacez les crochets pour que les tasses ne se touchent pas.

- Dans le même esprit, et si vous êtes bricoleur, fabriquez-vous une étagère à verres à pied en découpant de fines encoches dans lesquelles vous glisserez les verres la tête en bas.

Boîtes à épices d'autrefois. Au lieu d'encombrer vos placards des produits d'épicerie de base (farine, sucre, café...), stockez-les en hauteur, à portée de main, dans des boîtes métalliques au charme rétro.

Réserve à couvercles. Rangez vos couvercles de casseroles verticalement dans une caisse à outils en bois peinte aux couleurs de votre cuisine. Vous pouvez également en réserver une pour vos couvercles en plastique.

Accrochées par l'anse, les tasses libèrent l'étagère et sont décoratives. Ici, elles sont assorties aux boîtes rangées au-dessus et aux petits pots de jacinthes qui fleurissent l'évier.

UN ÉQUIPEMENT IMPECCABLE

Les appareils ménagers, les ustensiles de cuisine, le matériel d'entretien et celui de bricolage rendent suffisamment de services au quotidien pour que l'on en prenne le plus grand soin : ils seront ainsi plus efficaces et dureront plus longtemps.

Les appareils ménagers

❁ **Plus d'odeurs dans le réfrigérateur.** Placez un demi-citron sur la clayette du haut. Il absorbera les odeurs ; mais, comme il n'est pas éternel, saupoudrez-le d'une toute petite pincée de sel fin pour le réactiver, et remettez-le en place. Répétez cette opération jusqu'à ce que le citron soit tout à fait sec, puis changez-le.

❁ **Réfrigérateur propre.** Pour nettoyer et désodoriser l'intérieur de votre réfrigérateur, utilisez une éponge imbibée d'une eau fortement vinaigrée. N'oubliez pas d'essuyer avec un chiffon bien sec pour qu'il n'y ait ni macération ni mélange d'odeurs. Pour venir à bout des joints encrassés, frottez-les avec une vieille brosse à dents.

❁ **Vieux fers à repasser rouillés.** Si vous avez de vieux fers à repasser et que vous vouliez vous en servir ou les exposer en collection, refaites-leur une beauté. Appliquez dessus du pétrole désodorisé au pinceau et laissez agir une nuit environ. Essuyez les fers, puis frottez-les au papier de verre. Insistez sur la semelle, qui doit redevenir parfaitement lisse. Essuyez à nouveau soigneusement. Avant de repasser, frottez la semelle sur un chiffon clair pour vérifier qu'elle ne laisse plus aucune trace.

❁ **Aspirateur parfumé.** Si de la lavande pousse dans votre jardin, n'hésitez pas à en placer deux ou trois brins entiers dans le sac de l'aspirateur. Votre appareil ne sentira plus la vieille poussière, mais parfumera au contraire discrètement la pièce !

Les robots et autres appareils ménagers prennent facilement la poussière. Protégez-les avec de jolies housses en tissu.

TRADITION-HISTOIRE

L'ancêtre de la machine à laver

Sans revenir aux lavandières, qui lavaient et essoraient à la main au lavoir municipal, on peut dater l'apparition de la première « laveuse » à manivelle aux alentours de la Révolution française. En banlieue parisienne, à cette époque, fonctionnait même une blanchisserie industrielle qui utilisait l'énergie (toute récente) de la vapeur. Mais le succès ne persista pas, le linge chauffait trop et brûlait ! Ce n'est qu'après 1870 que les vraies lessiveuses apparurent. Malheureusement, les gestes pénibles pour actionner la manivelle et essorer le linge restaient les mêmes. La première machine à laver le linge est américaine et date des années qui précèdent la Première Guerre mondiale. Elle faisait tout toute seule (ou presque) et devait tout à la fée Électricité. Ce ne sera qu'après les années 50 que le lave-linge moderne se démocratisera... Que ferait-on sans lui aujourd'hui ?

Une cuisinière en fonte suffit à donner à toute la cuisine un charme à l'ancienne incomparable, mais il est indispensable de décaper régulièrement les plaques.

Cuisinière à bois brillante. Pour récupérer les plaques en fonte encrassées d'une cuisinière à bois, versez dessus (alors qu'elles sont totalement froides !) de la poudre abrasive nettoyante et frottez-les avec du papier journal froissé en boule. Polissez avec une paille de fer ou une toile émeri très fines. Passez une éponge savonneuse, rincez à l'eau claire, puis séchez avec un chiffon pour faire briller.

Nettoyage du four. Pour récupérer un four très sale, remplissez d'eau la lèchefrite et allumez le four, au thermostat le plus élevé. La vapeur va décoller certaines salissures. Rajoutez de l'eau au fur et à mesure qu'elle s'évapore. Laissez refroidir, passez un tampon de papier journal sur les parois. Nettoyez à l'éponge savonneuse en rinçant bien ensuite. S'il reste des taches, une solution de bicarbonate de soude peut en venir à bout. Laissez agir une heure avant de rincer à l'eau, puis essuyez.

Ménage de printemps. Un grand ménage ne sera pas parfait si vous ne décollez pas du mur les appareils ménagers pour enlever toute la poussière qui adore s'accumuler au dos d'un réfrigérateur, d'une cuisinière ou d'une machine à laver. Époussetez l'arrière des appareils, lavez le mur, le sol, les côtés des machines, sans gratter. Profitez-en pour nettoyer les filtres du lave-linge et du lave-vaisselle. Remettez tout en place en veillant à ce que les pieds soient toujours bien équilibrés (posez un niveau à bulle sur chaque appareil).

Excès de mousse. Votre lessive mousse trop dans la machine à laver ? Versez un verre de vinaigre d'alcool dans le casier de lavage et réglez sur le programme vidange.

Nettoyer les brûleurs. Pour redonner vie et efficacité à des brûleurs de cuisinière à gaz encrassés, faites-les tremper dans un bain d'eau bouillante. Une fois que l'eau aura refroidi, ajoutez quelques gouttes d'ammoniaque. Laissez à nouveau tremper une heure. Rincez et grattez pour tout décoller, puis frottez avec un tampon métallique de ménage. Essuyez parfaitement ou laissez bien sécher avant de remettre en place. Attention : vérifiez que le gaz passe bien par tous les trous de la couronne du brûleur, sinon démontez et grattez à nouveau.

Allumage facile. Pas toujours évident d'allumer un four à gaz sans se brûler les doigts… Utilisez une grande allumette pour feu de cheminée et vous n'aurez plus de problème pour atteindre le brûleur.

1992

Les ustensiles de cuisine

Les ustensiles en bois nécessitent un entretien soigné car ils peuvent véhiculer des microbes à l'origine d'intoxications.

Planches en bois. Pour désodoriser une planche à découper en bois, frottez toute sa surface avec un quartier de citron, rincez-la à l'eau claire, essuyez-la et faites-la sécher au soleil.

Point de lavage pour la théière. Le thé est mille fois plus savoureux infusé dans une théière culottée. Lors de la première utilisation, faites un thé pour rien. Par la suite, ne lavez pas l'intérieur de votre théière. Attention à toujours choisir le même parfum de thé lorsque la théière est culottée, car certains arômes sont incompatibles.

Un autocuiseur plus efficace. La soupape encrassée et entartrée tourne moins bien et moins vite ? Nettoyez-la soigneusement avec un Coton-Tige mouillé de vinaigre chaud.

Nouvelle jeunesse pour les cuillères en bois. Mettez à tremper les cuillères en bois une nuit entière dans de l'eau à peine javellisée (quelques gouttes pour 2 litres d'eau froide). Rincez-les en les laissant quelques heures dans une bassine d'eau froide. Essuyez-les puis faites-les sécher au soleil. Pour leur redonner un bel aspect, vous pouvez les enduire d'une fine couche d'huile, incolore et inodore, de paraffine par exemple. Laissez-les sécher à nouveau avant de les utiliser.

Ustensiles chromés. Faites briller les ustensiles chromés avec une peau de chamois. Vous pouvez aussi les lustrer avec un chiffon imbibé d'huile de jade. Tous les métaux, brillants ou mats, se verront d'ailleurs embellis par ce traitement. L'huile de jade, très fine, ne laisse aucun dépôt gras.

Il serait dommage de ranger des ustensiles en cuivre au fond d'un placard ! Autant profiter non seulement de la traditionnelle batterie de casseroles, mais aussi des couvercles, poêles, louches…

TRADITION-HISTOIRE

L'évolution de la cafetière

Venu d'Arabie, le café arrive en France au XVIIe siècle. La décoction à la turque est alors règle courante : on fait bouillir le café moulu avec de l'eau dans un petit caquelon à grand manche et sans couvercle. Vient ensuite l'infusion de café dans une cafetière haute et couverte où l'eau a bouilli seule auparavant. Ce n'est qu'au début du XIXe siècle que le café filtré se généralise. C'est la grande vogue des cafetières en porcelaine, où l'on verse l'eau frémissante sur une chaussette suspendue contenant le café moulu. La cafetière de Balzac en porcelaine blanche est restée célèbre, avec ses deux compartiments séparables. Quand l'électricité investit le domaine des ustensiles de cuisine, la cafetière n'y échappe pas.

Couvercle récalcitrant. Vous n'arrivez pas à ouvrir un bocal en verre ? Retournez-le et tapez très fort sur le fond. Si cela ne marche pas, entourez le couvercle d'un élastique pour le dévisser sans que votre main ne glisse.

Cocotte en fonte culottée. Sachez qu'un fond de cocotte en fonte ne doit pas être décapé après chaque utilisation, au risque d'attacher ensuite. Passez la cocotte à l'eau très chaude, dans laquelle vous pouvez ajouter 1 cuillerée à café de vinaigre pour désodoriser. Essuyez avec du papier absorbant puis huilez le fond au pinceau.

Casserole impeccable. Le fond de la casserole a brûlé et vous n'arrivez pas à le récupérer ? Versez un mélange à parts égales d'eau et d'eau de Javel. Laissez chauffer dix minutes. Grattez avec un tampon et rincez.
- Autre solution : mettez à cuire à feu doux dans votre casserole à décaper quelques tiges de rhubarbe et un verre d'eau.

Entretenir une friteuse. Que vous utilisiez une bassine à frites à l'ancienne ou une friteuse électrique, laissez toujours refroidir totalement le bain de friture. S'il s'agit de graisse concrète, décollez le bloc et jetez-le dans un sac en plastique. S'il s'agit d'huile, videz-la avec un entonnoir dans une bouteille en plastique (jamais dans l'évier) et bouchez la bouteille avant de la jeter. Ne lavez pas la bassine ou la cuve, contentez-vous de l'essuyer avec du papier absorbant, c'est suffisant.

Plus de tartre dans la bouilloire. Comme nos grands-mères, placez une coquille d'huître ou d'escargot soigneusement lavée dans la bouilloire. Vous constaterez que le tartre se fixe davantage sur la coquille, qui l'attire grâce à sa composition calcaire. Mais il finit quand même par s'installer aussi sur les parois. Pour le décoller, faites bouillir un verre de vinaigre cristal avec un peu d'eau. Faites ensuite bouillir trois fois de l'eau pure (minérale de préférence) pour un vrai rinçage.

Vaisselle sans odeur. Ajoutez 1 à 2 cuillerées à soupe de vinaigre cristal dans le bac de rinçage d'une vaisselle ayant contenu du poisson ou des œufs ; cela éliminera l'odeur caractéristique que ces aliments communiquent aux ustensiles. En Charente, cet effluve peu agréable s'appelle joliment le fraîchin !

Aiguiser un couteau sans fusil. Si vous n'avez pas de fusil à aiguiser sous la main, frottez la lame du couteau qui coupe mal sur la lame d'un autre couteau. En dépannage, c'est radical. Attention : n'aiguisez pas de lame dentelée de cette manière, vous risqueriez de casser les dents.

ATTENTION !

Un grille-pain dangereux pour la santé

L'amiante, dont on connaît maintenant la grande nocivité, est caché dans de nombreux objets anodins. Si vous êtes encore en possession du fameux carton d'amiante rond et grillagé qui a servi de grille-pain à deux ou trois générations, jetez-le immédiatement à la poubelle dans un sac en plastique bien fermé. Les gants de protection, les tresses entourant les portes de four et les cartons isolants parfois installés entre la gazinière et le réfrigérateur peuvent également contenir de l'amiante.

Accrochés au mur, les ustensiles sont à portée de main. Plus de temps perdu à les chercher dans le fouillis d'un tiroir.

Ce matériel d'entretien est si bien rangé qu'il ne se cache pas. Seule une porte grillagée le maintient hors de portée des jeunes enfants.

Brosses et éponges irréprochables. Faites tremper les brosses et éponges dans une eau fortement javellisée, c'est le seul moyen de les assainir parfaitement. Dans le cas de brosses à manche de bois, ne laissez que les poils tremper dans l'eau javellisée. Pour les éponges grattantes, seule la partie éponge doit baigner. Rincez abondamment à l'eau claire.

Collants et chaussettes utiles. Si vous n'avez pas de tête-de-loup pour déloger les toiles d'araignées au plafond, recouvrez la tête d'un balai ordinaire d'un vieux collant et nouez-en le bas sur le manche pour qu'il tienne bien.

Le matériel d'entretien

Rangement astucieux. Rangez vos balais, balayettes, têtes-de-loup la tête en l'air. Mettez-les dans un porte-parapluie ou réalisez une sorte de râtelier. Non seulement cela tient moins de place, mais en plus vous évitez aux poils de ramasser la poussière du placard.

Balai de paille plus solide. Vous prolongerez la durée de vie de vos balais en paille de riz si de temps à autre vous faites tremper leurs poils dans une eau fortement salée au gros sel de mer (comptez deux poignées de gros sel par seau). Laissez agir deux heures, passez sous l'eau et faites sécher à l'air libre. Si les poils ont noirci, ajoutez un jus de citron dans le seau.

Chiffon malin. La poussière ne s'envolera pas pendant votre séance de ménage si vous versez quelques gouttes de glycérine sur votre chiffon.

• Gardez aussi vos chaussettes de laine dépareillées, elles sont idéales pour lustrer les meubles cirés.

Chiffon pour les vitres. Pour ne pas encrasser votre chiffon, dépoussiérez d'abord vos vitres avec un tampon de papier absorbant. Puis faites les vitres avec un torchon de lin. Sa finesse vous garantit un essuyage rapide et parfait. Lavez ensuite sans attendre le torchon et réservez-le à cet usage.

Peau de chamois bien propre. Lavez une peau de chamois en la tempant dans une eau tiède savonneuse additionnée de 1 cuillerée à café de bicarbonate de soude. Rincez et faites sécher à l'ombre en étirant la peau de temps en temps pour qu'elle reste souple.

Des serpillières immaculées

MODERNE ET PRATIQUE

Après plusieurs usages, les serpillières traditionnelles adoptent vite triste mine et vous les jetez sans pitié. C'est fini ! Depuis peu de temps, il existe sur le marché des serpillières en coton blanc lavables en machine à 60 °C. Épaisses et résistantes, elles retrouvent à chaque lavage une fraîcheur et une propreté très appréciables.

L'équipement de bricolage

Le matériel minimal. Impossible de bien bricoler sans matériel, mais difficile de s'y retrouver devant la multiplicité des outils. Vous serez paré pour la plupart des travaux avec le matériel de base suivant : petit marteau, 2 tournevis (1 plat + 1 cruciforme), vrille ou chignole à main, pince universelle, pince coupante, clé à molette standard, papier de verre, paille de fer, pointes fines, jeu de chevilles, boîte de vis de plusieurs diamètres, burette d'huile, gants de bricolage, pinceau large queue-de-morue, pinceau plat fin, brosse ronde, mètre pliant ou mètre-ruban, petite scie, petit rabot.

Un atelier ordonné. Pour ranger tous vos outils de bricolage à portée de main dans votre atelier, placez-les les uns à côté des autres sur une planche. Dessinez au feutre noir le contour de chaque outil. Plantez des clous qui maintiendront chacun d'eux en place. Accrochez la planche au mur à proximité de votre établi. Avec un tel rangement, vous verrez tout de suite s'il vous manque un outil.

Manche branlant. Le manche d'un outil, à plus forte raison celui d'un marteau, menace de se désolidariser ? N'attendez pas pour le réparer, cela peut être dangereux. Enlevez-le. Poncez-le à la paille de fer très fine. Enduisez-le de colle à bois avant de le remettre en place. Au besoin, refixez-le avec une pointe. Ne laissez pas de jeu ; s'il reste un interstice, comblez-le avec de la pâte à bois.

Une vis qui ne bouge pas. Pour qu'une vis tienne bien dans une cheville ou dans un mur, entourez-la de fil à coudre et plongez-la dans du vernis incolore avant de la fixer.

Une vis qui ne rouille pas. Avant de mettre en place une vis à l'extérieur, plongez-la dans de la cire fondue. Elle sera protégée de la rouille.

Plus d'outils rouillés. Passez un chiffon imbibé d'huile sur chacun de vos outils rouillés. Laissez bien sécher puis frottez longuement avec du papier de verre très fin. Polissez avec un chiffon sec.

Transformer des outils anciens en objets de décoration. Vous avez acheté un lot de vieux outils dans une brocante ? Retapez-les avant de les exposer au mur. Pour les dérouiller, frottez-les d'abord au pétrole avec un tampon de ménage métallique ou une paille de fer. Si cela n'est pas suffisant, mettez dans un bac en bois un fond de sable fin et versez dessus de l'huile de vidange de voiture. Recouvrez de sable. Plongez les lames dans votre bac à sable durant plusieurs jours. Renouvelez à sec le décapage à la paille de fer et essuyez. Vernissez les outils pour leur donner de l'éclat et les protéger. Soyez sûr de vos fixations murales pour les outils lourds. L'effet spectaculaire de ces collections est étonnant dans une maison de campagne. Autre idée de décoration : installez votre collection sur un meuble ancien, une commode rustique ou une table de ferme.

Conserver des pots de peinture. Pour garder des pots de peinture entamés, retournez-les après les avoir bien fermés et entreposez-les ainsi, tête en bas : s'il se forme une peau sur la peinture, vous pourrez l'éliminer facilement avec un morceau de bois à la prochaine utilisation.

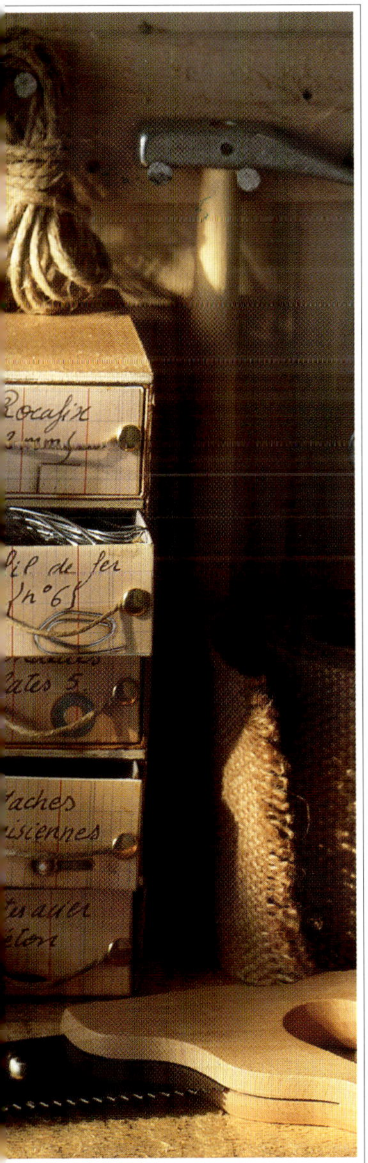

Ranger des pinceaux. Lorsque vous aurez nettoyé vos pinceaux avec le produit adapté (de l'eau si vous les avez trempés dans de la peinture acrylique, du white-spirit si vous avez utilisé de la peinture glycérophtalique), essuyez-les avec un chiffon ou du papier absorbant. Ne les laissez pas sécher à l'air, ils risquent de durcir irrémédiablement. Enveloppez les poils dans du film plastique de cuisine ou bien de l'aluminium ménager.

Pour ne pas égarer ni mélanger vis, clous, pointes, écrous, pitons, charnières, élastiques, punaises et autres petits accessoires de bricolage, fabriquez-vous une commode avec des grosses boîtes d'allumettes en guise de tiroirs.

La liberté des sans-fil

MODERNE ET PRATIQUE

Les outils électriques sont efficaces, puissants et rapides, mais vous ne pouvez vous éloigner beaucoup de la prise de courant. Si vous devez bricoler loin de toute source d'énergie, pensez aux appareils sans fil, qui se rechargent sur secteur et qui accumulent l'énergie dans des batteries intégrées. Leur autonomie est suffisante pour un bon travail. Le temps de charge des batteries varie de quelques heures à une nuit entière. Comparez les modèles.

Un vieux secrétaire peut se transformer en établi élégant : stockez-y tout votre bric-à-brac de bricolage et de décoration.

Pinceaux neufs. Faites tremper vingt-quatre heures un pinceau neuf dans de l'eau avant de l'utiliser. Il ne perdra pas ses poils.

Pinceaux durcis. Malgré vos précautions, les poils de votre pinceau ont durci ? Essayez de les récupérer en les laissant tremper pendant une heure au minimum dans un bain de vinaigre bouillant. Rincez à l'eau claire.

Lame qui glisse. La lame de votre scie glisse mal ? Rendez-lui sa puissance de glisse sans entamer son mordant en appliquant sur le fil de la lame de la paraffine en pain.

Rangement longue durée pour une scie. Quand vous rangez votre scie en la suspendant par le manche, pensez à protéger les dents de la lame pour éviter les accidents. Pour cela, coupez en deux dans le sens de la longueur un vieux tuyau d'arrosage et enfilez-le sur la lame. Ou alors, enroulez autour de la lame des bandelettes de chiffon.

Des sanitaires irréprochables

Lieu de bien-être et d'hygiène, la salle de bains nécessite un entretien soigné pour que l'humidité ou le tartre ne viennent pas abîmer les équipements ni la robinetterie.

Une vasque coquillage et un robinet col-de-cygne sont d'une telle élégance qu'ils se suffisent à eux-mêmes. En revanche, un lavabo plus classique sera mis en valeur par des accessoires raffinés : panier, sacs en tissu, bouquet, flacons, brosses…

Les équipements de salle de bains

Choisir une peinture mate et d'une couleur discrète – comme ce joli gris – pour les boiseries d'une salle de bains, c'est assurément donner encore plus d'éclat à l'émail des lavabos et de la baignoire.

Émail terne. Pour supprimer les marques laissées par l'eau savonneuse et le tartre, frottez la baignoire ou le lavabo avec un chiffon imprégné de pétrole désodorisé, puis nettoyez avec votre détergent habituel.

Nouvelle couleur. Pour rénover une baignoire ancienne très abîmée que vous n'arrivez pas à récupérer, vous pouvez envisager de repeindre l'intérieur avec une peinture spéciale sanitaires. Il existe de nombreux coloris parfaitement compatibles avec un style ancien, et ce procédé rallonge la vie de votre baignoire d'environ cinq ans. Nettoyez à fond les parois, passez la peinture en deux couches et respectez scrupuleusement le temps de séchage recommandé avant toute utilisation.

Belle baignoire au quotidien. Tous les jours, après le bain ou la douche, rincez les parois d'un coup de douchette, à l'eau le plus chaude possible, et séchez-les rapidement au chiffon. Le tartre s'installera moins vite.

Porte-serviettes échelle. Une échelle en bois ou en bambou peut se transformer en porte-serviettes original. Mettez-la devant un radiateur : les serviettes sécheront plus vite et le radiateur sera masqué.

Grand nettoyage. Diluez du bicarbonate de soude dans de l'eau chaude jusqu'à obtenir la consistance d'une pâte. Appliquez cette pâte à l'éponge sur les parois de la baignoire ou du lavabo à décaper. Au besoin, utilisez du bicarbonate de soude pur sur les traces récalcitrantes.

Raviver un porte-serviettes. Un porte-serviettes de grand-mère en bois brut peut avoir eu quelques déboires à cause de l'humidité. Éliminez toutes les traces de moisi en lavant le bois à l'eau javellisée (comptez 3 cuillerées à soupe pour 2 litres d'eau). Rincez à grande eau froide et laissez sécher à l'air libre, en plein soleil pour assainir les barres en bois. Recouvrez-le pour finir d'une peinture-laque.

Une cuvette bien brillante. Pour lutter contre l'encrassement des toilettes, versez dans la cuvette un mélange à parts égales de vinaigre, de bicarbonate de soude et d'eau bouillante salée. Cette préparation sera beaucoup moins polluante que les gels du commerce.

Raviver un rideau de douche. Votre rideau commence à grisailler ? Frottez toute trace de moisi avec une brosse imbibée de vinaigre d'alcool, puis passez-le en machine s'il est en tissu. Le lave-linge étant déconseillé pour un rideau en plastique, laissez celui-ci tremper dans la baignoire remplie d'eau additionnée de liquide vaisselle. Frottez-le avec une grosse éponge, rincez-le et essuyez-le.

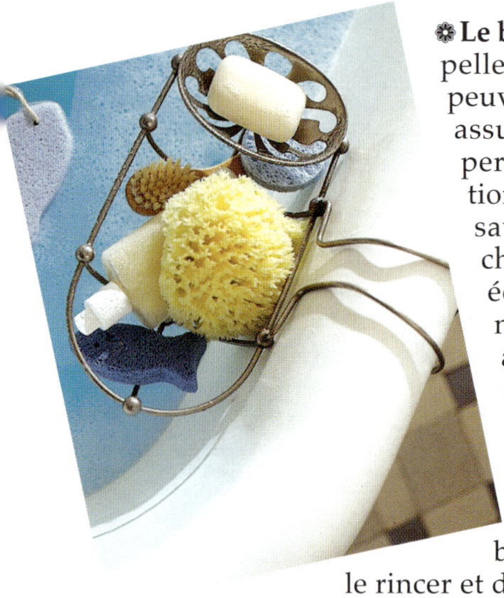

Le bon porte-savon. Les coupelles à savon en porcelaine peuvent être très jolies, mais assurez-vous qu'elles sont percées de trous d'évacuation ou préférez des porte-savon en métal laqué ou chromé. Vous ferez des économies de savon et n'aurez pas à vous laver avec un morceau mou et informe. Une fois par semaine, faites tremper le porte-savon dans une eau chaude et claire. Frottez-le avec une brosse à ongles avant de le rincer et de l'essuyer.

Nos grands-mères avaient l'art du raffinement : retrouvez-le jusque dans le réduit des toilettes. Près du lave-mains, disposez un savon parfumé dans un joli porte-savon, une petite serviette de toilette, une éponge naturelle, et, pourquoi pas… quelques pots de fleurs pour le plaisir de chacun.

Décor naturel. Si votre salle de bains ou vos toilettes disposent d'une fenêtre, placez-y quelques plantes vertes, que vous pouvez même suspendre, elles apporteront une note chaleureuse dans ces pièces carrelées un peu froides. Prenez des plantes robustes et offrez-leur une petite douche de temps à autre.

Bidet utile. Si vous ne voulez pas l'éliminer – et ce serait fort dommage car un bidet donne un petit air rétro à la pièce d'eau – mais que vous ne l'utilisiez plus, placez dessus une planche de bois de la même dimension que la cuvette. Vous vous servirez de ce plateau comme d'une desserte et y déposerez les produits de toilette – ceux des enfants à portée de leurs mains, par exemple.

En cousant des petits coquillages – préalablement percés avec une aiguille – sur une toile de lin écru, vous obtiendrez un charmant rideau qui donnera une note marine à votre salle de bains.

ATTENTION !

De l'eau bleue dans les toilettes

Bannissez les blocs colorants qui se placent dans le réservoir de la chasse d'eau : ils finissent par ronger tous les joints intérieurs du réservoir, surtout si celui-ci est ancien (les joints d'autrefois sont composés de matières naturelles qui ne supportent pas la chimie colorée). En revanche, vous pouvez utiliser sans crainte les blocs qui s'accrochent à même la cuvette.

La robinetterie

Pour conserver une robinetterie étincelante, entretenez-la régulièrement à l'eau et au savon et séchez-la avec une peau de chamois.

❁ **Le tartre envahissant.** Le tartre a tendance à s'installer près des robinetteries, en particulier autour du robinet d'eau chaude. Pour le déloger, versez du vinaigre cristal chaud et grattez avec une brosse à dents ou une spatule en bois (n'utilisez pas d'objet métallique, qui laisserait des traces noires sur l'émail). Lorsque vous avez enlevé le plus gros, versez à nouveau du vinaigre et laissez agir quelques heures. Rincez à l'eau claire. Passez un demi-citron autour de la robinetterie pour retarder la nouvelle formation de tartre. Essuyez le robinet et l'émail avec un chiffon.

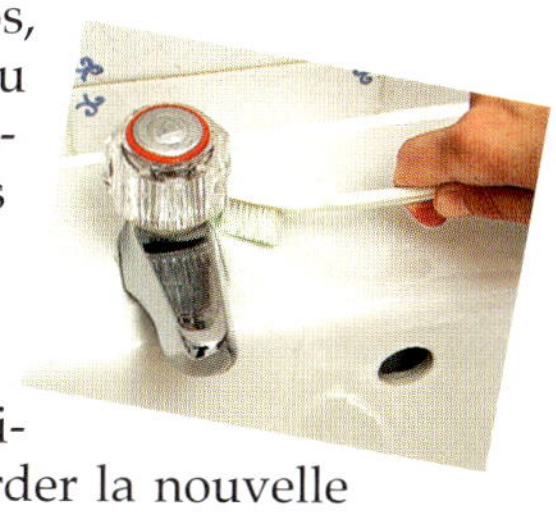

Si le tartre a envahi le nez du robinet, mettez de l'eau fortement vinaigrée dans un sac en plastique étanche. Nouez le sac autour du robinet afin qu'il trempe dans le liquide. Laissez agir une nuit puis frottez.

❁ **Une pomme de douche plus efficace.** Débouchez fréquemment votre pomme de douche, surtout si l'eau est très calcaire. Dévissez-la et laissez-la tremper dans de l'eau additionnée de vinaigre (comptez 1 verre de vinaigre cristal pour 1 litre d'eau). Si besoin, nettoyez chaque trou avec une épingle.

❁ **Lavabo bouché.** Commencez par recourir à une méthode douce. Dévissez le siphon avec une clé à molette après avoir placé une cuvette dessous. Videz-le, nettoyez-le et remettez-le en place. Si cela ne suffit pas, recourez à la traditionnelle ventouse. Enlevez la bonde, remplissez le lavabo d'eau, écrasez la ventouse et tirez le plus fort possible. En dernier ressort, versez deux cuillerées à soupe de soude caustique et une casserole d'eau bouillante en prenant garde aux projections très dangereuses. Rincez à grande eau.

❁ **Plus de gouttes.** Un robinet qui fuit est une rude épreuve pour les nerfs. En attendant de changer le joint, enroulez une ficelle autour du robinet et laissez-la pendre jusqu'à la bonde. L'eau descendra le long de la ficelle, sans bruit.

❁ **Une chasse d'eau silencieuse.** Votre chasse d'eau à l'ancienne (avec réservoir en hauteur et chaîne pour actionner le mécanisme) est bruyante au remplissage ? Cela est dû à la projection de l'eau sur les parois en fonte du réservoir. Fixez au niveau de l'arrivée d'eau un petit tuyau, que vous maintiendrez avec un collet ou du fil de fer : l'eau tombera alors au fond du réservoir sans bruit.

LES ROBINETS THERMOSTATIQUES

MODERNE ET PRATIQUE

Toujours la bonne température, sans douche écossaise ni risque de brûlure : c'est l'atout incroyable d'un robinet thermostatique. En effet, vous réglez une fois pour toutes la température de l'eau en actionnant une manette distincte du levier de débit d'eau : tant que vous n'aurez pas changé la position de la manette, la température sera maintenue. Ce dispositif est idéal pour baigner en toute sécurité de jeunes enfants.

Une maison de charme

Senteurs et couleurs

L'atmosphère et le charme d'une maison tiennent à quelques détails : un parfum d'ambiance délicat, un pot-pourri dans une soucoupe, un bouquet éclatant de fleurs fraîches, une gerbe rustique de céréales séchées, un motif naïf peint sur un petit meuble, du joli papier à lettres sur un bureau…

Un vieil escabeau repeint se transforme en présentoir pour mettre en valeur tout ce qui sent bon. Versez aussi de l'huile essentielle sur l'ampoule électrique de votre lampe.

Les parfums d'ambiance

❁ **Parfum automnal naturel.** À la saison des coings, qui font de si délicieuses gelées, confitures et pâtes de fruits, réservez-en quelques-uns, que vous laisserez mûrir sur un rebord de cheminée ou sur une commode. Ils dégagent un arôme fruité, un peu ambré et doux, parfumant toute la pièce.

❁ **Séance de ménage parfumée.** Vaporisez quelques gouttes d'essence parfumée dans le tuyau de votre aspirateur. Ainsi, au lieu de souffler un air qui sent la poussière ou le renfermé, il répandra autour de lui une odeur agréable. Sachez qu'il existe aussi des poudres parfumées que l'on place dans l'aspirateur.

❁ **La lavande, parfumée et utile.** Parmi les plantes les plus utilisées dans la maison, on se servait beaucoup autrefois de la lavande pour faire fuir les indésirables mites, mouches et autres moustiques. Glissez les fleurs séchées dans de petits sacs en tissus assortis à votre intérieur, à votre armoire ou à votre linge (lin, mousseline, liberty, imprimés provençaux...), ou bien tressez les brins de lavande entiers en fuseaux avec des rubans.

❁ **Pastilles du sérail.** Avec un peu de chance, vous dénicherez peut-être dans une droguerie ces pastilles odorantes que nos grands-mères faisaient brûler. Elles sont composées de poudres de charbon, de salpêtre et de diverses essences comme le benjoin, la myrrhe et le santal et répandent une odeur d'encens.

❁ **Papier d'Arménie.** On vend encore aujourd'hui, dans certaines drogueries ou pharmacies, du papier d'Arménie. Il s'agit de petites bandes étroites et détachables, imprégnées de diverses essences odorantes où l'on retrouve le parfum de la myrrhe et du benjoin, également employés pour les encens. Enflammez ces petites bandes détachables qui se consumeront lentement dans un cendrier, en laissant flotter dans la pièce une odeur orientale...

La pomme d'ambre ou pomander

Cette réalisation ne présente aucune difficulté et ne requiert qu'un peu de patience. Une fois terminée, suspendez votre pomme d'ambre dans une armoire à linge ou dans la cuisine en l'entourant d'un ruban fin. En séchant, les clous de girofle momifient littéralement le fruit, tout en lui donnant un parfum merveilleusement ambré.

Fournitures
3 oranges (ou 3 citrons)
1 tasse de clous de girofle
15 g de clous de girofle en poudre
50 g de cannelle en poudre
15 g de poudre quatre épices
15 g de poudre d'iris ou de benjoin en poudre

1 - Piquez les clous de girofle dans l'écorce de l'orange. Choisissez-les bien entiers, avec une tête qui ne soit pas brisée. Vous pouvez percer préalablement le trou avec une grosse aiguille.

2 - Veillez à tracer des lignes bien régulières et assez rapprochées les unes des autres. Si elles sont trop écartées, l'orange risque de pourrir... Mettez de côté l'orange déjà cloutée et préparez les autres.

3 - Versez le mélange de poudres d'épices dans un grand plat creux et roulez-y chacune des oranges, afin qu'elles soient totalement recouvertes de ce mélange odorant, qui fixe les parfums.

4 - Le mélange d'épices peut être conservé dans une boîte hermétique. Après plusieurs mois, lorsque le parfum de votre pomme d'ambre se sera estompé, vous pourrez la saupoudrer à nouveau avec ce mélange.

DES SACHETS ANTIMITES PARFUMÉS

FOURNITURES

- 55 g de citronnelle réduite en petits morceaux
- 15 g de poudre de clous de girofle
- 25 g de poudre de racine d'iris
- 15 g de mousse de chêne réduite en petits morceaux
- 20 g de cannelle moulue
- 6 sachets de mousseline de 20 x 25 cm environ
- ruban

Si vous ne trouvez pas de citronnelle dans votre supermarché (au rayon « tisanes »), allez dans une épicerie asiatique ou bien chez un herboriste, qui vous fournira également la poudre d'iris et la mousse de chêne. Mélangez tous les ingrédients et enfermez-les dans les sachets, que vous fermerez par un ruban, afin de pouvoir en changer facilement le contenu.

❁ **Parfum d'hiver.** Plutôt que d'utiliser des parfums de synthèse en bombe, mettez quelques gouttes d'huile essentielle dans les saturateurs des radiateurs. En s'évaporant l'eau diffusera dans la maison un parfum délicat.

❁ **Raviver le parfum d'un sachet de senteurs.** Lorsque le parfum n'est plus perceptible, il suffit de presser le sachet entre vos doigts, ou de lui donner quelques coups d'épingle. Si vous n'obtenez pas mieux, ouvrez le sachet et ajoutez au mélange sec quelques gouttes d'huile essentielle ou d'essence parfumée.

Mais un sachet n'est pas éternel, et s'il ne sent vraiment plus rien, videz-le, lavez-le et remplissez-le à nouveau. Composez vos mélanges personnels : pétales d'œillet, de rose, fleurs d'oranger, jasmin, feuilles de menthe, de mélisse ou de verveine concassées…

❁ **Dans la cuisine.** Si vous avez une cuisinière à l'ancienne, faites sécher sur le dessus des pelures d'orange ou de mandarine, que vous pourrez ensuite utiliser pour vos recettes.

TRADITION-HISTOIRE

Les jonchées odorantes

Dans la Rome antique, pendant les banquets, on couvrait le sol de pétales de rose, tandis que d'énormes bouquets s'empilaient sur les tables, le parfum des roses étant réputé dissiper les vapeurs de l'alcool. On retrouve une tradition similaire au Moyen Âge : les sols des châteaux comme celui des chaumières étaient jonchés de végétaux parfumés. C'était, suivant les saisons, de la lavande, du buis ou des roseaux odorants (en particulier le calame). Ces herbes, que l'on renouvelait fréquemment, servaient aussi bien à parfumer l'atmosphère et à en chasser les miasmes qu'à apporter un peu de confort, en rendant le sol plus doux, moins humide et moins froid. Pourquoi ne pas renouer avec cette coutume parfumée en parsemant de plantes le sol de votre salon à l'occasion d'une fête, d'un mariage ou d'un baptême...

Les pots-pourris

Pour faire un pot-pourri, le choix des ingrédients est large : fleurs, herbes aromatiques, épices, essences de bois.

Un classique : le pot-pourri à la rose. Pour réussir votre pot-pourri à la rose, il faut choisir des roses anciennes très parfumées, comme la rose de Damas ou la centifolia, ou des boutons de rose au parfum très prononcé.

Faire durer le parfum. Il est indispensable de fixer les arômes et les parfums d'un pot-pourri. On employait autrefois les mêmes éléments qu'en parfumerie, souvent d'origine animale, comme le musc, l'ambre gris ou la civette. Aujourd'hui, ils sont interdits à la vente car il fallait, pour les extraire, tuer (sauf pour le cas de l'ambre gris) des animaux qui sont désormais protégés. Utilisez donc des fixatifs végétaux comme le benjoin (vendu en pharmacie) ou la racine d'iris de Florence, souvent réduite en poudre. Glissez aussi dans votre pot-pourri des petits supports en terre cuite sur lesquels vous aurez versé des huiles essentielles.

Le choix des ingrédients. Sec ou humide, un pot-pourri n'est pas constitué que de fleurs. Pensez aussi aux feuilles de laurier, d'oranger ou de citronnier, de géranium odorant, d'eucalyptus, de baumier (un peuplier dont les feuilles sentent l'encens), de mélisse, de menthe, d'armoise, de citronnelle, de lavande ou de verveine. Parmi les épices, la vanille, la cannelle, la muscade et le clou de girofle ajoutent des notes agréables. Essayez de trouver chez un herboriste du bois de santal, du vétiver, du néroli ou même du patchouli.

Un pot-pourri humide

Pour fabriquer un pot-pourri sec, il suffit de marier des fleurs et des feuilles sèches avec des épices et des morceaux d'écorce ou de racine et de fixer leur parfum. Réussir un vrai pot-pourri humide comme autrefois demande plus de temps car les ingrédients doivent s'imprégner de gros sel pendant plusieurs semaines. Mais le parfum obtenu est beaucoup plus soutenu et plus durable.

Fournitures

1 kg des plantes suivantes en mélange : pétales de rose odorante, fleurs de lavande, œillet mignardise, feuilles de géranium odorant, feuilles de verveine, de mélisse, de romarin (selon votre goût, la rose, la lavande ou la verveine sera prédominante et représentera au moins un tiers du mélange). Les pétales et les feuilles doivent être secs mais encore souples sous les doigts.	10 g de cannelle en poudre
	10 g de muscade en poudre
	10 g de macis (enveloppe de la muscade)
	1 zeste de citron
	20 g de poudre de racine d'iris ou 15 g de benjoin en poudre ou l'équivalent en essence
	350 g de gros sel non iodé

1 - Déposez une première couche de pétales et de feuilles au fond d'un gros bocal en verre qui ferme et recouvrez-la d'une couche de gros sel. Continuez en alternant végétaux et sel jusqu'à ce que le récipient soit plein à ras bord. Terminez par une couche de sel.

2 - Remuez quotidiennement avec une cuillère en bois. S'il se forme un dépôt liquide, prélevez-le et conservez-le dans un flacon. Vous l'utiliserez plus tard pour rehausser le parfum de votre pot-pourri.

3 - Quand le mélange forme une masse sombre et compacte – au bout de 2 semaines environ –, sortez-le du pot, émiettez-le dans un grand bol et ajoutez-lui les épices et le zeste de citron. Mélangez bien avec une cuillère en bois. Ajoutez le fixatif (poudre d'iris ou benjoin). Remuez le tout et replacez votre pot pourri dans le bocal bien fermé.

4 - Rangez le bocal dans un endroit sombre et sec et laissez mûrir la préparation. Au bout de 6 semaines, votre pot-pourri est prêt. Pour profiter de son parfum, enfermez-le dans un pot spécial, percé de trous : à défaut de matières précieuses comme ce laque noir (ci-contre) ou cette porcelaine de Saxe (en haut) du XVIIIe siècle, on peut utiliser un pot à gingembre chinois, ou une petite corbeille en vannerie munie d'un couvercle. Si vous préférez le mettre dans une coupe, recouvrez-le de quelques fleurs séchées et de pétales colorés, car ce mélange brun et sombre n'est pas très décoratif.

ATTENTION ! Il y a sel et sel

Pour préparer un pot-pourri humide à l'ancienne, il vous faut du sel gemme, et non du sel marin, qui risque d'altérer les parfums du fait de sa teneur en iode et de faire moisir votre mélange de fleurs et de feuilles en dégageant trop d'humidité.

Pot-pourri trop discret. Ajoutez à votre mélange quelques gouttes d'huile essentielle simple (rose, orange, lavande, patchouli, vétiver...) ou composée, ou versez quelques gouttes d'eau-de-vie, de cognac, d'armagnac ou même de vodka.

Rangés dans de jolis bocaux en verre ou disposés dans des coupelles ou des vanneries, les pots-pourris secs sont très décoratifs.

Raviver un pot-pourri. Ne jetez pas automatiquement un pot-pourri devenu trop terne. Changez-le de récipient, en choisissant une jolie coupelle assortie aux fleurs et aux feuilles dominantes. Remplacez les fleurs ou les végétaux de surface, car ils ont pris la poussière. Ajoutez quelques pétales secs colorés et des épices décoratives (bâton de cannelle, noix de muscade, badiane...).

Entretien d'un pot-pourri sec. Remuez de temps à autre votre pot-pourri avec une cuillère en bois. Les arômes se diffuseront mieux.

TRADITION-HISTOIRE

L'origine du pot-pourri

Dans l'Antiquité déjà, les Égyptiens tiraient parti du parfum de toutes sortes de végétaux : feuilles, fleurs, épices et bois odorants, qu'ils mêlaient à des résines. Mais le pot-pourri humide tel qu'on le connaît aujourd'hui date sans doute du Moyen Âge.

À cette époque, les maîtresses de maison mélangeaient des végétaux très parfumés et du sel. Lorsqu'au bout de quelques semaines, voire de plusieurs mois, le mélange se transformait en une matière extraordinairement odorante, elles l'enfermaient dans des pots de porcelaine au couvercle perforé ou dans des boules à claire-voie plus ou moins grosses. On pouvait porter sur soi les plus petites, afin de les humer lorsque le besoin s'en faisait sentir.

Les bouquets

❁ **Chez le fleuriste.** Veillez à ce que les fleurs ne soient pas trop ouvertes. S'il s'agit de roses, vérifiez que les sépales (la partie verte, à la base des pétales) ne sont pas écartés et recourbés vers le bas : cela voudrait dire que des pétales fanés ont déjà été supprimés.

Attention aux fleurs forcées à contre-saison, reconnaissables à des tiges un peu molles, au vert décoloré. Au contraire, des tiges rigides et d'un beau vert sont signe de bonne santé.

❁ **Au jardin.** Les bouquets de jardin ont un charme fou. Pour qu'ils tiennent longtemps, cueillez vos fleurs dans la matinée, quand le soleil n'est pas encore trop haut. Déposez-les au fur et à mesure dans un panier à fond plat, où elles ne s'abîmeront pas.

❁ **Dans la nature.** Partez toujours avec un sécateur et n'arrachez jamais les fleurs. N'oubliez pas que dans les parcs naturels, certaines espèces sont protégées : il ne faut absolument pas les cueillir.

❁ **Les roses.** Si elles sont un peu fatiguées, recoupez les tiges, et plongez-les dans de l'eau chaude quelques minutes, puis dans de l'eau très fraîche. Vous pouvez aussi les enrouler bien serrées dans un cornet de papier journal et les immerger pendant toute une nuit dans un seau d'eau.

❁ **Eau propre.** Lorsque vous préparez votre bouquet, n'oubliez surtout pas de recouper les tiges et d'en effeuiller toute la partie qui sera immergée. Changez l'eau du vase tous les jours et ajoutez-lui quelques gouttes d'eau de Javel pour éviter la décomposition des tiges (celles des fleurs à tiges molles en particulier).

TRADITION-HISTOIRE

L'horloge florale de Linné

Carl von Linné, médecin et naturaliste suédois du XVIIIe siècle, est célèbre pour avoir établi une classification des plantes et une nomenclature des végétaux qui est encore appliquée aujourd'hui.

Ses travaux lui permirent de mettre au point une sorte d'horloge florale. Ayant observé que les fleurs s'ouvraient à différents moments du jour ou de la nuit, il pensa qu'elles pouvaient servir de repères pour savoir approximativement l'heure. Les volubilis bleus et les petits pavots éclosent entre 5 h et 6 h en été. Le pissenlit s'ouvre à 7 h et se referme à 15 h. À 9 h éclôt le souci orange ou jaune. L'odorante belle-de-nuit ne s'ouvre que vers 18 h. La nuit, les grands cierges – des cactus très hauts et étroits – ouvrent leurs immenses corolles parfumées, qui attirent les oiseaux-mouches et les insectes nocturnes.

❁ **Faire voyager des fleurs.** Enveloppez vos fleurs dans du papier journal humidifié, puis dans une autre feuille, roulée en cornet. Pour un colis, couchez vos fleurs bien à plat, tête-bêche, sur une feuille de papier journal mouillée, dans un grand carton humidifié avec un vaporisateur. Les fleurs doivent être serrées afin de ne pas bouger, mais pas tassées.

Ne les posez surtout pas sur la plage arrière de la voiture, là où il fait le plus chaud. À l'arrivée, laissez les fleurs respirer et se raffermir dans un grand seau d'eau fraîche avant de faire le bouquet.

❁ **La bonne température.** Évitez la proximité d'une fenêtre exposée au soleil : effet de serre garanti ! S'il fait chaud, une vaporisation quotidienne d'eau très fraîche sur votre bouquet le fera durer plus longtemps. Pensez à le mettre au frais pendant la nuit, dehors s'il ne gèle pas ou dans une pièce peu chauffée. Les petits bouquets peuvent même passer la nuit au réfrigérateur. C'est surprenant mais cela prolonge vraiment leur durée de vie.

❁ **Les fleurs à tiges ligneuses.** Les fleurs dont les tiges ont l'aspect du bois – lilas, forsythia, hortensia, boule-de-neige... – absorbent mal l'eau. Aussi, écrasez la base des tiges avec un marteau. Un autre truc consiste à fendre l'extrémité des tiges en croix en utilisant un sécateur, un couteau bien aiguisé ou un greffoir, ou encore à retirer l'écorce sur quelques centimètres.

Rassemblez tout votre matériel de fleuriste, ustensiles, vases, paniers, etc. dans un atelier installé dans un coin de la cuisine ou dans une véranda. Choisissez un récipient dont la forme et la couleur s'harmonisent avec votre bouquet : corolle évasée sur pied pour mettre en valeur un arrondi parfait (1), ou potiche à anse pour une composition plus rustique (2).

1

2

Les tulipes. Comme pour la plupart des plantes à bulbe, il est déconseillé de leur donner trop d'eau. Ne remplissez le vase qu'à mi-hauteur ; elles s'ouvriront petit à petit et les tiges ne se tordront pas. Au contraire, si vous désirez que des tulipes encore en bouton s'ouvrent très vite, donnez-leur beaucoup d'eau et ouvrez les pétales à la main.

Les amaryllis. Leur grosse tige creuse ploie parfois sous le poids de la corolle, d'une taille disproportionnée. Pour éviter que la tige ne se courbe ou se casse, glissez à l'intérieur un mince tuteur ou une fine branche.

Le mimosa. S'il existe une fleur coupée qui ne dure que le temps d'un déjeuner de soleil, c'est bien le mimosa. Tentez quand même de le conserver quelques jours en le mettant dans de l'eau très chaude additionnée de quelques gouttes d'ammoniaque. Renouvelez l'opération tous les jours, en recoupant les tiges à chaque fois.

POURQUOI ÇA MARCHE

LES CONSERVATEURS

Pour conserver vos bouquets, vous avez peut-être essayé d'ajouter à l'eau du vase un morceau de sucre – nutritif – ou un cachet d'aspirine effervescent – bactéricide –, mais vous avez dû vous rendre compte que rien ne vaut actuellement les conservateurs du commerce, dont la recette est gardée secrète par les fabricants. Ils contiennent à la fois des substances qui nourrissent les fleurs et d'autres qui empêchent la décomposition des feuilles et des tiges.
On les trouve sous forme de poudre, de liquide, voire d'un petit carré de carton souple imprégné de produit. S'il s'agit d'une poudre ou d'un petit carton, remplissez votre vase d'eau tiède et attendez la dissolution complète de la poudre avant de plonger le bouquet.
Bien entendu, ne changez pas l'eau : contentez-vous de compléter le niveau chaque jour.

Soliflores insolites. Utilisez des flacons, de jolis pots en verre, des bouteilles aux formes originales ou même des coquetiers comme petits vases. Rassemblez-les sur une cheminée ou un meuble et composez un superbe parterre de soliflores en mettant une fleur par contenant. Vous pouvez utiliser la même variété de fleur ou alterner.

Les violettes. Une fois coupées, elles ne boivent plus, il faut donc leur apporter de l'humidité... par le haut. Vaporisez quotidiennement de l'eau fraîche sur les fleurs, ou trempez-les têtes en bas dans un verre d'eau et secouez-les délicatement pour les égoutter.

Les narcisses. Pour les conserver plus longtemps, essayez cette drôle de recette consistant à piquer régulièrement toute la longueur de la tige avec une épingle, pour qu'elle absorbe mieux l'eau.

Les pavots et les coquelicots. Leur tige sécrète une sève laiteuse et collante qui les empêche de bien boire l'eau. Si vous prenez la précaution de brûler l'extrémité de chaque tige avec une allumette, un briquet ou une bougie, vous pourrez profiter de vos fleurs bien plus longtemps.

Faire attendre des fleurs en bouton. Essayez cette recette insolite datant de 1930. Garnissez le fond d'une boîte métallique d'une couche de sel gemme fin et très sec. Posez dessus les fleurs en bouton (roses, pivoines, camélias ou autres) les unes à côté des autres, sans qu'elles se touchent. Recouvrez d'une couche de sel, puis d'une autre couche de fleurs et terminez par une couche de sel. Fermez la boîte et placez-1a dans un lieu non humide et bien aéré. Quand vous voudrez utiliser les fleurs, au bout de quelques jours, il suffira de recouper les tiges et de les plonger dans l'eau froide.

Forçage hivernal. En plein hiver, coupez dans votre jardin quelques branches de cerisier, de pommier, de prunus, de forsythia ou de boule-de-neige. Dénudez-en l'extrémité et mettez-les dans l'eau. Placez votre vase près d'une fenêtre. Au bout d'une dizaine de jours, vous aurez la surprise de découvrir sur les branches qui semblaient mortes des bourgeons, puis de minuscules fleurs. Cette éclosion rapide est due à la différence brutale de température, qui provoque un effet comparable à celui d'une serre.

❁ Un pique-fleurs de fortune. Procurez-vous du grillage métallique à grosses mailles, que l'on utilisait autrefois pour les clapiers à poules ou à lapins. (Vous le trouverez dans les magasins de bricolage.) Découpez-le à la dimension voulue et enfoncez-le à mi-hauteur dans le vase. Seule contrainte : ce pique-fleurs n'est pas très élégant, aussi est-il réservé aux vases opaques. Si vous voulez en utiliser un dans un vase transparent, essayez de camoufler le grillage avec de la mousse des bois.

❁ Branchages élégants. En hiver, partez dans les bois et faites provision de branches de pin ou de sapin, ou encore de branchages recouverts de lichens aux beaux tons grisés. En les mélangeant à des fleurs fraîches, vous composerez des bouquets stylisés.

❁ Un centre de table original. Évidez une courge, un poivron ou une calebasse (en haut), suivant la taille de vos fleurs, en prenant bien soin de ne pas percer votre récipient naturel. Retaillez le fond pour qu'il soit stable. Remplissez-le d'eau. Vous obtenez un vase unique !

❁ Bouquet sans eau. Vous voulez réaliser un bouquet dans un panier, une corbeille ou un récipient qui ne peut être rempli d'eau ? Procurez-vous de la mousse Oasis chez un fleuriste ou dans une grande surface. Taillez cette mousse synthétique pour l'adapter à toute forme de contenant. Piquez-y ensuite les tiges une à une en commençant par les plus grandes. N'oubliez pas de la maintenir humide en permanence.

Un truc de décoration : disposez quelques feuilles au pied du vase.

UN BOUQUET ROND

Très frais et très champêtre, ce bouquet est composé de l'assemblage de plusieurs petites touffes de fleurs printanières. On peut le réaliser avec d'autres variétés des champs ou du jardin.

FOURNITURES

- roses rose pâle
- fil de fleuriste ou raphia
- alchémille
- alstrœmere
- astilbe rose
- astilbe rouge
- campanules à grosses fleurs roses
- pivoines
- prêle du Japon
- œillets de poète
- fruits de millepertuis
- ruban adhésif vert
- 1 pince coupante
- 1 sécateur

1 - Formez un premier petit bouquet avec les roses, et nouez-le avec du fil ou du raphia. Ajoutez une à une les autres fleurs de façon harmonieuse, en répartissant les couleurs par taches — rose, vert pâle, blanc, rouge...

2 - Lorsque le bouquet commence à être vraiment gros dans votre main, fixez-le avec de l'adhésif vert de fleuriste pour pouvoir le manier plus facilement, puis continuez à ajouter les tiges restantes.

3 - Pour donner une courbe ronde à votre bouquet, il faut disposer chaque tige inclinée en biais par rapport à l'axe central. Travaillez toujours dans le même sens : celui des aiguilles d'une montre.

4 - Lorsque le bouquet est fini, redonnez un tour de ruban adhésif, sans trop serrer pour ne pas l'étouffer. Recoupez les tiges à une longueur égale. Placez votre bouquet dans un vase rond, genre aquarium.

Les fleurs séchées

Séchage naturel. Privées d'eau, les fleurs perdent peu à peu leur humidité et sèchent en quelques jours. Pour éviter que les tiges ne se déforment, nouez-les et suspendez-les la tête en bas. Comme les tiges se rétractent en séchant, préférez un élastique au nœud d'attache en ficelle ou en raphia.

Choisissez un lieu bien aéré pour éviter la formation de moisissure.

Une belle idée de composition décorative que cette boîte à épices ancienne remplie de minuscules roses.

Tiger les fleurs. Enfoncez dans le cœur de la fleur du fil de fleuriste, à la fois fin et rigide, et coupez-le à la longueur voulue. Vous pourrez masquer le métal avec du ruban adhésif spécial, de couleur vert mat, vendu chez certains fleuristes ou dans les magasins spécialisés. Si vous ne disposez pas de fil de fleuriste, une épingle à chignon très fine, dite épingle-neige, vous rendra le même service.

Séchage décoratif. Pour profiter des fleurs pendant qu'elles sèchent et les transformer en élément de décoration, suspendez-les par exemple aux poutres d'une pièce ou, plus joliment, sur l'armature en bois d'un paravent.

Séchage au four. Pour activer le séchage, passez les fleurs au four. Réglez la température sur un niveau assez bas (3-4 au thermostat) et vérifiez avec le doigt le degré de séchage : arrêtez le four quand les pétales sont secs mais encore souples au toucher.

Séchage dans le sable. Versez une couche de sable sec très fin – type sable de Fontainebleau – au fond d'une boîte. Déposez-y les fleurs dont les pétales sont particulièrement fins et fragiles (passiflore, renoncule, nigelle, dahlia…), puis versez délicatement une seconde couche de sable, pour bien recouvrir les végétaux. Au bout d'une quinzaine de jours, le séchage est achevé.

Dessiccatifs chimiques. Le gel de silice ou le borax sèchent parfaitement tous les types de végétaux. Utilisez-les comme le sable, en posant fleurs, feuilles ou fruits entre deux couches de produit de 3 à 5 cm d'épaisseur.

Vapeur miracle. Lorsqu'un bouton de rose séché est trop fermé, placez-le une minute devant le filet de vapeur s'échappant d'une bouilloire. Décollez délicatement les pétales extérieurs avec un Coton-Tige, sans toucher à ceux du cœur, trop fragiles.

De nombreuses plantes se prêtent à des compositions décoratives. Ici, gerbe de seigle, panier aromatique, panier de fleurs du désert, delphiniums, obélisque de lauriers, gerbe de roses, bouquets de blé.

❁ **Feuillages d'automne.** Certains feuillages d'automne sont si beaux que l'on aimerait les conserver longtemps. Disposez-les dans un vase rempli d'eau et de glycérine – 2 volumes d'eau pour 1 volume de glycérine – jusqu'à ce que les feuilles soient devenues un peu cireuses au toucher.

Vous pouvez aussi repasser les feuilles une à une et très délicatement, pour ne pas les déchirer, avec un fer à repasser réglé sur la position laine ou synthétique (sans vapeur). Un procédé pratique lorsqu'on destine les feuilles à une composition décorative avec collage – abat-jour, paravent, boîte ou coffret, papier…

❁ **Meilleure conservation.** Un nuage de laque en bombe sur vos fleurs sèches les protégera de la poussière et ralentira leur décoloration. Mais sachez qu'un bouquet sec n'est pas éternel et doit être renouvelé.

❁ **Dépoussiérer un bouquet.** Avec le temps, la poussière s'accumule et ternit les coloris des fleurs. Pensez à l'ôter régulièrement avec un pinceau souple ou encore à l'aide d'un sèche-cheveux, dont l'air pénètre partout, même au cœur des pétales.

Séchage au micro-ondes

MODERNE ET PRATIQUE **Les fleurs, surtout les roses, sèchent parfaitement dans un four à micro-ondes. Disposez-les sur une feuille de papier sulfurisé – autrement, les pétales colleraient au plateau et on ne pourrait plus les décoller sans les abîmer – et faites-les d'abord sécher pendant trente secondes.**
Ouvrez le four et tâtez les pétales : s'ils présentent encore des traces d'humidité, maintenez-les au four. Attention, même secs, ils doivent rester un peu souples.

Une couronne de bienvenue

Si la couronne de fleurs fraîches, à signification religieuse, est une tradition fort ancienne qui remonte à l'Antiquité, la couronne de fleurs séchées est une mode qui nous vient des pays anglo-saxons, particulièrement de la coutume des couronnes des fêtes de fin d'année (Thanksgiving, Noël). Symbole d'un accueil chaleureux, elle trouve sa place sur la porte, devant la fenêtre ou encore au-dessus de la cheminée.

Fournitures

- couronne en paille
- 3 bouquets d'oreilles-de-mouton (*Stachys byzantina*)
- 5 bouquets d'origan
- 4 bouquets de sauge officinale
- 3 bouquets de sauge rouge
- 3 têtes d'hortensia
- 4 bouquets de grande camomille
- 6 bouquets de lavande
- 2 bottes de brindilles de bouleau liées par du raphia
- 5 roses rouges
- 18 bouquets de buis
- 9 bouquets d'alchémille
- 2 coques de sterculie
- 4 pivoines
- 4 capsules de têtes de lotus
- fil à tiger les roses fin
- tige métallique de moyen calibre

1 - Préparez les bouquets d'oreilles-de-mouton, d'origan, de sauge officinale et de sauge rouge, d'hortensia, de camomille, de lavande, de brindilles de bouleau et de roses.

2 - Piquez les bouquets de buis par paires à intervalles réguliers tout autour de la couronne, les têtes orientées dans le même sens. Fixez-les en tordant la tige de métal.

3 - Dans le même sens que le buis, ajoutez les bouquets d'alchémille, puis les bouquets d'origan, de manière à recouvrir partiellement les bouquets de buis.

4 - Placez ensuite les bouquets de sauge officinale sur les bords de la couronne, tout contre les précédents, les têtes respectant l'orientation des bouquets de buis, de l'alchémille et de l'origan.

5 - Mettez les fleurons d'hortensia, puis les bouquets d'oreilles-de-mouton et de lavande, dans le même sens que les têtes des fleurs précédentes, dont ils dissimuleront les fils et les tiges.

6 - Placez la grande camomille, la sauge rouge et les roses. Enfin, disposez les brindilles de bouleau et les coques de sterculie à contresens des autres têtes et collez les fleurs de pivoine et les têtes de lotus.

Le papier

Personnalisez votre papier en le décorant de fleurs ou de feuilles séchées incrustées ou collées. Jouez les ton sur ton en privilégiant les matières.

Traitement antibavures. Pour éviter que votre stylo ne laisse de vilaines bavures sur un papier qui boit, traitez celui-ci avant d'écrire : commencez par épandre de l'alun en poudre sur toute sa surface. Recouvrez-le d'une feuille que vous frotterez avec le dos de la lame d'un couteau. La poudre pénétrera dans le papier, qui n'absorbera plus l'encre en excès.

Encre invisible. Son véritable nom est encre sympathique. Elle évoque les romans d'espionnage d'antan. Si vous ne l'employez pas vous-même, elle ravira vos enfants, qui pourront ainsi rédiger des messages ultra-secrets ! Il suffit de tremper une plume dans du jus de citron ou d'oignon, avant d'écrire sur n'importe quel papier où vous aurez eu la prudence de tracer des lignes au crayon, car il n'est pas facile d'écrire à l'aveuglette ! Le destinataire du message exposera celui-ci à la chaleur d'une flamme pour que les caractères apparaissent...

Enveloppes élégantes. Donnez du cachet à vos enveloppes en les scellant à la cire, comme autrefois ! Une fois votre enveloppe fermée, faites chauffer un bâton de cire : la flamme d'un briquet est la plus pratique pour cet usage. Les gouttes de cire doivent tomber les unes à côté des autres pour ne former qu'une seule grosse goutte, que vous étalerez légèrement sur le papier avec le bâton de cire encore chaud. Enfoncez votre cachet dans la cire tiède. Pour bien s'imprimer dans la cire, il doit être obligatoirement mouillé ou graissé. Vous pouvez utiliser pour cela une encre grasse pour tampons, qui colorera votre cachet.

Du papier-calque maison. Vous avez besoin de papier transparent pour décalquer ? Amusez-vous à le fabriquer vous-même en suivant les conseils d'un vieil ouvrage ménager daté des années 20.

Raclez des copeaux fins de cire blanche ou jaune et dissolvez-les à froid – et à l'abri de toute source de chaleur – dans de la térébenthine. Enduisez des feuilles de papier blanc sur les deux faces avec le mélange liquide, puis laissez dans un endroit chaud. En séchant, les feuilles vont devenir transparentes.

• Autre recette : mélangez 1 volume d'huile de ricin pour 2 volumes d'alcool à 90° et enduisez le papier avec ce mélange. Suspendez le papier : à l'air, l'alcool s'évaporera et l'huile séchera.

Papier parfumé. Rangez les feuilles de papier dans une boîte au fond de laquelle vous aurez disposé un buvard ou un tissu imprégnés de parfum. Mais attention aux taches grasses : la première feuille se trouvant au contact du buvard risque d'être tachée.

Si vous fabriquez votre papier, ajoutez à la pâte quelques gouttes d'huile essentielle fleurie, fruitée ou épicée.

TRADITION-HISTOIRE

Le papier mâché

L'art du papier mâché a été inventé par les Chinois au IIe siècle. Ils le fabriquaient avec toutes sortes de chiffons, pilés au mortier dans de l'eau. La pâte durcie et laquée était d'une incroyable solidité. Pour preuve, un casque de guerrier chinois en papier mâché datant de cette période est parvenu intact jusqu'à notre époque. Plus près de nous, cette technique a connu une grande vogue en Europe vers le milieu du XIXe siècle. On l'utilisait pour faire des coffrets, des boîtes, des plumiers.

Le papier mâché était toujours laqué en noir, en rouge ou en brun foncé et décoré de petites étoiles, d'applications de nacre ou de chromos naïfs (fleurs…).

On peut trouver encore ce type d'objets décoratifs dans les brocantes, sur les marchés aux puces et chez les antiquaires.

Du bon usage du mixeur

MODERNE ET PRATIQUE **Lorsqu'on fabrique du papier recyclé ou de la pâte à papier mâché, le papier est traditionnellement broyé au mortier, mais il est bien plus facile de se servir d'un mixeur. Veillez simplement à ne pas surcharger votre appareil et surveillez l'opération. Ôtez le couvercle et examinez la pâte : si elle contient encore des morceaux de papier bien visibles, faites tourner votre mixeur pendant quelques secondes supplémentaires – pas plus, car plus la pâte est broyée finement et plus elle est fragile.**

❁ **Carnet maison.** Utilisez des feuilles de couleur, du papier artisanal ou, mieux encore, des feuilles de votre fabrication. Rassemblez-les en une liasse entre deux feuilles de papier fort ou deux morceaux de tissu, pour la couverture. À environ 5 mm du bord de chaque feuille, trouez des petits points tous les centimètres avec une pointe ou une alêne. Passez ensuite un ruban, du raphia ou une cordelette de soie au point dessus dessous comme une couture et faites un nœud.

• Une autre reliure originale consiste à plier les feuilles par doubles pages, et à coudre chaque double page séparément l'une à côté de l'autre au dos de la couverture. Livre de recettes familiales, livre d'or, album photos, almanach du jardinier, collection de faire-part ou de menus, journal intime, souvenirs de voyage…, toutes les utilisations sont possibles.

❁ **Papier de couleur.** Selon les matériaux utilisés pour fabriquer votre pâte à papier, celui-ci aura évidemment des teintes différentes. L'encre d'imprimerie du papier journal donne un papier sombre. Vous obtiendrez des nuances originales en utilisant les suppléments roses, jaunes ou verts de certains quotidiens.

Le papier recyclé

Artisanal, écologique, économique, le papier recyclé est aussi raffiné, personnel et unique. Sa confection nécessite certes un matériel approprié et un peu de temps, mais le résultat en vaut la peine. Pensez à cette technique pour vos menus, vos marque-places, vos invitations, vos cartes de vœux, vos cadres, vos reliures…

Fournitures

- 10 doubles pages de journal ou 20 pages de papier de couleur
- grande bassine
- 1 cuill. à soupe d'amidon
- mixeur
- 2 planches en bois ou en contreplaqué de 30 x 38 cm
- bac de 60 x 40 cm et de 7 cm de haut
- papier journal
- cadre nu de 23 x 29 cm (la couverte)
- châssis tendu d'un tamis métallique ou en nylon fort de 23 x 29 cm
- 5 morceaux de tissu (voilage ou toile à beurre) de 24 x 32 cm

1 – Faites tremper le papier en menus morceaux toute une nuit ou faites-le bouillir pendant 30 min dans un faitout. Broyez-le au mixeur. Versez cette bouillie dans la bassine, à moitié remplie d'eau. Ajoutez l'amidon.

2 – Placez une planche dans le bac. Pliez 3 feuilles de journal en rectangles de tailles croissantes que vous placerez les uns sur les autres sur la planche. Mouillez copieusement et recouvrez d'un tissu.

3 – Mélangez la bouillie de papier. Placez la couverte et le châssis l'un contre l'autre, le tamis vers vous. Raclez le fond de la bassine pour prendre un peu de pâte, que vous répartirez sur toute la surface du tamis.

4 – Ôtez le cadre nu, qui n'est là que pour retenir la pâte encore fluide. Retournez le châssis garni avec précaution, afin de déposer la couche de papier humide sur le tissu placé dans le bac.

5 – Placez un deuxième morceau de tissu sur la feuille de papier et répétez l'opération jusqu'à ce qu'il n'y ait plus de pâte. Vous pouvez ajouter fleurs, feuilles, plumes... sur les feuilles entre chaque couche de tissu.

6 – Quand vous avez terminé les 5 couches de papier, posez la seconde planche sur votre tas de feuilles de papier mouillé. Appuyez bien, pour comprimer le tas et faire sortir l'eau des feuilles.

7 – Ôtez les morceaux de tissu l'un après l'autre avec la feuille de papier collée dessus et mettez-les à sécher sur du papier journal, en plaçant la face tissu contre le journal. Laissez sécher une nuit.

8 - Lorsque les feuilles sont sèches, ôtez-les de leur support de tissu. Vous pouvez repasser les feuilles au fer tiède pour les lisser, mais ce n'est pas indispensable : l'effet irrégulier est décoratif.

Les meubles et objets peints

Les bons pinceaux. Pour tracer les tiges et les filets, préférez un pinceau à poils longs ; en revanche, pour créer d'un seul geste des pétales à l'arrondi parfait, utilisez un pinceau à poils courts. En fait, plus la ligne à tracer est longue, plus longs doivent être les poils.

Peinture à l'éponge. Choisissez une éponge naturelle ou synthétique. Appliquez la peinture sur un fond uni, clair et sec et, sans attendre qu'elle sèche, tamponnez-la avec l'éponge. En absorbant une partie de la peinture, l'éponge laisse un voile de couleur irrégulier très décoratif. Vous pouvez aussi vous servir d'un chiffon froissé et roulé en boule, à condition qu'il soit non pelucheux et sans brins de fil qui risqueraient de coller à la peinture.

Accessoires détournés. Une boule à thé peut être utilisée pour incorporer des pigments à une peinture.

- Un simple fouet de cuisine est très pratique pour bien mélanger les couleurs entre elles.
- Servez-vous d'une assiette de cuisine en plastique (plus pratique que celles en carton) comme d'une palette, pour pratiquer des essais et appliquer des petites touches.

Mouchetis parfaits. Vous pouvez utiliser une vieille brosse à dents pour réaliser des mouchetis. Passez-la légèrement dans la peinture et éclaboussez la surface à peindre en frottant l'index sur les poils. Avec la même technique, un vieux peigne un peu souple permet de projeter des petites taches irrégulières.

Un présentoir à lettres

Si vous ne maîtrisez pas la technique de la peinture sur bois, faites vos preuves sur un petit objet avant de vous lancer dans la décoration d'un meuble. Ce présentoir à lettres orné de volutes réalisées au pochoir est idéal pour débuter. Vous pouvez même réaliser, pour plus de raffinement, du papier à lettres et des enveloppes assortis.

Fournitures

- présentoir en bois
- peinture acrylique bleu pâle en pot
- papier-calque
- feuilles de papier
- feutre
- cutter
- plaque de découpe
- crêpe adhésif
- brosse à pochoir
- peintures acryliques terre de Sienne et rouge en tube
- vernis acrylique incolore

1 - Peignez le présentoir en bleu (ou toute autre teinte de votre choix). Laissez sécher. Relevez sur 2 feuilles de papier-calque les formes du fond et du devant du présentoir. Découpez-les.

2 - Dessinez les volutes sur du papier en vous inspirant de la photo ci-dessus. Une fois que vous êtes satisfait du résultat, décalquez-les sur les 2 papiers-calques et évidez-les au cutter sur la plaque.

3 - Fixez avec le crêpe le pochoir du fond à sa place sur le présentoir. Tamponnez le motif de rouge à la brosse. Laissez sécher. Ombrez avec la peinture terre de Sienne. Laissez bien sécher avant de retirer le pochoir.

4 - Fixez le pochoir de la partie avant. Procédez de la même façon pour passez les peintures rouge, puis terre de Sienne à la brosse. Laissez sécher. Enlevez le calque. Vernissez l'ensemble du présentoir.

Un meuble prendra un aspect ancien par le travail des fonds. Poncez la couche de peinture du fond avant de peindre les motifs, et utilisez avec parcimonie le doré pour rehausser les tons pastel, comme pour cette horloge (en ht). En appliquant d'abord une première couche de couleur, puis une deuxième couche blanche, avant de poncer, vous obtiendrez un dégradé plus prononcé (à dr.).

Les coloris bicolores et les motifs géométriques sont faciles à réaliser et donnent une tonalité de fraîcheur à ce lit clos breton (à g.). Les petits meubles insolites comme ce meuble d'angle (à dr.) méritent des motifs plus travaillés, avec des palettes de nuances délicates.

La peinture au lait. Autrefois très employée, la peinture au lait, appréciable pour la durabilité et l'intensité des couleurs, est très simple à confectionner. Laissez tourner du lait écrémé à température ambiante, puis filtrez-le dans une passoire afin d'éliminer le petit lait du caillé. Ajoutez un pigment au caillé et remuez avec soin pour le dissoudre. Votre peinture est prête ! On trouve dans le commerce des peintures à la caséine (protéine du lait) de très bonne tenue. Attention, la peinture au lait s'applique exclusivement sur un fond mat.

Des motifs en guirlande. Pour répéter le même motif sans le trahir, pensez à la technique du pochoir. Il existe des cartons prédécoupés de motifs traditionnels, et même des frises, mais vous pouvez faire vos propres cartons à pochoir. Découpez au cutter la forme de votre choix dans du carton huilé spécial. Fixez le carton à sa place sur le meuble ou l'objet à décorer avec du ruban adhésif. Appliquez la peinture à la brosse ou à l'éponge. Pour éviter les coulures, enlevez le carton avec précaution uniquement lorsque la peinture est sèche.

La patine d'antan. Pour protéger votre œuvre et lui donner un lustre semblable à celui qu'offre l'âge, cirez-la deux semaines après l'application de la peinture. Utilisez soit de l'encaustique, soit une cire légèrement teintée qui foncera la couleur et lui donnera un air ancien.

Des motifs lumineux. Lorsque vous peignez des motifs sur un fond sombre, commencez par peindre les motifs en blanc et recouvrez-les une fois secs de la couleur de votre choix. Vous obtiendrez un joli effet de transparence.

Effet de marbrure. Pour imiter le fin réseau de veines qui caractérise le marbre, utilisez une plume d'oie mouillée de térébenthine sur du vernis gras. Estompez avec un blaireau.

LES PEINTURES ACRYLIQUES

MODERNE ET PRATIQUE

Autrefois, seules les peintures à l'huile étaient jugées appropriées pour peindre des meubles et des objets. Elles nécessitaient l'utilisation d'un apprêt et d'une couche d'impression avant les couches de fond. Il fallait au moins deux semaines pour peindre un meuble. De plus, elles répandaient une odeur terrible et mettaient longtemps à sécher. Aujourd'hui, que ce soit pour les fonds ou les motifs, on peut utiliser des peintures à l'eau qui sèchent très rapidement, ne jaunissent pas et permettent d'obtenir un effet de patine plus réaliste que ne le font les produits à l'huile. Les acryliques en tube, vendues dans les magasins spécialisés, existent dans une très large gamme de couleurs mais il faut savoir que leur rendu est mat. Réservez-les aux motifs, étant donné leur prix.

Des motifs parfaitement tracés. Nul besoin d'être un as du dessin pour décorer un meuble. Décalquez les motifs de votre choix sur une photo, un papier peint, un tissu… et agrandissez-les ou réduisez-les en les photocopiant de façon à les mettre à l'échelle de votre support. Reproduisez-les sur le meuble à peindre avec du papier carbone. Pour disposer les motifs au bon endroit, dessinez-vous des repères à la craie. En vous servant d'un crayon, vous risqueriez de rayer la surface ou de faire des taches grasses en gommant.

Vieillir un meuble. Il suffit de passer du papier de verre à grain moyen sur le fond de peinture que l'on a laissé sécher. Pour obtenir un effet crédible, commencez par les angles, les arêtes, les parties en saillie et les endroits en général les plus exposés à l'usure et aux chocs : environs des poignées, barreaux de chaise, accoudoirs de fauteuil… Procédez avec prudence et prenez du recul pour juger de l'effet produit. Si votre fond est constitué de couches de peinture de teintes différentes, vous ferez apparaître, en ponçant, la ou les sous-couches au lieu du bois lui-même.

LUMIÈRE ET CHALEUR

Scintillante, festive, magique est la lumière d'une bougie. Tamisé, doux, intime, l'éclairage d'un abat-jour. Mais rien ne remplace la lueur des braises ou la danse fascinante des flammes. Les charmes du feu tiennent aussi à la chaleur qu'il répand, au crépitement des bûches et à l'odeur si caractéristique du bois qui se consume.

Même sans être allumées, de simples bougies blanches sont décoratives nouées par un ruban.

Les bougies

Bougies bien rangées. Stockez vos bougies à plat dans un tiroir à l'abri de la lumière, qui les décolore, et évidemment de la chaleur. Pour les protéger de la poussière, emballez-les par séries, dans du papier de soie blanc ; un papier de soie coloré risquerait de déteindre sur la cire. Vous voulez garder quelques bougies à portée de main ? Placez-les dans un joli panier, au fond duquel vous mettrez un torchon, une serviette ou un napperon, ou nouez-les en fagots avec un ruban.

Bougies brillantes. Avec le temps, la bougie s'est ternie sur son chandelier ? Frottez-la délicatement avec un vieux collant en nylon. La cire retrouvera tout son éclat.

Bougie trop grosse. Faites tremper la base de la bougie dans de l'eau très chaude avant de l'enfoncer dans le bougeoir. La cire, un peu ramollie, s'adaptera mieux. Vous pouvez aussi acheter dans un magasin spécialisé un taille-bougie qui fera moins de dégâts qu'un couteau, un peu trop prompt à couper la cire...

POURQUOI ÇA MARCHE

LE SEL ANTICOULURES

Peut-être vous a-t-on déjà conseillé de faire tremper une nuit vos bougies neuves dans de l'eau salée ou de déposer un peu de sel fin dans le creux autour de la mèche pour les empêcher de couler ? Ces deux techniques sont efficaces, car la cire fond mais se mélange au sel pour former une masse compacte qui ne devient jamais liquide. C'est bon à savoir lorsqu'on utilise des bougies colorées en décor de table sur une jolie nappe ou qu'on les pose sur un meuble précieux.

Le fer-blanc. Pensez à récupérer toutes sortes d'objets en métal ou en fer-blanc, qui peuvent devenir de beaux bougeoirs, ou des lanternes originales. Idéales pour l'extérieur, car la flamme est protégée, les lampes-tempête d'antan toutes simples sont très décoratives.

Photophore improvisé. Un pot de yaourt en verre ou un pot de confiture dans lesquels vous aurez versé de l'eau à mi-hauteur peuvent se transformer en photophores, si vous y déposez une petite bougie pour chauffe-plat ou une bougie flottante. Une idée à retenir pour illuminer la maison lors d'une fête : préparez un grand nombre de miniphotophores et déposez-en, ou même suspendez-les, dans toutes les pièces, voire à l'extérieur – dans le jardin le long des allées, sur le rebord des fenêtres... Prévoyez des arrosoirs remplis d'eau pour intervenir rapidement en cas d'accident.

La bobèche, jolie et pratique. Posée sur le haut d'un bougeoir, la bobèche est un disque de verre évidé au centre qui empêche la cire de couler. Essayez d'en dénicher des modèles anciens en verre transparent ou coloré, en opaline ou en cristal, et faites-en provision car elles sont fragiles et se cassent facilement. On en trouve sur les marchés aux puces ou chez les brocanteurs.

Plus de fumée. Se mouiller les doigts et pincer la mèche pour l'éteindre sans qu'elle fume est efficace mais pas très élégant. Procurez-vous un instrument spécial pour moucher les bougies. Il en existe deux sortes : les mouchettes – ciseaux à bouts plats et larges –, avec lesquelles on pince la mèche, et les éteignoirs – minuscules cônes pourvus d'un long manche –, que l'on pose sur la mèche.

1
2

Jouez sur les reflets de lumière en disposant vos bougies groupées, et en les plaçant devant un miroir. Les bougeoirs peuvent être ouvragés et de tailles différentes, mais on peut aussi préférer des bougies suspendues (1) ou encore des bougeoirs en applique (2).

Jolies bougies gravées. Tracez le motif de votre choix – cœur, feuille, fleur, larme, étoile, croissant de lune, soleil... – sur la bougie. Gravez-le avec une petite gouge ou le bout d'un économe. Procédez lentement, sans appuyer trop fort pour ne pas écailler la cire. Enlevez les miettes de cire avec un pinceau. Le résultat sera plus joli si vous utilisez des bougies blanches colorées en surface. Ainsi, un décor blanc se détachera sur un fond coloré.

Bougies roulées. On en trouve couramment dans le commerce, mais vous pouvez les faire vous-même avec des feuilles de cire d'abeille. Il suffit de rouler une feuille autour d'une mèche en veillant à ce que la mèche soit solidement maintenue dès le premier tour. Pour pouvoir rouler les feuilles de cire sans les fendre, chauffez-les avec un sèche-cheveux.

Bougie longue durée. Vous trouvez que vos bougies maison brûlent trop vite ? Ajoutez à la paraffine de la cire d'abeille en paillettes ou en feuilles. Outre le fait qu'elle donne aux bougies un parfum incomparable, cette cire prolonge leur durée de combustion.

Bougies peintes au pochoir. Il vous suffit d'une bombe de peinture et de papier bristol pour donner un air de fête à des bougies toutes simples. Dessinez votre motif sur le bristol et découpez-le au cutter. Enroulez le papier sur la bougie et collez-le avec un ruban adhésif ou de la colle. Projetez la peinture à l'intérieur du motif évidé, à une distance de 10 cm pour que la peinture s'applique légèrement. Laissez sécher avant de retirer le papier. Les napperons en papier des gâteaux permettent d'obtenir des motifs très raffinés.

Bougie parfumée. Utilisez pour parfumer vos bougies des produits conçus pour cet usage ou des huiles essentielles : rose, lavande, cannelle, oranger... Il n'en faut qu'une dizaine de gouttes pour 1 kg de paraffine. Ajoutez le parfum hors du feu à la paraffine fondue et mélangez avec une cuillère en bois.

Fruit de lumière. Coupez une mandarine en deux dans le sens horizontal. Ôtez la pulpe des deux moitiés en laissant la petite tige blanche centrale attachée à l'écorce. Elle fera office de mèche. Versez un peu d'huile alimentaire au fond de la partie inférieure. Découpez un petit rond au centre de la partie supérieure, et replacez ce chapeau sur le fond : vous obtenez une minuscule lanterne à huile.

DES BOUGIES MAISON

À l'origine, les bougies étaient à base de suif, graisse animale nauséabonde qui brûle vite en dégageant une fumée noire. La cire d'abeille était un luxe. Depuis le XIXe siècle, grâce à la stéarine et à la paraffine, les bougies sont devenues inodores et elles ne fument plus. Leur fabrication est élémentaire. Une fois maîtrisée la technique de base, les possibilités sont illimitées : couleurs, formes, décorations...

FOURNITURES

- 1 sachet de cire à bougie
- 2 casseroles de tailles différentes
- colorant à bougie en bâton
- 1 râpe
- 1 spatule en bois à long manche
- mèches
- 1 long thermomètre
- petits moules à pâtisserie ou pots en verre assez épais

1 – Faites fondre la cire dans une casserole au bain-marie. Pendant qu'elle fond, râpez le colorant en bâton au-dessus de votre casserole. Mélangez avec la spatule pour homogénéiser la teinte.

2 – Coupez une mèche à la longueur voulue, en comptant au minimum 1 cm de plus que la hauteur de la bougie que vous voulez réaliser. Trempez-la dans la cire chaude, en la maintenant bien droite. Mettez-la de côté.

3 – Trempez le thermomètre dans la cire : lorsqu'elle atteint 80 °C, versez-la dans le récipient de votre choix. Attendez que la bougie commence à figer pour y enfoncer la mèche, en faisant attention à bien la centrer.

Les abat-jour

❁ Une multitude de points lumineux. Dans les maisons d'autrefois, on n'hésitait pas à disséminer des lampes de toutes tailles et de toutes formes un peu partout dans les pièces. Cette multitude de points lumineux produit un effet beaucoup plus chaleureux qu'un éclairage unique au plafond.

❁ Doublure astucieuse. Le rouge est une couleur très chaude mais elle absorbe la lumière. Pour être plus lumineux, un abat-jour rouge doit donc être doublé de blanc.
• Un abat-jour bleu paraît gris en transparence et sa lumière est un peu froide. Vous pouvez casser cet effet en le doublant de blanc ivoire ou bien de blanc cassé d'une touche de jaune.

❁ Surprenant papier. Certains papiers artisanaux, comme les papiers faits à la main, les papiers à la matière texturée, le papier de riz, produisent des effets de lumière originaux. Vous pouvez obtenir un bel effet de transparence en utilisant du papier-parchemin, du papier huilé ou du papier-calque. Attention : n'utilisez pas une ampoule trop puissante (40 W maximum).

❁ Abat-jour du poète. Réalisez un cône avec un morceau de papier fort. Fermez-le avec des attaches parisiennes (voir ci-contre). Coiffez-en une bougie à l'aide d'un accessoire métallique, que vous trouverez dans les magasins spécialisés. Attention : pour éviter tout accident, ne quittez pas la pièce quand la bougie est allumée.

❁ Joli ensemble. Si vous voulez coordonner un abat-jour à un pied de lampe, ornez-les tous deux d'un même motif que vous peindrez au pochoir. Vous pouvez choisir la même couleur ou peindre le motif du pied de lampe de la couleur de l'abat-jour et le motif de l'abat-jour de la couleur du pied de lampe.

❁ Broderie ancienne. Si vous possédez un drap chiffré ancien, trop abîmé pour être utilisé, récupérez la partie brodée et servez-vous-en pour réaliser un abat-jour, qui aura aussi bien sa place dans une chambre à coucher qu'au salon.

Animez un abat-jour en papier en y découpant au cutter des motifs après les avoir tracés au crayon, mais sans les découper totalement. Une fois la lampe allumée, la lumière passera à travers les entailles et accentuera l'effet de relief.

❁ Parure rétro. Amusez-vous à transformer un abat-jour uni dont vous êtes lassé en y collant quelques fleurs soigneusement découpées dans un échantillon de papier peint à l'ancienne ou dans des chromos chinés au marché aux puces (angelots, fleurs, papillons, pères Noël…).

Des p'tits trous… Si vous réalisez vous-même votre abat-jour en papier ou en carton, il peut être très décoratif d'utiliser un emporte-pièce, un poinçon ou une grosse aiguille à canevas pour pratiquer des trous minuscules, laissant filtrer la lumière par endroits. Vous pouvez border de cette manière un abat-jour festonné, souligner des plis, dessiner des motifs ou tracer des lignes circulaires et régulières autour de l'abat-jour. Vous serez surpris par le résultat de cette technique on ne peut plus simple !

Motifs à la machine à coudre. Avec l'aiguille de votre machine, vous pouvez faire des dessins composés de petits trous. Il vous suffit de tracer votre motif au crayon et de faire ensuite la couture à la machine, sans fil, en suivant ce tracé. Si vous ne souhaitez pas de motif ajouré, vous pouvez obtenir un joli effet de piqûre en employant un fil blanc ou de couleur.

Remplacer un vieil abat-jour. Découpez soigneusement avec un cutter l'ancien habit de votre abat-jour, et servez-vous-en comme patron. Placez-le sur la matière choisie : papier épais, carton, tissu… Commencez par vous exercer avec un modèle simple à exécuter, de petite taille, et préférez un matériau peu coûteux (il vaut mieux éviter le tissu au début...).

Taillez la forme avec un cutter ou des ciseaux bien aiguisés, en laissant 1 cm en plus de chaque côté pour pouvoir coller. Placez-la sur la carcasse, que vous aurez pris soin de dépoussiérer, et collez les bords l'un sur l'autre avec de la colle blanche. Repliez ensuite les débords en haut et en bas et collez-les.

Ménage facile. En tissu ou en papier, les abat-jour prennent facilement la poussière à cause de la chaleur dégagée par l'ampoule. Nettoyez-les régulièrement en utilisant une brosse à poils souples. Pour un abat-jour plissé ou froncé, servez-vous de votre sèche-cheveux, c'est très pratique.

Un abat-jour plissé

Éternellement à la mode, l'abat-jour plissé est facile à réaliser et se prête à toutes sortes de décors, qu'ils soient citadins ou rustiques, naturels ou raffinés. Il suffit seulement de bien choisir le papier – uni, à rayures, fleuri – et le lien qui maintient le plissé – simple cordelette de coton ou précieux ruban de velours.

Fournitures

- papier assez épais (papier peint, par exemple)
- mètre-ruban
- ciseaux
- règle
- crayon
- aiguille à tapisserie
- perforatrice
- ruban adhésif double face
- ruban adhésif normal
- 1 lien de votre choix

1 – Coupez une bande de papier dont la largeur doit compter 5 cm de plus que la hauteur de la carcasse d'abat-jour, et dont la longueur doit être le double de la circonférence du bas de la carcasse.

2 – Faites une marque tous les 2 cm en haut et en bas sur l'envers du papier. Posez la règle sur le papier, d'un point à l'autre, et passez l'aiguille le long de la règle. Pliez ensuite le papier en accordéon suivant ces rayures.

3 – Tracez un trait horizontal à 1 cm environ du bord et faites des trous le long de cette ligne, au milieu de chaque pli. Fermez le cylindre en collant les bords l'un sur l'autre avec du ruban adhésif double face.

4 – Enroulez un peu de ruban adhésif normal au bout de la cordelette pour faciliter son passage dans les trous. Serrez la cordelette aux dimensions du haut de l'abat-jour et nouez-la. Enlevez le ruban adhésif.

Le feu de bois

Leçon de patience. Autrefois, lorsqu'on coupait le bois à la campagne, on savait qu'il fallait au moins un an avant qu'il soit bon pour le feu. Le bois vert contient après abattage jusqu'à 48 % d'eau, alors qu'il n'en contient plus que 25 % au bout d'un an. Actuellement, lorsqu'on commande du bois de coupe, il est souvent encore vert et, comme il est trop jeune et n'a pas assez séché, il brûle mal et dégage une fumée abondante et piquante. Attendez donc une année avant de faire feu de tout bois !

Les accessoires de la cheminée sont aussi utiles que décoratifs : les chenets pour faire circuler l'air sous les bûches, la pince pour rassembler les braises, le soufflet pour activer le feu, la pelle pour ramasser les cendres.

Allumage. Certains possèdent l'art d'allumer un feu, d'autres n'y arrivent jamais... Mettez toutes les chances de votre côté : pensez à ôter régulièrement les cendres de l'âtre. S'il y en a trop, elles asphyxient le feu, en empêchant l'air de circuler. Lorsque vous amorcez le feu avec du papier journal, roulez-le en boules mais ne les serrez pas. Mieux que le petit bois, les cagettes récupérées sur les marchés sont parfaites pour l'allumage. Pensez aussi à faire provision de brindilles et de pommes de pin. Mises à sécher dans un sac de jute, une grosse corbeille ronde ou une malle en osier, près de la cheminée – à l'abri des flammèches –, elles vous seront d'un grand secours. Laissez toujours de l'air entre les bûches pour attiser la combustion.

Sarments de vigne. Si vous habitez une région viticole, n'oubliez pas de ramasser les sarments à l'automne. Liez-les en fagotins et ajoutez-les à votre provision de bois. Ils vous serviront pour allumer le feu et pour vos grillades, auxquelles ils donneront une succulente saveur.

TRADITION-HISTOIRE

Bois de pommier, bois de rentier

Autrefois, les paysans normands possédant des vergers de pommiers ne touchaient pas à ces arbres, qui pouvaient rapporter plus d'argent que le bois de chauffage par les fruits qu'ils produisaient et le cidre qu'on en tirait. Mais comme il fallait attendre un certain temps avant qu'un pommier ne fructifie, les propriétaires des arbres devaient avoir suffisamment d'argent de côté ou des rentes pour vivre – d'où l'expression...

Les bûches artificielles

MODERNE ET PRATIQUE

Composées de sciure agglomérée et de produits permettant un allumage facile et une combustion lente (ces bûches brûlent pendant environ une heure et demie), les bûches artificielles sont vendues à l'unité dans les stations-service, chez certains droguistes et dans les grandes surfaces de bricolage. Elles offrent l'avantage d'être légères et de brûler avec de belles flammes.
Elles constituent une solution bien pratique, surtout en ville, où le bois est difficile à stocker. À la campagne, il faut aussi en avoir une petite provision pour les flambées improvisées. Avec elles, plus de problèmes dus à un bois trop humide ou trop vert, qui refuse de prendre. Seul inconvénient : leur prix assez élevé.

Autrefois le foyer de la cheminée était la seule source de chauffage dans la maison. Très grandes, l'âtre à même le sol, ces cheminées gardent tout à fait leur utilité et leur esthétique dans les maisons rustiques.

Raviver les braises. Renouez avec la tradition en vous procurant un bouffadou (voir ci-contre), plus original que le classique soufflet. C'est un long morceau de sureau creux, par lequel on souffle doucement sur les braises sans risquer de se brûler. On se sert encore de cet accessoire très commode en Auvergne.

Raviver le feu. Il vous suffit de lancer une poignée de gros sel sur un feu un peu languissant pour le voir repartir. Si vous souhaitez réduire des flammes un peu trop vives, pour un barbecue par exemple, le gros sel fait aussi l'affaire.

Dans un décor citadin, le feu de bois apporte un petit air de vacances à la campagne.

Le bon vieux poêle. Dans un espace où il n'est pas possible ou trop coûteux d'installer une cheminée, les poêles à l'ancienne constituent une solution à la fois esthétique et pratique. Il faut seulement veiller à ce qu'il y ait une source d'approvisionnement en bois ni trop éloignée, ni trop coûteuse et pouvoir entreposer ce bois d'une manière rationnelle et pratique. Quitte à investir un certain prix, il vaut mieux rechercher les poêles de la nouvelle génération, conçus pour procurer le maximum de chaleur avec le minimum de bois, grâce à une combustion presque intégrale des suies et des goudrons.

Repousse-braises en terre vernissée.

POURQUOI ÇA MARCHE

LA CENDRE DE BOIS UTILE AU JARDINIER

Si vous avez un jardin, on vous a certainement déjà conseillé à juste titre de ne pas jeter les cendres de votre cheminée et d'en faire profiter vos plantes.

La cendre est bénéfique au jardin car elle contient les sels minéraux accumulés par l'arbre au cours de sa croissance, principalement des carbonates de calcium, potassium (15 % environ) et magnésium, ainsi que des phosphates (8 % environ) et de nombreux oligoéléments. Sa composition est donc celle d'un véritable engrais (presque) complet doublé d'un amendement calcique.

Quand le bois crée le décor. Pourquoi ne pas installer votre réserve de bois dans la maison, à côté de la cheminée ? Pensez-y si vous faites réaliser une cheminée sur mesure : prévoyez un espace de rangement soit entre le sol et la cheminée, soit sur le côté de l'âtre, où vous entreposerez le bois. Vous pouvez aussi imaginer une sorte de bibliothèque à bois – un coffrage où les bûches, rangées régulièrement, apporteront une note chaude et naturelle dans la pièce. Seule contrainte : la réserve doit être constamment renouvelée et en ordre pour rester décorative.

Feu odorant. Pour embaumer votre pièce de séjour, préférez les bois résineux, qui répandent une odeur épicée.

- Le bois flotté que l'on ramasse sur les rivages après les marées d'équinoxe brûle merveilleusement, en répandant autour de lui une odeur iodée, salée, qui évoque la mer d'où il vient.
- Faites-vous des guirlandes de laurier en enfilant les feuilles sur de la ficelle de cuisine. Attachez-les aux allume-feu pour remplacer leur odeur désagréable par un parfum naturel.
- Si vous avez du romarin, de la lavande et du thym dans votre jardin, au lieu de jeter les brindilles sèches, ramassez-les et mettez-les dans le feu.
- Versez quelques gouttes d'huile essentielle sur votre provision de pommes de pin.

❁ **Feu citadin.** Les appartements anciens sont pourvus de cheminées qui sont encore souvent en état de marche. Il est très tentant d'y faire du feu et de retrouver en ville le charme de la campagne, mais ce n'est pas autorisé dans toutes les villes. Ainsi, à Paris, un arrêté datant du 22 septembre 1978 interdit de faire du feu dans les cheminées en raison des risques de pollution. En effet, certaines personnes brûlent tout et n'importe quoi : bois verni ou peint, par exemple, ce qui dégage des fumées nocives. Renseignez-vous dans votre mairie pour connaître la réglementation en vigueur.

Il faut savoir que, si vous provoquez un incendie ou un feu de cheminée en passant outre l'interdiction, les dégâts ne seront pas couverts par votre assurance.

ATTENTION !

Les dangers de l'âtre

Tous les ans, de très graves brûlures sont occasionnées par des imprudences commises au moment de l'allumage. On ne rappellera jamais assez qu'il est excessivement dangereux d'utiliser de l'alcool à brûler ou de l'essence pour allumer un feu. N'y recourez jamais et, si vous utilisez des allume-feu, rangez-les hors de la portée des enfants : selon leur âge, ils seraient tentés soit de les ingérer, soit de les utiliser.

Il ne faut jamais – même pour quelques instants – laisser des enfants sans surveillance à côté d'un feu de cheminée, et il est important de leur apprendre très tôt à garder une certaine distance par rapport aux flammes, qui les fascinent.

Les bois résineux, le châtaignier et le mélèze doivent être surveillés de près et réclament l'usage d'un pare-feu, car ils envoient des étincelles et des petites braises, redoutables si elles tombent sur un meuble ou sur un tapis.

Si vous quittez la pièce, posez un pare-feu devant la cheminée pour éviter les projections, et pensez à éteindre le feu complètement avant de quitter la maison.

Roulez des feuilles de fougère en boules. Attachez-les avec de la ficelle. Laissez sécher. Vous obtenez des allume-feu naturels et originaux.

Aujourd'hui décorative, la crémaillère permettait de régler la hauteur de la marmite par rapport aux flammes.

❁ **Un pare-feu original.** Réalisez vous-même votre pare-feu. Achetez de la toile métallique perforée (couleur métal ou cuivre), au maillage suffisamment serré pour ne pas laisser passer de flammèches, et faites-la découper en trois rectangles de même dimension. Pour assembler les trois panneaux sans soudure, faites passer des anneaux métalliques brisés par les trous de la toile métallique. Les anneaux doivent être assez larges pour permettre l'articulation des panneaux.

La technologie moderne renoue avec la tradition, et l'on voit de plus en plus de poêles à l'ancienne, dont les lignes peuvent être massives ou très légères et élégantes.

1

2

3

MAGIE DES TRAVAUX D'AIGUILLE

C'est petites filles que nos grands-mères se sont initiées à la broderie et à la couture. Pas étonnant qu'elles aient acquis au fil du temps un savoir-faire incomparable. Bénéficiez des astuces qu'elles ont ainsi réunies pour décorer votre intérieur d'objets brodés main, de boutis, ou encore pour confectionner vos rideaux.

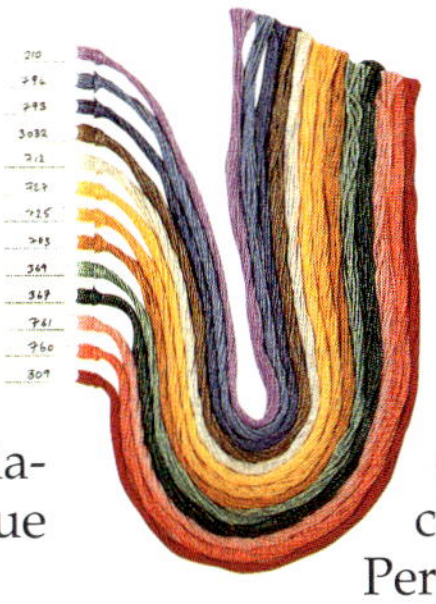

La broderie

Bon début. Débutez toujours un ouvrage – spécialement s'il est au point de croix – par le milieu, afin que votre broderie soit parfaitement centrée.

Reproduire un motif. Dessinez le motif de votre choix sur le tissu avec un feutre spécial tissu, qui s'efface ensuite à sec ou à l'eau. Si votre ouvrage est long à réaliser, choisissez un marqueur à encre soluble à l'eau : vous ne risquerez pas de voir votre dessin s'effacer en cours d'exécution.

Votre tissu est fragile et vous avez peur que le feutre ne laisse des traces ? Reportez votre dessin sur du papier de soie. Préférez un crayon de couleur (vert, rouge, bleu), plus visible qu'un crayon noir, pendant que vous brodez. Fixez le papier sur le tissu aux quatre coins, puis cousez le motif à petits points de bâti, en prenant soin de prendre les deux épaisseurs, étoffe et papier à la fois. Il vous suffira ensuite d'ôter le papier de soie pour avoir votre motif tracé sur le tissu.

Broder sur un tissu à tissage non régulier. Difficile de broder sur une étoffe dont la trame n'est pas visible. Placez sur la zone à broder un morceau de tissu tire-fil ou de canevas et faufilez-le. Brodez votre motif en vous servant du canevas comme guide. Lorsque la broderie est terminée, tirez un à un les fils du canevas. Ils s'ôteront plus facilement si le canevas est légèrement humidifié.

La broderie a sa place partout : en tableau pour ce superbe abécédaire-bestiaire, en protège-livre et en applique sur un abat-jour (1), en porte-plateau de toile orné de motifs naïfs (2), en petites serviettes pour service à thé fleuri (3).

Regrouper tous les fils d'un ouvrage. Chaque fois que vous commencez un ouvrage, fabriquez-vous un nuancier : découpez un rectangle dans du carton fort (type bristol). Perforez-le de petits trous à intervalles réguliers. Nouez-y tous les écheveaux. Pensez à noter, à côté de chaque fil, la référence de la couleur. Conservez tous vos nuanciers. Cela vous permettra de retrouver facilement le fil dont vous aurez éventuellement besoin pour réparer un ouvrage ancien.

Chauffe-théière au point de croix au motif très ouvragé.

TRADITION-HISTOIRE

De l'abécédaire au chiffrage du trousseau

Jusqu'aux années 50, les petites filles apprenaient la broderie à l'école. La maîtresse distribuait à chacune sa marquette, carré de canevas où l'enfant brodait au point de croix les lettres de l'alphabet, les chiffres de 1 à 9, suivis du 0, son nom et son prénom, et l'année de la réalisation de la marquette. Ce travail avait pour but d'apprendre aux filles à marquer leur trousseau et à le chiffrer, tâche entreprise dès l'année de la première communion, coïncidant souvent avec l'apparition des premières règles et l'entrée dans l'âge adulte. Le chiffre, qui apparaissait cousu au fil rouge sur le fond blanc du linge, était ainsi comme l'estampille féminine de la brodeuse devenue pubère.

❁ **Des cœurs très utiles.** Si vous n'êtes pas encore experte, essayez-vous en brodant un petit cœur rembourré qui sera à la fois décoratif et utile, puisqu'il servira à y piquer vos épingles. Ainsi vous les aurez toujours sous la main.

❁ **Pas d'aiguillées trop longues.** Ne coupez pas de très longues aiguillées en pensant gagner du temps. C'est la meilleure façon de faire des nœuds dans le fil et d'être maladroite à cause de l'amplitude du geste. Une quarantaine de centimètres est la meilleure longueur.

❁ **Broder avec un tambour.** Pour protéger les parties déjà brodées qui se trouvent coincées entre les deux cercles de bois du tambour, pensez à recouvrir votre étoffe d'une feuille de papier de soie. Déchirez le papier au centre du tambour pour broder.

Prenez également la précaution de détendre légèrement les cercles si vous laissez votre ouvrage de côté pendant plusieurs jours.

❁ **Passer en douceur d'un coloris à un autre.** Pour éviter une rupture trop brutale entre deux coloris très différents, mélangez les nuances comme le fait un peintre. Faites chevaucher chaque rangée en intégrant à chaque coloris quelques points du coloris voisin.

Un cabas fleuri en tapisserie

Avec de la patience et du temps, vous broderez ce cabas raffiné, dont le motif est photocopié sur un tissu imprimé. Vous pouvez bien sûr choisir le tissu de votre choix.

FOURNITURES

- 0,56 m de tissu (ici tissu Chantilly de Pierre Frey) : 1 bande de 45 x 68 cm pour la doublure du sac 2 bandes de 5,5 x 68 cm pour les anses
- feuille de calque
- ruban adhésif
- règle plate
- canevas de 45 x 68 cm
- feutre noir
- métier à broder rectangulaire
- laines à tapisserie dans les coloris du tissu
- aiguille à tapisserie à bout rond
- des ciseaux pour la coupe et des ciseaux à broder
- fil à coudre assorti

1 – Faites une photocopie A 3 en noir et blanc du tissu imprimé que vous avez choisi de reproduire. Ici, le motif a été agrandi à 125 % et centré dans la feuille, en tenant compte des dimensions finales du sac : 43 x 33 cm.

2 – Fixez le calque sur la photocopie avec du ruban adhésif et copiez le motif. Tracez les lignes droites du fond écossais à la règle. Noircissez les zones foncées pour rendre votre motif plus lisible.

3 – Avec l'adhésif, fixez le calque sur une vitre, puis fixez le canevas pardessus. Reproduisez au feutre le dessin visible par transparence, deux fois tête-bêche l'une en-dessous de l'autre pour les deux côtés du sac.

4 – Fixez le canevas sur le métier à broder. Brodez au demi-point en commençant par le motif central. Inspirez-vous du tissu original pour le choix des couleurs, en utilisant deux tons pour faire les dégradés.

5 – Pour les anses, brodez des bandes rayées de 3,5 x 68 cm (laissez 1 cm de marge pour les coutures). Doublez chaque bande avec le tissu dont vous vous êtes inspiré en les cousant à petits points invisibles.

6 – Repassez la broderie sur l'envers. Cousez les deux côtés du sac brodé. Cousez les deux côtés de la doublure. Puis plaçez les anses et assemblez le sac et sa doublure en les cousant ensemble l'un dans l'autre.

❁ Remise en forme. Votre ouvrage fini, vous vous apercevez que la broderie a déformé l'étoffe ? Humidifiez-la avec un vaporisateur, puis punaisez-la, broderie à l'envers, sur une planche de contreplaqué léger, plus grande que le tissu et recouverte d'une mousseline (pour que le bois ne déteigne pas). Vérifiez que l'étoffe est bien d'équerre. Laissez sécher : l'ouvrage redeviendra droit.

Brodez sur de la toile de jute : sa trame apparente facilite la réalisation de motifs bien réguliers.

❁ Ranger les fils à broder. Pour ne pas mélanger tous vos fils, optez pour un rangement adéquat :

- Fabriquez-vous une petite trousse en tissu, un peu comme celle pour les couverts (p. 130), en miniature, mais laissez les compartiments ouverts aux deux extrémités pour y glisser chaque écheveau.
- Comme Primrose Bordier, styliste française de linge de maison, rangez vos fils par couleurs dominantes dans des bocaux transparents, posés sur des étagères.
- Procurez-vous un petit meuble à tiroirs en bois. Attribuez une couleur à chaque tiroir. Indiquez les teintes sur des étiquettes, ou nouez un brin de fil coloré à chaque poignée.

Ce magnifique panneau d'angle en broderie ton sur ton constitue un décor très raffiné. Si vous placez ainsi une broderie de grande superficie en tenture, doublez-la soigneusement avec une étoffe épaisse pour lui donner de la tenue.

❁ Prévenir les accidents de lavage. Si vous n'avez pas envie de laver le tissu sur lequel vous allez broder, assurez-vous au moins qu'il ne rétrécit pas. Coupez-en un petit carré dont vous relèverez les contours sur du papier. Trempez-le dans l'eau chaude, puis repassez-le ; appliquez-le sur le papier, pour voir s'il a toujours les mêmes dimensions. Si elles ont variées, tenez-en compte pour calculer celles de l'étoffe.

❁ Laver une broderie. Lavez toujours une broderie à la main. Utilisez du savon en paillettes ou une lessive spéciale pour textiles délicats. Ne tordez pas le tissu pour l'essorer : roulez-le dans une serviette-éponge et pressez pour faire sortir l'eau.

Les rideaux

Brise-bise de campagne. Pour une cuisine campagnarde, utilisez du tissu à torchon vendu au mètre. Son aspect rustique et sa matière conviennent bien à cet usage. Lavez-le avant de le coudre pour lui ôter son apprêt et sa raideur.

Effet froissé. Certains textiles une fois lavés – c'est le cas en particulier de la toile à beurre – présentent un aspect froissé très décoratif. Si vous choisissez ce type de voilage, prévoyez un métrage plus important que pour un tissu lisse, car les plis mangent non seulement de la largeur, mais aussi de la longueur.

Voilages colorés. Vos voilages blancs sont devenus gris ? N'hésitez pas à les teindre. S'il s'agit de voilages en coton, vous pouvez leur donner une teinte ambrée en les trempant dans une décoction de thé, de café, de chicorée ou de tilleul. Une décoction au henné, habituellement employé pour teindre les cheveux, donne une teinte brun-rouge intéressante. S'il s'agit de voilage en textile artificiel, utilisez une teinture pour nylon.

Amidonnage à l'ancienne. Nos grands-mères amidonnaient leurs beaux voilages ajourés et leurs doubles rideaux, à la fois pour leur donner de la tenue (voir ci-contre) et pour les protéger de la poussière. Restez dans la tradition en diluant de la poudre d'amidon dans l'eau du dernier rinçage. Autre solution plus économique : rincez vos rideaux dans l'eau de cuisson du riz.

Accrocher sans repasser. Une fois votre voilage lavé et essoré, accrochez-le tout de suite à la fenêtre. Le poids du tissu mouillé le fera se tendre sans plis et il sera inutile de le repasser.

Les bons calculs. Quel que soit le tissu choisi, le rideau une fois posé doit mesurer au moins une fois et demie la largeur de la fenêtre. Il vaut mieux choisir un tissu un peu moins coûteux et avoir suffisamment de largeur plutôt que d'avoir des rideaux ajustés un peu court sur les côtés.

• Pour créer l'illusion d'une fenêtre plus grande, faites déborder le rideau et sa tringle sur le mur de chaque côté de la fenêtre.

Des embrasses en ficelle. Les embrasses permettent toutes sortes de fantaisies dans le mouvement des rideaux. Vous pouvez les faire vous-même, par exemple en tressant de la ficelle, du raphia ou des rubans.

Soyez généreux dans le métrage de vos doubles rideaux et prévoyez suffisamment de longueur, pour obtenir un pli cassé sur le sol.

Rideaux de fête. À l'occasion d'une fête familiale ou pour une réception, tressez des fleurs naturelles ou artificielles sur une embrasse de rideau. Les fleurs artificielles sont plus faciles à travailler grâce à leur longue tige flexible.

Récupérer un drap brodé. Les draps en coton, en lin ou en métis de nos aïeuls font de très beaux rideaux. Découpez le monogramme ou la broderie. Retaillez le drap aux dimensions de votre fenêtre, en prévoyant plus large pour coudre des lanières de chaque côté, que vous nouerez en embrasses. Taillez dans les chutes de quoi coudre des pattes pour y glisser la tringle. Cousez le monogramme au centre.

Ôter facilement les anneaux. Attachez les anneaux sur le tissu à l'aide d'une patte fermée par un bouton, au lieu de les coudre directement sur le tissu. Au moment du lavage, il suffira de la déboutonner, sans avoir à découdre chaque anneau. Vous pouvez aussi coudre deux liens au milieu des plis et attacher les anneaux par un nœud.

Les accessoires pour têtes de rideaux

MODERNE ET PRATIQUE

Comme nous disposons de moins en moins de temps pour les petits travaux de couture, les fabricants nous facilitent la vie en nous proposant toute une gamme d'accessoires. Les rubans fronceurs munis d'agrafes ont été des précurseurs. Mais connaissez-vous les nœuds qui permettent de fixer des anneaux sans un point de couture, par un système rappelant les attaches de porte-jarretelles de nos grands-mères ? Ou bien encore les anneaux munis d'une petite pince en métal, très pratiques pour attacher un tissu léger ? Faites le tour des merceries et des rayons spécialisés des grands magasins…

Le boutis est un ouvrage fait de motifs décoratifs rembourrés de mèches de coton. Pour reconnaître un véritable boutis d'un simple matelassage en piqué, vérifiez par transparence qu'il comporte des parties translucides, là où il n'y a pas de rembourrage.

Utilisé en jeté de lit, ce somptueux boutis traditionnel blanc sur blanc rappelle ceux que l'on offrait autrefois en cadeau de mariage.

Le boutis

L'art du rembourrage. Pour rembourrer les parties fines de votre motif (tiges, volutes), utilisez de la mèche ou du gros coton à tricoter. Pour le glisser dans les parties étroites, servez-vous d'un simple bâtonnet de manucure en buis.

Pour le rembourrage des motifs plus importants (cœurs, feuilles, pétales...), préférez le molleton synthétique, léger et facile à laver. Découpez-le par avance en fines languettes pour l'avoir tout prêt sous la main.

Un ouvrage bien plat. Votre rembourrage ne doit pas tendre le tissu et il doit rester souple au toucher. Tirez souvent en tous sens sur votre ouvrage pour lui donner de la souplesse.

De temps à autre, vérifier par transparence en pleine lumière que le rembourrage est équilibré et qu'il n'y a pas de manques à compléter.

Le bon métrage. Le travail de rembourrage réduit les dimensions originelles du tissu. Pour ne pas avoir de mauvaise surprise une fois votre ouvrage terminé, prévoyez toujours un tissu de dimensions supérieures (3 à 5 cm de chaque côté) à celles que vous souhaitez.

Un dessus de chaise printanier. Vous voulez vous mettre au boutis ? Commencez par un dessus de chaise (ci-contre), un coussin, un napperon, un cache-théière, ou une ceinture avant de vous lancer dans un ouvrage plus important.

Gabarit perforé. Si vous devez répéter plusieurs fois le même motif, fabriquez-vous un gabarit en papier fort.

Dessinez votre motif sur du papier-calque, puis collez votre calque sur une feuille de bristol, placée sur une serviette-éponge pliée en deux.

Avec une aiguille à tapisserie, piquez les contours du dessin tous les 5 mm environ, de façon à obtenir un gabarit perforé. Placez celui-ci sur le tissu et piquez la mine du crayon dans chaque trou : votre motif apparaît en pointillé.

Une aiguille bien en main. Le boutis demande beaucoup de soin et de patience. À la longue, la main s'échauffe et glisse sur l'aiguille. Vous la tirerez plus facilement du tissu si vous vous aidez d'une rondelle de caoutchouc (en vente dans les magasins spécialisés pour travaux d'aiguille et de patchwork).

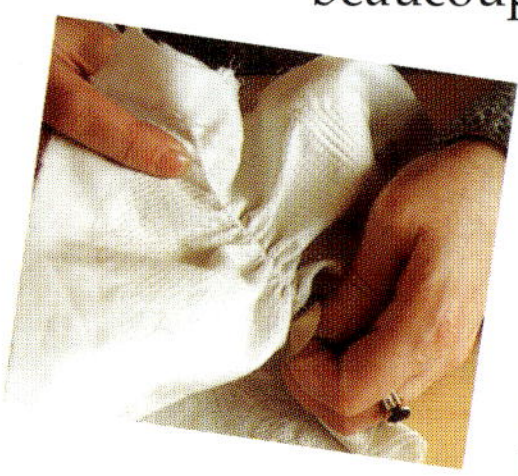

Passer le coton dans l'aiguille. Si vous avez du mal à enfiler une grosse épaisseur de fil de coton dans le chas de l'aiguille, servez-vous d'un fil de nylon passé entre le fil de coton plié en deux : il guidera le coton.

TRADITION-HISTOIRE

L'origine du mot boutis

Les Provençaux savent ce qu'est le boutis, puisque c'est en Provence qu'est née, au XVIIe siècle, cette technique originale de broderie et de matelassage. Cet art doit son nom à l'aiguille traditionnelle que l'on utilisait pour bourrer les mèches de coton à l'intérieur des étoffes piquées ensemble. Tombé en désuétude au début du siècle, le boutis provençal est exposé dans les musées.

Ces objets qui ont une âme

Ce sont souvent des souvenirs de famille, des objets anciens chinés aux Puces ou ailleurs, que l'on aime parce qu'ils portent en eux le souvenir des années. Que ce soient la vaisselle et l'argenterie des grands jours, la bassine en cuivre pour les confitures ou la vieille théière en étain, ou bien encore cette bague reçue d'une aïeule, ce portrait un peu abîmé ou ce livre à la couverture patinée : ils méritent nos soins et notre attention.

L'argenterie

Faire briller des objets en argent. Nos grands-mères se servaient du blanc d'Espagne, ou blanc de Meudon (c'est le même produit, sous deux appellations différentes), délayé dans quelques cuillerées d'eau ou d'alcool à brûler.

Utilisez une brosse souple pour les motifs ciselés. Laissez sécher et faites briller avec une peau de chamois. S'il subsiste du blanc dans les parties ciselées, frottez-les avec une brosse trempée dans de l'alcool.

Le lait et l'argent. Une très vieille recette qui a fait ses preuves : trempez vos objets en argent dans du lait aigre (lait ribot ou lait caillé). Laissez sécher sans rincer et faites ensuite briller en frottant avec un chiffon.

Une trousse pour les couverts. L'air est l'ennemi des objets en argent. Fabriquez-vous une jolie housse pour garder vos couverts bien brillants. Coupez deux rectangles de tissu de 35 x 70 cm, et un rectangle de feutrine anti-oxydante de 17 x 72 cm. Posez la feutrine sur le premier rectangle de tissu, et cousez des lignes verticales tous les 6 cm, de façon à former les poches. Appliquez les deux rectangles envers contre envers, et cousez un biais à cheval sur tout le tour. Cousez une fine cordelière à chaque côté de la trousse, pour la fermer.

Gare à l'œuf. L'argent déteste le contact prolongé avec l'œuf, qui le tache. Si vos couverts sont tachés, faites cuire à l'eau des pommes de terre épluchées, conservez l'eau de cuisson et mettez vos couverts à tremper dedans. Vous pouvez également les frotter directement avec la pulpe de pomme de terre cuite mélangée à du liquide vaisselle. Rincez bien.

Des gants pour l'argent. Pour faire briller l'argent, rien de plus pratique que des gants imprégnés de produit à brillanter. On en trouve dans le commerce mais vous pouvez les fabriquer vous-même. Faites tremper des gants en coton blanc dans un mélange d'huile de vaseline (75 g) et d'essence minérale (425 g). Laissez-les sécher.

Attention !

Réargenter du métal argenté

N'employez les produits pour réargenter que sur des objets décoratifs et surtout pas sur des couverts. La couche de réargenture est en effet si mince qu'un usage alimentaire risque d'entraîner une disparition progressive des particules chimiques dans l'organisme. Si vous voulez réargenter des couverts ou tout autre objet à usage alimentaire, confiez-les à un spécialiste, qui vous rendra votre métal argenté comme neuf et sans danger pour votre santé.

Le cuivre et le laiton

Une pâte nettoyante. Préparez une pâte un peu crémeuse en mélangeant 3 cuillerées à soupe de cendre de bois et 2 cuillerées de jus de citron. Frottez l'objet avec une éponge trempée dans ce mélange. Laissez sécher. Rincez, laissez sécher et faites briller avec votre produit habituel.

Vin chaud pour cuivres dorés. Certains objets anciens en cuivre doré, à la belle patine sourde, doivent être entretenus avec précaution pour les lustrer sans les faire trop briller. Faites-les tremper dans du vin chaud (préférez le bordeaux car il est très riche en tanins, bons pour l'éclat du cuivre). Frottez-les avec une brosse douce pour éliminer la saleté. Rincez à l'eau claire.

Cuivres ciselés. Préparez une pâte à base de blanc d'Espagne (15 g), de cristaux de soude (5 g), d'alcool à brûler (40 g) et d'eau (125 g). Passez cette pâte sur l'objet avec un pinceau souple, pour bien pénétrer dans les ciselures. Laissez sécher. Faites disparaître les dernières traces blanches en passant du jus de citron pur sur les ciselures, puis rincez à l'eau tiède.

Décapants peu ordinaires. Les boissons gazeuses à base de cola et le vermouth blanc peuvent être utilisés comme décapants pour des cuivres très oxydés.

Bain de soleil. À la belle saison, une fois que vous aurez nettoyé et bien fait briller tous vos cuivres, installez-les sur une table en plein soleil, pendant toute une journée. Ils prendront un bel éclat chaud et doré.

Joli brillant. Si vous frottez votre objet en cuivre ou en laiton avec du papier journal, vous obtiendrez un brillant incomparable. C'est le pétrole contenu dans l'encre d'imprimerie qui nettoie le métal et le fait briller en même temps.

- Pendant la saison de l'oseille (du printemps jusqu'à l'automne), utilisez quelques feuilles d'oseille fraîches que vous roulerez en boule afin de frottez votre objet en cuivre pour le faire briller.

Une patine irisée

INGRÉDIENTS

2 g de crème de tartre
5 g d'hyposulfite de soude
7 g de sulfate de cuivre
100 g d'eau

1 - Mélangez tous les ingrédients avec soin, dans un local aéré.

2 - Trempez l'objet en cuivre ou en laiton dans le mélange et attendez quelques minutes. Le métal prend très vite une patine dont les teintes passent du gris au rose, puis au blanchâtre et au vert. Sortez l'objet dès qu'il a pris la couleur désirée.

3 - Laissez-le sécher et faites-le briller avec un chiffon.

Une fois votre objet en cuivre bien poli, passez dessus une fine couche d'encaustique claire, à base de cire d'abeille et d'huile de térébenthine. Laissez sécher toute une nuit, puis lustrez au chiffon de laine. Le brillant sera plus durable.

Le bronze

❁ **Vieillissement naturel.** Si un objet en bronze moderne vous paraît trop brillant ou si vous préférez lui donner l'aspect d'un bronze ancien, voire antique, oubliez-le pendant quelques semaines ou même quelques mois dans la terre. Vérifiez de temps à autre la teinte qu'il prend. Lorsqu'il a la patine désirée, frottez-le délicatement avec une brosse souple pour éliminer la terre. Lustrez avec un chiffon.

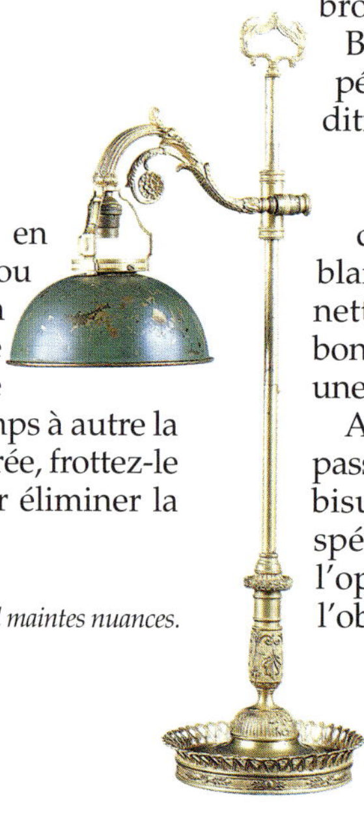

Patiné ou flambant neuf comme cette lampe, le bronze prend maintes nuances.

❁ **Nettoyage du bronze doré.** Certains ornements anciens en bronze doré doivent être nettoyés avec précaution pour ne pas altérer la dorure.

Mélangez dans un bol du blanc d'Espagne délayé avec deux cuillerées d'eau et deux cuillerées d'alcool à brûler, jusqu'à l'obtention d'une pâte onctueuse. Avec un pinceau ou une brosse souple, frottez-en délicatement les incrustations en bronze doré des meubles anciens. Laissez sécher. Brossez puis ôtez ce qui reste de blanc avec une brosse trempée dans de l'alcool à 90°.

❁ **Bronze sali.** S'il s'agit d'un objet composé de plusieurs éléments, mieux vaut le démonter, en conservant soigneusement les vis et les écrous.

Nettoyez les différentes parties à l'eau savonneuse, additionnée éventuellement d'une poignée de cristaux de soude ou de deux cuillerées à café d'ammoniaque, si le bronze est vraiment très sale ou oxydé.

Rincez et séchez, puis frottez avec un chiffon de laine. Polissez les parties ciselées avec une brosse à poil souple. Remontez l'objet et redonnez un dernier coup de chiffon.

❁ **Brillant plus durable.** Comme le cuivre et le laiton, le bronze, une fois poli, peut être passé à l'encaustique incolore pour lui conserver plus longtemps son brillant et son éclat. Cela vaut la peine pour des objets anciens ayant de la valeur, comme cette paire de bougeoirs en bronze doré de style Louis XV, datant du XIXe siècle.

❁ **Le vert-de-gris.** Il est indispensable d'ôter le vert-de-gris, même s'il donne une belle patine à votre objet en bronze, car il attaque le métal en profondeur.

Brossez la tache avec une brosse très dure trempée dans de l'eau de Javel ou bien du vinaigre, additionnée d'une cuillerée à café de sel.

❁ **Faux bronze.** Il peut être amusant de donner l'aspect du bronze à un objet en plâtre blanc, buste, statuette ou autre. L'objet doit être nettoyé et parfaitement sec. Enduisez-le d'une bonne couche d'huile de lin. Laissez sécher toute une nuit et recommencez le lendemain.

Avant que l'huile ne soit complètement sèche, passez sur votre objet de la poudre de bronze ou du bisulfure d'étain (en vente dans les magasins spécialisés) avec un chiffon. Recommencez l'opération plusieurs fois si nécessaire, jusqu'à l'obtention de la teinte voulue.

L'étain

Nettoyage à la bière. Imbibez un chiffon de bière chaude et frottez l'objet en étain. Laissez sécher sans rincer et lustrez ensuite au chiffon doux.

Cristaux de soude pour étain très sale. Décrassez un objet très sale en le plongeant dans un bain d'eau chaude, additionnée d'une poignée de cristaux de soude. Rincez, séchez et lustrez.

Des verres en étain donneront à votre table un charme médiéval.

Patine au bouchon. Une fois votre objet nettoyé et poli, frottez-le avec un bouchon de liège. Votre mouvement doit toujours être circulaire et régulier pour ne pas faire de rayures sur le métal.

Lampe à huile du XIXe siècle en étain et en verre, avec une graduation horaire.

Gommage au sable. Faites une pâte en délayant une poignée de sable très fin (comme le sable de Fontainebleau) avec de l'eau et quelques gouttes d'ammoniaque : le mélange ne doit être ni trop épais ni trop liquide. Ajoutez l'eau progressivement. Frottez l'objet avec cette pâte en utilisant un chiffon. Rincez à l'eau savonneuse, puis à l'eau claire. Lustrez au chiffon.

Des légumes aux pouvoirs lustrants. Lustrez vos étains anciens avec des feuilles de chou ou les feuilles vertes d'un poireau, dont le suc nettoie et polit le métal.

Taches d'oxyde. Certains étains fortement oxydés présentent des taches en relief. Voici une recette pour les traiter, que les anciens appliquaient dans les campagnes. Remplissez de foin une large bassine en métal. Posez l'objet attaqué sur le foin et recouvrez-le d'eau. Placez le récipient sur feu doux et faites tiédir l'eau. Au bout d'une heure de trempage dans l'eau de foin, retirez l'objet et frottez délicatement les taches avec un tampon de laine d'acier très fine.

ATTENTION !

L'étain est frileux

Le froid altère l'étain et le décompose. Le métal est envahi de taches sombres, qui finissent par s'effriter. On a donné à cette sorte de rouille noire, qu'il est impossible de traiter, le nom de peste de l'étain. Si vous possédez des étains dans votre résidence secondaire – où vous n'allez probablement pas l'hiver –, protégez-les en les emmaillotant dans d'épaisses couvertures de laine, elles-mêmes recouvertes de plusieurs couches de papier journal.

Brillant comme de l'argent. Le pétrole désodorisé fait briller l'étain et lui donne un éclat très vif. Frottez votre objet au chiffon, ou avec une brosse douce s'il comporte des parties ciselées. Laissez sécher et lustrez.

Exposez quelques jolis colliers sur une commode : c'est une seconde façon de les porter...

Les bijoux

❁ Du lait pour l'or. Les bijoux en or apprécient d'être trempés de temps en temps dans un bol rempli de lait tiède. Rincez à l'eau chaude et polissez avec un linge très fin ou une peau de chamois.

❁ Patiner l'ivoire. Faites prendre à votre bijou en ivoire un bain de thé très fort pendant quelques heures. Sortez-le quand il a atteint la teinte voulue et rincez-le soigneusement, avant de le lustrer au chiffon.

❁ Alcool pour bague. Les pierres précieuses de votre bague de fiançailles sont ternies ? Nettoyez votre bague en la trempant dans de l'alcool. Frottez-la doucement avec une brosse à dents. Séchez-la en la secouant dans un sachet rempli de sciure de bois ultrafine, pour ne pas laisser la moindre trace.

❁ Eau de mer pour perles. Si vos perles manquent d'éclat, baignez-vous dans la mer avec votre collier ou trempez-le dans de l'eau salée au sel marin (7 g de sel pour 1 litre d'eau). Ce traitement est également bénéfique pour le corail, autre matière d'origine marine.

❁ Corail rutilant. Portez vos bijoux en corail le plus souvent possible pour leur conserver leur éclat. S'ils sont un peu ternes, faites-leur prendre un petit bain d'eau tiède, additionnée d'une cuillerée à café de bicarbonate de soude. Rincez, séchez et terminez par un lustrage au chiffon, enduit d'huile d'olive, additionnée de deux ou trois gouttes de térébenthine.

❁ Pour que l'argent ne noircisse pas la peau. Frottez tout votre bijou au jus de citron. Laissez sécher et lustrez au chiffon. Passez une couche de vernis à ongles incolore sur la partie en contact avec la peau.

Ce conseil est également valable pour les bijoux fantaisie en métal, qui peuvent causer des allergies.

❁ Écaille tordue. Si votre peigne (ou votre bracelet) en écaille est déformé, plongez-le rapidement dans de l'eau chaude, puis tordez-le un peu pour lui redonner le bon mouvement. Procédez avec précaution car l'écaille se casse très facilement !

ATTENTION !

Fragiles opales

Les opales se cassent facilement, ce qui leur a valu une solide réputation de porte-malheur. Ces pierres semi-précieuses supportent mal les changements d'atmosphère et redoutent en particulier les ambiances sèches. Aussi, il ne faut jamais ranger une opale dans du coton, qui absorberait son humidité et la ferait mourir.

Les épingles à chapeaux ne sont plus guère utilisées, mais elles sont tellement décoratives ! Portez-les en broches, par exemple.

La porcelaine, la faïence et la terre cuite

La faïence capte bien la lumière ; pensez-y avant d'installer vos étagères.

Ranger la porcelaine. Si vous possédez des assiettes en porcelaine de prix, n'hésitez pas à intercaler des feuilles de papier de soie entre chaque pièce pour éviter qu'elles ne s'ébrèchent.

Masquer un cheveu. Frottez vigoureusement toute la longueur de la fêlure très fine avec une amande sèche, coupée en deux. Son suc forme une sorte de colle, qui va ressouder l'objet.

Faïence moins fragile. Avant d'utiliser de la vaisselle en faïence toute neuve, mettez-la dans une bassine pouvant aller sur le feu. Remplissez celle-ci d'eau froide additionnée d'une bonne poignée de cristaux de soude. Mettez la bassine sur le feu et laissez bouillir une demi-heure. Laissez refroidir la vaisselle dans cette eau. Rincez les pièces une à une et essuyez-les avec un chiffon fin.

Vaisselle en terre émaillée imperméable. En Alsace, on aime beaucoup la vaisselle en terre émaillée. Pour que ces objets restent bien imperméables, on a coutume de les laisser remplis de lait bouillant jusqu'à ras bord pendant toute une nuit. Il faut ensuite les rincer à l'eau froide.

Vaisselle fêlée. Si vous avez un objet fêlé, lavez-le soigneusement à l'eau savonneuse, séchez-le et trempez-le ensuite dans du lait bouillant. Laissez sécher sans rincer, et attendez quelques heures, avant de laver l'objet, le temps que le lait recolle la fêlure. Ce procédé n'est valable que pour un objet décoratif qui n'est pas destiné à un usage alimentaire.

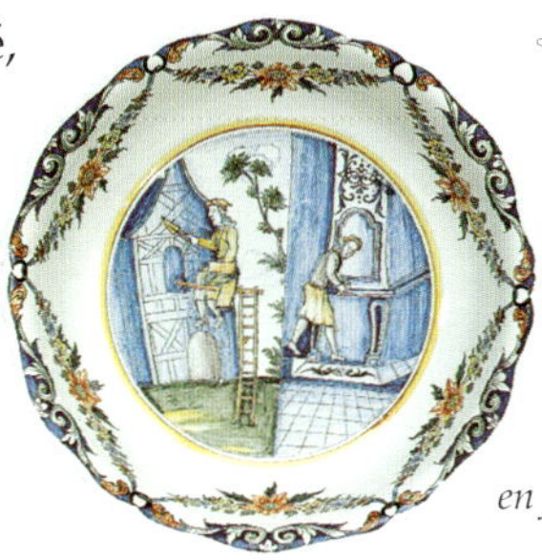

Saladier en faïence de Rouen.

Légumier en porcelaine de Paris.

Rangez la belle faïence sur d'élégants supports. Plantez des crochets pour suspendre les tasses une à une.

Faïence ébréchée. Il manque un petit morceau à votre plat ? Fabriquez une pâte pour boucher le trou. Incorporez un peu de colle forte à un mélange par moitié de blanc d'Espagne et de blanc de titane pour obtenir une pâte très épaisse. Collez un morceau de ruban adhésif sous la partie manquante afin d'éviter des coulures et comblez avec votre pâte. Laissez sécher puis poncez au papier de verre moyen. Pour lisser, trempez votre doigt dans la pâte allongée d'alcool. S'il le faut, masquez votre réparation avec une peinture spéciale pour céramique.

TRADITION-HISTOIRE

La faïence de Moustiers

Depuis des temps fort anciens, le village provençal de Moustiers était réputé pour ses potiers, qui bénéficiaient d'une argile d'une finesse exceptionnelle. Mais c'est au XVIIe siècle qu'Antoine Clérissy introduit la technique de la faïence. Le secret de fabrication est très vite divulgué et Moustiers connaît une grande période de prospérité. On dénombre jusqu'à 700 feux et 30 ateliers faisant travailler pas moins de 400 personnes. Près de 50 maîtres faïenciers se succèdent au XVIIIe siècle, qui rivalisent d'invention dans la décoration.

Au XIXe siècle, l'engouement pour la faïence s'essouffle et le dernier four s'éteint. Il faudra attendre 1927 pour que l'art de la faïence renaisse à Moustiers, devenu Moustiers-Sainte-Marie. Les décors traditionnels de la vaisselle de Moustiers sont des personnages historiques ou mythologiques, des grotesques (petits monstres), des fleurs, des insectes, des paysages, des chinoiseries… Aujourd'hui, certaines pièces rares comme les terrines couvertes, les boîtes à poudre ou les pièces à décor de grotesques sont très recherchées et cotées.

Les colles à prise rapide

MODERNE ET PRATIQUE

Désormais, recoller une pièce de vaisselle n'est plus un problème. Les colles extrafortes à base de cyanoacrylate sont vraiment magiques car elles prennent instantanément. Il suffit d'assembler les deux parties cassées et de les serrer. Seul défaut, elles collent également la peau et il faut donc les manipuler avec précaution. Contrairement à ce que l'on croit trop souvent, elles ne sont pas ultrarésistantes, en particulier à l'eau chaude. Vous ne pouvez donc pas vous en servir pour des objets destinés à l'alimentation.
Les colles à base de résine se présentent sous la forme de deux produits à mélanger juste avant l'utilisation. Elles sèchent plus lentement mais vous pouvez leur faire confiance en toute occasion, même sous l'eau chaude.

Protection contre la chaleur. En Provence, où l'on se servait beaucoup de vaisselle en terre cuite, on frottait avec de l'ail cru plats, tians, daubières et diables, avant de les mettre au feu pour la première fois. Essayez, cela empêche la terre de se fendre à la chaleur. Coupez une gousse d'ail en deux et frottez toute la surface interne et externe de la partie de l'objet en contact avec le feu. Laissez bien sécher et passez ensuite à l'intérieur un pinceau trempé dans de l'huile d'olive.

Réparer une assiette cassée

Lancez-vous dans la réparation de votre assiette, à condition d'avoir tous les morceaux et qu'il ne s'agisse pas d'une pièce de prix, à remettre entre les mains d'un spécialiste.

FOURNITURES

- colle à prise rapide à base de résine
- couteau
- ruban adhésif
- Coton-Tige
- alcool à brûler
- soucoupe remplie de sable

1 – Reconstituez l'assiette en remettant en place tous les morceaux du puzzle. Préparez votre colle sur un bout de carton en mélangeant les deux composants à l'aide d'un couteau.

2 – Commencez par coller les deux morceaux les plus gros. Déposez une mince couche de colle sur chacun des bords avec le couteau. Appuyez fermement et fixez les morceaux avec du ruban adhésif.

3 – Nettoyez les débords de colle avec un Coton-Tige trempé dans l'alcool. Calez les deux parties déjà collées dans la soucoupe de sable. Laissez sécher, puis continuez à reconstituer peu à peu votre faïence.

Le verre et le cristal

Des carafes nettes. Pilez des coquilles d'œufs et introduisez-les dans la carafe ou la bouteille que vous voulez nettoyer. Remplissez la carafe de vinaigre d'alcool. Laissez agir toute une nuit. Le lendemain, agitez bien. Videz le vinaigre et les coquilles. Si besoin, ôtez les dernières traces de saleté avec un goupillon puis rincez à l'eau bien chaude. Essuyez.

• Une variante : pelez une pomme de terre et introduisez les pelures dans votre carafe, remplissez d'eau bien chaude et agitez vigoureusement. Laissez agir une nuit, puis rincez à l'eau chaude, avant d'essuyer.

Traces résistantes. Remplissez à moitié le verre ou le flacon de vinaigre blanc. Ajoutez une tasse de riz cru. Secouez bien et rincez à l'eau. Pensez-y aussi pour décaper les biberons.

Taches de calcaire. Rincez votre objet avec du vinaigre blanc chaud ou du jus de citron. Pour rendre l'opération plus efficace, vous pouvez ajouter du gros sel. Agitez en tout sens et laissez agir une nuit. Au besoin, aidez-vous d'un goupillon.

Les verres dépareillés ne sont pas à proscrire d'une jolie table, surtout s'ils sont anciens, pourvu qu'ils aient à peu près la même hauteur. Cette vaisselle en verre ouvragé contraste ici très joliment avec la table en bois brut.

Un bain pour le verre très sale. Jetez une poignée de cristaux de soude dans de l'eau très chaude. Laissez tremper les objets en verre. S'il le faut, utilisez un goupillon pour décrasser les parties les plus difficiles à atteindre. Rincez chaque objet, un à un, à l'eau bien chaude et essuyez avec un linge fin.

Cette très belle collection de cloches à fromages est mise en valeur sur un petit meuble à étagères en bois peint en blanc.

❁ **Papier nettoyant.** Réduisez du papier journal en menus morceaux et mettez-les dans l'objet en verre. Remplissez d'eau chaude et laissez tremper toute une nuit : le papier doit être transformé en pâte. Agitez bien, rincez à l'eau chaude et essuyez avec un linge fin.

❁ **Petites rayures.** De très fines rayures ternissent votre coupe à fruits ancienne en cristal ? Frottez celle-ci longuement avec une peau de chamois, toujours dans le même sens.

❁ **Ôter l'humidité.** Une fois que l'on a nettoyé et rincé un objet au col étroit, il est souvent difficile d'ôter les petites gouttes de condensation. Vous les ferez disparaître en versant de l'alcool à 90° à l'intérieur de l'objet. Agitez en tout sens, videz et laissez sécher à l'envers.

TRADITION-HISTOIRE

Le verre mercurisé

Le verre étant beaucoup moins coûteux que l'argent, deux Britanniques, F. Hale Thomson et Edward Varnish, eurent l'idée en 1849 de couler du mercure à l'intérieur d'objets en verre à double paroi pour leur donner l'apparence de l'argent. Le mercure étant fortement toxique, il fut ensuite remplacé par du nitrate d'argent.

Très appréciés car très décoratifs, les vases, statuettes, salières ou bougeoirs en verre mercurisé étaient souvent ornés de motifs très simples : guirlandes de fleurs, feuilles stylisées… Comme les anciens miroirs au mercure, ces objets sont, aujourd'hui, souvent abîmés par le temps, le verre étant redevenu transparent par endroits. Mais cela n'ôte rien à leur charme désuet et ils font la joie des chineurs.

❁ **Nettoyer du verre gravé.** Lorsque la saleté s'incruste dans les motifs gravés, elle est très difficile à ôter. Trempez une petite brosse (à défaut une vieille brosse à dents fera l'affaire) dans de l'alcool à 90° ou de l'alcool à brûler et frottez jusqu'à ce que la grisaille disparaisse.

❁ **Nettoyage en douceur.** Si vous devez laver des pièces anciennes en cristal (verres, éléments de lustre, bibelots…), prenez la précaution de recouvrir le fond et les bords de l'évier avec un grand torchon. Immergez les objets un par un, pour ne pas les heurter, et rincez-les un par un.

LA GRAVURE SUR VERRE

Personnalisez vos verres en les gravant de vos initiales. Pour reprendre la tradition des verres souvenirs du XIXe siècle, vous pouvez aussi imaginer un décor simple et une petite phrase à l'occasion d'une fête, d'un anniversaire ou d'une naissance.

FOURNITURES

- feuille de papier-calque
- alcool à brûler
- ruban adhésif
- coton
- porte-outil pour graver le verre avec 2 fraises diamantées de diamètres différents : 1 mm et 1,6 mm
- chiffon sombre
- meule pour limer et lisser le verre ou une minigraveuse électrique

1 – Décalquez un motif adapté à la taille de l'objet. Nettoyez le verre à l'alcool à brûler. Fixez le calque à l'intérieur du verre par du ruban adhésif. Il faut que le motif soit bien au centre et d'équerre.

2 – Bourrez le verre de coton, pour bien voir votre travail. Mettez la fraise la plus fine dans le porte-outil et tracez les contours de votre motif. Il ne faut ni appuyer ni repasser sur la même ligne.

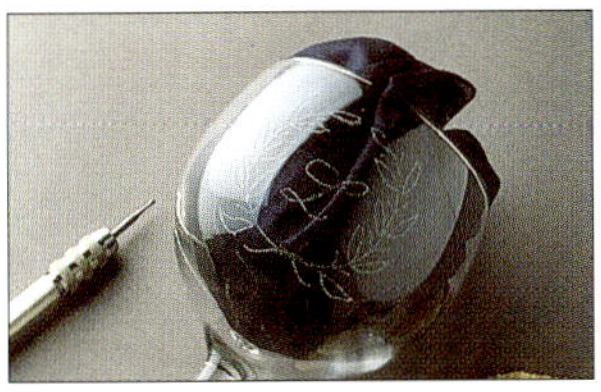

3 – Remplacez le coton par un tissu sombre : les lignes d'ébauches apparaissent en clair. Creusez avec la fraise plus épaisse sur les lignes du dessin et le compléter par de fines hachures à l'intérieur des motifs pleins.

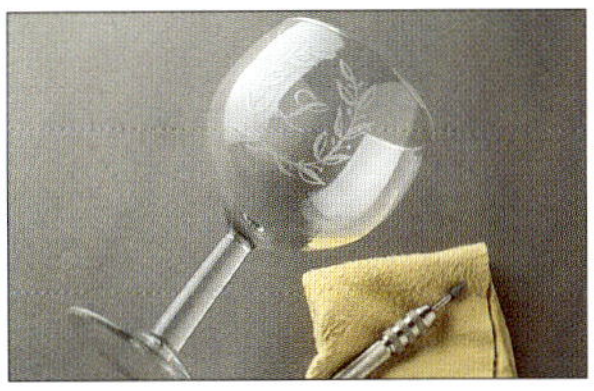

4 – Lorsque la gravure apparaît nettement, ôtez le chiffon sombre et servez-vous de la meule pour remplir les motifs hachurés. Appuyez plus ou moins avec votre outil pour créer des ombres et des reliefs.

Sur le modèle de ces magnifiques bougeoirs en cristal, simples ou ornés de pendeloques, transformez un beau verre à pied dépareillé en bougeoir.

Les cadres et les tableaux

Faites vous-même vos cadres en carton peint de motifs fleuris.

❁ Patiner un cadre trop neuf. Certains bois, en particulier le chêne, peuvent, une fois assombris, prendre un très joli aspect ancien.

Pour patiner un cadre, mouillez-le avec une éponge trempée dans de l'ammoniaque.

Dès que le bois aura la teinte voulue, rincez le cadre avec de l'eau additionnée d'une cuillerée de vinaigre. Laissez sécher, puis cirez ou vernissez le bois à votre gré.

❁ Nettoyer un cadre doré. Dépoussiérez régulièrement un beau cadre ancien en bois doré avec un chiffon. S'il est taché, ne le frottez surtout pas avec une éponge savonneuse. Employez plutôt cette méthode traditionnelle.

Battez deux blancs d'œufs en neige et ajoutez deux cuillerées à soupe d'eau de Javel. Passez au pinceau ce mélange sur toute la surface du cadre à l'aide d'un pinceau. Rincez aussitôt à l'eau claire : le produit ne doit pas rester longtemps au contact de la dorure. Lustrez ensuite avec un chiffon doux.

❁ Comme de la céruse. Pour donner un aspect cérusé à un cadre en bois, frottez-le dans le sens du bois avec une brosse métallique, pour faire apparaître les veines. Essuyez la poussière, puis passez un pinceau trempé dans de la peinture acrylique blanche très diluée : juste de quoi faire entrer un peu de blanc dans les veines.

Brossez et recommencez l'opération. Poncez le bois avec du papier de verre fin, essuyez et cirez ensuite avec de la cire incolore, ou laissez tel pour obtenir un aspect mat, un peu brut.

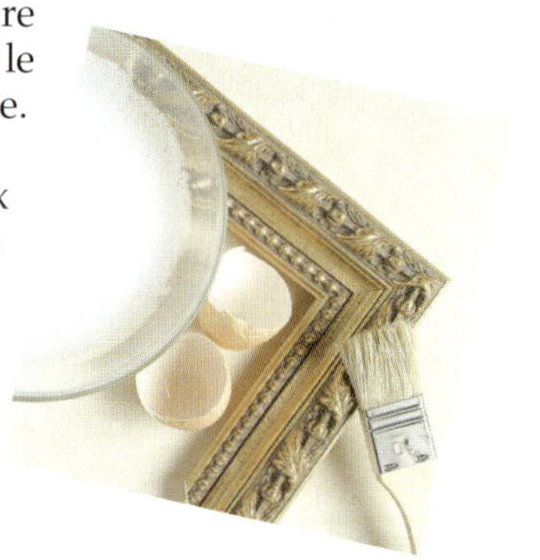

RESTAURER UN CADRE DORÉ

Le vieux cadre doré à l'or fin que vous venez de dénicher dans une brocante est abîmé ? Faites vous-même une pâte de doreur, appelée gros blanc, pour restaurer les parties manquantes. Un peu de doigté et votre cadre aura bientôt belle allure.

FOURNITURES

- blanc de Meudon
- grand bol
- colle de peau de lapin en granulés (en vente dans les magasins spécialisés)
- morceau de bois
- papier de verre très fin
- cire à dorer

1 - Versez une mesure de blanc de Meudon dans le bol et faites un puits. Chauffez la colle au bain-marie et ajoutez-la dans le bol. Mélangez avec le morceau de bois.

2 - Vous obtenez une boule semblable à du mastic de vitrier. Prélevez un petit morceau de pâte et appliquez-le sur l'éclat ou la partie manquante.

3 - Passez un doigt mouillé sur la pâte pour l'étirer afin qu'elle prenne la forme voulue. Laissez sécher 24 h. Poncez au papier de verre en ôtant la poussière au fur et à mesure.

4 - L'enduit doit être parfaitement lisse. Appliquez la cire à dorer avec vos doigts, le plus régulièrement possible. Laissez sécher et lustrez au chiffon doux.

❁ Éloigner les mouches. Très nombreuses dès qu'il fait chaud, les mouches déposent de vilaines taches noires sur les cadres dorés. Passez du jus d'oignon frais au pinceau sur vos cadres. L'odeur désagréable s'évanouit vite mais gênera longtemps les insectes indésirables.

❁ Petit accroc. Vous pouvez colmater un accroc dans une toile, si elle n'est pas d'une grande valeur. Coupez une compresse médicale en morceaux et mélangez à de la colle pour tissu. Appliquez cette charpie sur la partie abîmée mais sur l'envers du tableau.

Mettez en valeur vos tableaux en prévoyant des cadres plus grands que ceux-ci. Cela permet de mettre côte à côte des tableaux de dimensions différentes tout en formant un ensemble régulier, qui fait bel effet au-dessus d'un joli meuble bas.

❁ **Déjaunir une toile vernie.** Le vernis de votre tableau ancien a pris un aspect jauni, un peu sale ? Préparez un mélange à parts égales d'huile de lin et de térébenthine. Trempez un tampon de coton dans ce mélange. Frottez doucement le vernis en procédant par petites étapes et changez de coton au fur et à mesure. Séchez en frottant doucement toute la surface du tableau avec un linge fin.

❁ **Rafraîchir une peinture non vernie.** Nettoyez la toile avec un coton humidifié d'alcool à brûler. Procédez par petites touches successives, puis séchez avec un chiffon fin.

❁ **Toile craquelée.** Votre toile vous paraît bosselée ou fendillée par les ans ? Retournez le tableau et repassez l'envers de la toile : réglez le fer sur thermostat laine ou synthétique, pour ne pas risquer de brûler la toile.

ATTENTION !

Pas de méthodes fantaisistes pour les tableaux

On affirme souvent que l'on peut nettoyer une peinture à l'huile en la frottant avec une pomme de terre ou un oignon coupés en deux. Selon les spécialistes de la restauration, cette méthode est néfaste, car si dans un premier temps elle semble redonner de la luminosité à la toile, elle dépose également une couche d'amidon ou de suc, qui ensuite retiendra encore plus la poussière et contribuera à encrasser le tableau.

Pour un nettoyage courant et sans danger d'une toile, contentez-vous donc de passer une éponge humide et légèrement savonneuse. Rincez à l'eau claire et séchez ensuite avec un linge fin.

Les livres et reliures

Un vieil escabeau en bois vous rendra bien des services si votre bibliothèque est très haute. Décapé et ciré, il s'intégrera de plus parfaitement dans une pièce meublée à l'ancienne.

Chasse à la poussière. Prenez le temps de dépoussiérer les livres de votre bibliothèque un à un, en les secouant. N'utilisez pas de chiffon pour nettoyer la tranche, la poussière pénétrerait entre les pages, mais essuyez-la avec un gros pinceau plat et souple.

Accroc sur le cuir. Une petite languette de cuir s'est décollée sur un de vos vieux livres ? Saisissez-la avec une pince (pince à épiler, à échardes ou brucelles à timbres) et passez de la colle à papier peint avec un pinceau fin sur les deux parties à encoller. Appuyez pour faire adhérer et laissez sécher. Éliminez les éventuelles traces de colle avec un Coton-Tige mouillé.

Traces de doigts. Les pages de votre livre sont marquées de traces de doigts ? Gommez-les avec une boulette de mie de pain.

Si vous n'en avez pas besoin pour accéder aux livres, utilisez votre escabeau en petite bibliothèque d'appoint ou de chevet. Rangez les volumes sur chaque marche.

Tache de moisissure. Trempez un Coton-Tige dans un mélange d'eau et d'eau de Javel (5 volumes d'eau pour 1 volume d'eau de Javel) et tamponnez délicatement la tache jusqu'à sa disparition. Laissez sécher la page.

Tache de vieillesse. Mélangez 3/4 d'eau pour 1/4 d'eau oxygénée à 30 volumes, et 6 gouttes d'ammoniaque avec un compte-gouttes. Tamponnez la tache avec un Coton-Tige. Rincez, faites sécher la feuille mouillée entre deux buvards blancs et mettez sous presse.

Page cornée. Posez un buvard sur la feuille cornée et repassez avec un fer tiède.

RESTAURER UNE COUVERTURE ÉCORNÉE

Les coins des couvertures en carton s'abîment facilement. Les livres prennent alors un aspect pitoyable. Ces accidents ne demandent pourtant qu'un peu de minutie pour être réparés… Il suffit de faire de la colle de pâte à l'ancienne.

FOURNITURES

- farine
- passoire
- spatule en bois
- cutter
- seringue jetable
- éponge
- pinceau fin
- gouache dans les tons de la reliure
- cire incolore
- chiffon

1 - Dans une casserole, mélangez 1 volume de farine tamisée dans 5 volumes d'eau. Faites chauffer doucement jusqu'à ébullition sans cesser de remuer avec la spatule. Faites bouillir 5 min, puis laissez refroidir.

2 - Après refroidissement, ajoutez de l'eau à la pâte si elle est trop épaisse. Séparez minutieusement les différentes couches de la couverture du livre abîmé à l'aide du cutter. Retirez les saletés qui auraient pu s'y glisser.

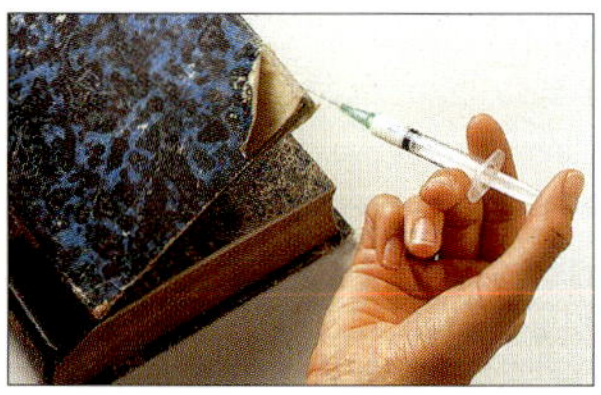

3 - Introduisez de la colle entre chaque couche avec la seringue. Pressez l'ensemble, puis essuyez les débords de colle avec une éponge humide. Faites sécher le livre sous presse pendant 2 ou 3 heures.

4 - Retouchez les parties abîmées de la reliure à la gouache avec le pinceau fin en procédant par petites touches délicates. Laissez sécher et cirez avec une bonne cire incolore. Lustrez au chiffon.

❁ **Tache d'encre.** Trempez un Coton-Tige dans de l'eau oxygénée à 10 volumes et tamponnez la tache jusqu'à ce qu'elle disparaisse. Laissez sécher la feuille entre deux buvards blancs, sous un poids.

❁ **Tache grasse sur le papier.** Saupoudrez la tache de terre de Sommières. Laissez agir toute une nuit et brossez doucement le papier pour ôter la poudre, qui aura absorbé le gras.

❁ **Livre humide.** Saupoudrez du talc entre chaque page d'un livre humide. Si les feuilles ont commencé à se gondoler, procédez en plusieurs étapes. Talquez chaque page. Laissez agir toute une nuit. Époussetez, puis talquez à nouveau. Époussetez encore, puis mettez le livre sous presse (encyclopédie ou tout autre gros livre) quelques jours.

Une bibliothèque bien rangée est tellement agréable à regarder ! Disposez soigneusement vos livres sur les étagères pour les mettre en valeur. Mettez les plus grands derrière pour pouvoir mettre les petits devant. Et enfin, n'hésitez pas à exposer les plus belles reliures sur le devant du rayonnage.

Une cire pour les reliures en cuir

Cette cire à l'ancienne, facile à réaliser, nettoie et fait briller tous les cuirs délicats qui ont besoin d'être nourris. Appliquez-la avec une éponge humide. Frottez toujours dans le même sens. Laissez sécher et lustrez au chiffon de laine.

INGRÉDIENTS

- 100 g de cire d'abeille pure
- 60 cl d'essence de térébenthine
- 60 cl d'eau
- 25 g de savon de Marseille en paillettes

1 - Raclez la cire en fins copeaux et faites-la dissoudre à froid dans l'essence de térébenthine. Si vous n'avez pas le temps d'attendre, faites-la fondre au bain-marie, mais réglez la flamme le plus bas possible et surveillez sans cesse car l'essence de térébenthine est très inflammable.

2 - Faites chauffer l'eau et ajoutez le savon dès qu'elle bout. Éteignez le feu et mélangez jusqu'à dissolution parfaite des paillettes. Laissez refroidir.

3 - Ajoutez l'eau savonneuse à la cire fondue et mélangez au fouet pour émulsionner. Versez dans un pot fermant hermétiquement ou une bouteille avec un bouchon. Étiquetez.

LA MAISON EN FÊTE

La maison en fête, c'est préparer un décor original et unique pour souhaiter la bienvenue à ceux que l'on aime. C'est se rassembler en famille au moment de Noël, dans une profusion de boules brillantes, de guirlandes multicolores et de bougies. C'est réinventer Pâques et ses œufs traditionnels.

Dans une grange restaurée, le mélange de l'ultraraffiné et du rustique fait le charme de cette table d'apparat à la campagne. Ultime délicatesse : les services à café et à tisanes attendent à l'écart sur un guéridon recouvert d'une nappe.

Les réceptions

Invitations à l'ancienne. Personnalisez vos invitations et donnez-leur un petit air rétro en photocopiant des cartes postales anciennes, des chromos, des photos de famille.

Une porte très accueillante. Écrivez un message végétal sur votre porte d'entrée (initiales, « Bienvenue », « bonjour »…) ou dessinez un motif (cœur, étoile, fleur, bougie…). Formez vos lettres avec du fil de fer et couvrez-les de buis, de lière, de romarin ou de mousse des bois.

Le comble du raffinement. Dans la salle de bains, prévoyez une jolie serviette pour les mains, des petits savons disposés dans une coupe, et placez une coupelle remplie d'un pot-pourri.

- Laissez brûler une bougie parfumée dans les toilettes quelques heures avant l'arrivée de vos invités.

Centre de table. Évitez les grands bouquets hauts qui gênent la conversation. Coupez très court les tiges de vos fleurs et placez-les dans un plat creux avec de l'eau. De même, si vous mettez des bougeoirs, préférez les bougies basses et non parfumées, pour ne pas risquer d'incommoder les convives.

Table fleurie. Parsemez votre table de petits bouquets présentés dans des verres, des timbales – les timbales de baptême d'autrefois sont du meilleur effet –, des coquetiers ou même dans un demi-citron ou une orange évidés.

Verres habillés pour bouquets individuels. Transformez des verres ordinaires en vases originaux et ravissants en les recouvrant de feuilles de lierre, de chêne ou de magnolia, que vous fixerez avec de la colle en bombe repositionnable.

- Vous pouvez aussi les masquer avec des morceaux de mousse des bois, vendue en plaque chez les fleuristes. Attachez la mousse avec un lien de raphia.

Pour l'après-dîner. L'art de recevoir ne s'arrête pas au dessert : pensez à préparez à l'avance un grand plateau avec les tasses, les verres à digestifs, le sucre (un assortiment de sucre blanc, roux et de sucre de canne), un pot d'eau bouillante, une Thermos de café, les alcools et les liqueurs. Proposez aussi un choix d'infusions originales : thym, romarin, menthe fraîche, oranger, anis étoilé, qui facilitent la digestion.

Pour un buffet de fête, réalisez un porte-couverts original en sucre. Pour coller les morceaux de sucre, faites bouillir du sucre avec de l'eau sans aller jusqu'au caramel, et versez-en quelques gouttes sur chaque morceau. Remplissez le porte-couverts de sucre en poudre afin de pouvoir y planter vos couverts.

Marque-places marins. Peignez à la gouache le nom de chacun de vos convives sur un petit galet que vous aurez soigneusement lavé et essuyé.

Serviette surprise. Glissez dans la serviette de vos invités un petit présent (confiserie, photo, bibelot…) et nouez un ruban à chaque extrémité de la serviette pour former une papillote. Posez-en une sur chaque assiette.

Nœud papillon. Le pliage des serviettes n'est pas toujours compliqué. Pincez la serviette pliée au milieu et nouez autour au centre un morceau de foulard, de tulle ou de papier crépon.

Rond de serviette élégant. Confectionnez un rond de serviette avec un rectangle de bristol fort (5 x 20 cm) que vous collerez avec de l'adhésif. Recouvrez-le de ruban gros-grain ivoire pour le fond, puis collez par-dessus des motifs argentés découpés dans des napperons en papier dentelle.

Chandelier décoré. Vous êtes un peu lassé de votre chandelier, que vous avez trop vu, alors habillez-le. Les tenues de fête sont multiples. Laissez libre court à votre imagination. Recouvrez-le, selon la saison, de légumes et de petits fruits (les raisins ou les groseilles en grappes font beaucoup d'effet), de fruits confits collés au caramel. Gainez-le de rubans satinés, accrochez à ses branches des boules de Noël, des glands de satin, fixez-y à la colle repositionnable des plumes, des fleurs, des feuilles…

Glaçons fleuris. Pour agrémenter l'apéritif, apportez une touche de raffinement et de charme à vos glaçons en emprisonnant dans l'eau des petites fleurs ou des pétales. Violettes, pétales de géranium ou de rose, pâquerettes, menthe, verveine... donnent un joli résultat.

Un seau à glace en glace. Très original pour servir une bouteille de vin frais ou juste des glaçons. Placez une grosse bouteille vide en plastique dans un seau lui aussi en plastique (plus facile à démouler) et disposez des feuilles et des fleurs dans le seau. Remplissez-le d'eau et placez-le ainsi quelques heures au congélateur.

Démoulez en passant le seau sous l'eau tiède, et placez-y la bouteille de vin préalablement rafraîchie au réfrigérateur. Posez-le sur un plat creux dans lequel le seau va fondre peu à peu.

- C'est aussi une excellente idée pour présenter des fruits de mer, en utilisant deux saladiers, l'un plus petit que l'autre.

À l'extérieur aussi, la table peut être raffinée. À l'ombre d'un arbre ou sous une tonnelle, faites-vous plaisir en offrant à vos convives un décor de grand jour.

Noël

Ornez vos fenêtres de dentelles, avec des napperons en papier doré de forme rectangulaire. Évidez le centre avec un cutter pour ne conserver que les motifs de dentelle des bords. Fixez-les sur les vitres avec de la colle en bombe repositionnable. Une fois la fête terminée, vous décollerez les napperons et enlèverez les traces de colle à l'eau bouillante.

❁ **Panne de papier cadeau.** Vous pouvez improviser un joli paquet original avec des feuilles de papier kraft ou du papier-de couleur.

- Superposez sur une feuille de papier de couleur une feuille de papier kraft que vous aurez découpée en la pliant en seize pour que les motifs géométriques des jours se répètent.
- Découpez des fentes à intervalles réguliers dans une feuille de papier ordinaire et glissez-y des rubans dessus dessous.
- Écrivez sur une feuille unie un message stylisé en peignant de grosses lettres au pinceau, et ajoutez un nœud de bolduc.

TRADITION-HISTOIRE

La naissance du sapin de Noël

La coutume du sapin de Noël remonte au XVIe siècle. Elle est née à Sélestat, en Alsace. À l'origine, le sapin était orné de petites pommes rouges et figurait l'arbre de la Création. Puis vinrent s'ajouter à ses branches des hosties, représentant la Rédemption, et des roses blanches, symboles à la fois de l'amour de Dieu et de la Vierge. Progressivement les hosties furent remplacées par des friandises (les *bredle*, petits gâteaux à l'anis) et le sapin se para de fleurs en papier. Au XVIIIe siècle apparurent les bougies et au XIXe siècle les boules en verre.

❁ **Boules insolites.** Procurez-vous de très gros escargots de Bourgogne (au moment de Noël, on en trouve parfois chez le poissonnier...). Percez-les d'un petit trou avec une aiguille. Peignez-les à la bombe or ou argent. Glissez dans le trou un fil ou un ruban fin, nouez-le et suspendez vos escargots dans le sapin. Les coquillages seront également très jolis.

LA PÂTE À SEL

Un grand classique qui permet d'inventer toutes sortes de décors : sujets pour le sapin, santons pour la crèche, appliques murales, centre de table, couronnes, corbeilles… La pâte à sel se peint facilement et il suffit ensuite de la vernir pour qu'elle soit pratiquement éternelle. Si vous voulez que vos modelages tiennent mieux, incorporez une cuillerée à soupe de colle à papier peint.

FOURNITURES

1 tasse d'eau
2 tasses de farine
1 tasse de sel fin
film ménager
pinceaux
gouache et vernis

1 - Mélangez l'eau, la farine et le sel de manière à obtenir une pâte souple. Laissez reposer 10 min en recouvrant de film ménager.

2 - Étalez la pâte si vous voulez y découper des motifs à l'emporte-pièce ou bien sculptez-la comme s'il s'agissait d'argile.

3 - Faites cuire vos motifs ou vos personnages à four très doux (thermostat 1-2) pendant 2 h.

4 - Lorsqu'ils ont refroidi, peignez-les. Laissez sécher, puis vernissez.

❁ **Des décorations savoureuses.** Réservez-vous un après-midi pour préparer avec vos enfants ou vos petits-enfants des sujets en pâte sablée que vous accrocherez par un petit ruban au sapin de Noël. Confectionnez une pâte sablée avec 250 g de farine, 125 g de beurre ramolli, 125 g de sucre et 1 œuf. Abaissez-la au rouleau et découpez-y des formes à l'aide d'emporte-pièces : petit bonhomme, cœur, étoile, lune, angelot... Percez le trou avant la cuisson, puis laissez cuire à four modéré (thermostat 4-5) pendant quinze minutes.

❁ **Miroir-message.** Vous avez un grand miroir dans le salon ? Écrivez dessus au blanc de Meudon un petit texte célébrant Noël. Pour écrire droit, tirez des lignes à la règle et au crayon gras. Une fois votre message bien sec, effacez les lignes avec de l'alcool à 90°.

Ornez un vieux miroir d'une parure étincelante faite de pommes de pin, de fruits et de fleurs séchés, de feuilles. Faites sécher celles-ci sous une presse et peignez-les à la bombe dorée. Assemblez-les en une guirlande que vous collerez sur le cadre du miroir.

❁ **Vitres de fête.** Pour dessiner de gros flocons ou des étoiles de neige sur une vitre, utilisez du blanc de Meudon. Diluez-en une petite quantité dans de l'eau, de façon à obtenir une crème assez épaisse, comme de la peinture en tube : il ne faut pas que ça coule. Vous pouvez aussi dessiner avec de la gouache blanche pas trop diluée. Au mois de janvier, utilisez une brosse et de l'eau très chaude pour effacer votre dessin.

❁ **Carte de vœux brodée.** Au lieu d'envoyer une carte de vœux du commerce, fabriquez-en une en brodant un motif au point de croix sur du canevas rigide et épais. Collez le canevas sur une carte en bristol.

❁ **Marque-place de Noël.** Écrivez sur des feuilles de houx le prénom de chacun de vos convives au feutre or ou argent. Collez-les sur de petits rondins de bois, ou posez-les sur la serviette ou près des verres.

❁ **Couronne de gui.** Achetez une couronne de paille (en vente chez tous les fleuristes à Noël) et fixez-y des branches de gui avec du fil de fer de fleuriste. Enroulez du ruban satiné vert pâle, que vous nouerez par endroits, en laissant retomber des pans flottants. Avec de la ficelle, accrochez quelques boules argentées tout autour de votre couronne. Nouez quatre longues ficelles robustes dans votre couronne de façon à la suspendre au plafond.

Une fois la Saint-Sylvestre passée, ne laissez pas votre décor trop longtemps car le gui perd ses boules en séchant. Visqueuses, celles-ci se collent un peu partout et vous risquez d'en retrouver dans toute la maison.

Sous le signe du cadeau, nouez un gros ruban autour de votre table de fête.

❆ **Boules de patchwork.** Originales et faciles à faire pour les enfants, ces boules sont sans coutures. Faites des fentes au cutter dans des boules de polystyrène. Taillez des morceaux de tissu légèrement plus grands que les pans à recouvrir. Introduisez-les dans les fentes à l'aide du dos de la lame d'un couteau. Collez un nœud de ruban sur la boule terminée.

❆ **Un ballon de roses à suspendre.** Cette décoration est du meilleur effet au-dessus d'une table de fête. Achetez une boule en mousse synthétique, du fil de fer de fleuriste et une grosse botte de roses.

Coupez les tiges au ras de chaque rose et piquez dans leur cœur un morceau de fil de fer de 10 cm. Fixez vos fleurs dans la mousse les unes contre les autres. Pulvérisez un peu d'eau sur les roses.

❆ **Une touche de naturel pour vos paquets.** Ajoutez quelques feuilles de houx, une branchette de sapin ou de gui, quelques petites pommes de pin sur vos paquets cadeaux. Ils seront raffinés et originaux. Accrochez vos décors avec le ruban du paquet ou fixez-les avec une pointe de colle.

❆ **Guirlandes d'or.** Cueillez de grandes branches de lierre grimpant ou commandez-en à votre fleuriste. Passez-les à la bombe or ou argent.

Vous vous en servirez pour habiller votre cheminée, décorer un grand miroir ou les faire serpenter sur la table de fête. Vous pourrez aussi les tresser en couronnes.

ATTENTION !

Le sapin sous surveillance

Chaque année, en décembre, on déplore de nombreux accidents dus aux décors du sapin. Vérifiez votre installation électrique avant de brancher une guirlande et contrôlez que celle-ci porte le label NF (norme française).

Méfiez-vous des guirlandes à très bas prix importées d'Asie, qui ne sont pas toujours aux normes.

Ne laissez pas un jeune enfant seul dans la pièce où vous avez placé le sapin si celui-ci est orné d'une guirlande électrique. Même si vous adorez les bougies, ne les accrochez pas dans le sapin, vous risquez de mettre le feu.

Pâques

❁ Bouquets de Pâques. Après avoir mangé des œufs à la coque en ayant pris soin de ne pas abîmer les coquilles, nettoyez celles-ci à grande eau et laissez-les sécher. Disposez-les dans de jolis coquetiers en porcelaine, garnissez-les de quelques fleurs printanières (jonquilles, tulipes...) et remplissez-les d'eau. Vous obtenez de jolis petits vases individuels pour décorer votre table.

❁ Un nid en centre de table. Pour présenter vos œufs teints et ornés de motifs sur la table de Pâques, tapissez une jolie corbeille ou un petit panier d'osier avec de la mousse des bois ou bien cachez vos œufs dans de l'herbe à chats. À moins que vous ne préfériez de la paille (vous en trouverez sans doute chez votre fromager), dans laquelle vous piquerez des plumes naturelles ou colorées.

❁ Œufs durs colorés. Faites cuire vos œufs en ajoutant à l'eau de cuisson différents ingrédients selon la couleur désirée.

- Avec des épluchures de betterave, vous obtiendrez un beau rose.
- Les pelures d'oignon donnent des tons roux. Il en faut beaucoup pour obtenir une couleur soutenue, aussi pensez à les garder longtemps à l'avance.
- Les épinards teintent en vert.
- Le thé et le café colorent en brun et donnent au jaune d'œuf une délicieuse saveur insolite.
- Vous obtiendrez des œufs bleus avec du bleu de Méthylène (en vente en pharmacie), mais attention, ils ne seront pas consommables.

❁ Un socle utile pour peindre. Difficile de décorer un œuf sans qu'il ne se renverse et sans se mettre de la peinture sur les doigts. Fabriquez-vous un support avec une bande de carton fort, fermée en rond par de l'adhésif, ou calez l'œuf sur un anneau de rideau.

❁ Vider les œufs sans les casser. Si vous voulez conserver longtemps vos œufs décorés, il est indispensable de les vider. Pour cela, trouez la coquille à chaque extrémité avec une grosse aiguille à canevas à bout pointu, un poinçon ou un lardoir.

Au-dessus d'un bol, soufflez très fort dans l'un des trous pour faire sortir le contenu de l'œuf. Si vous n'y arrivez pas, aspirez-le avec une seringue jetable. Ensuite, rincez l'œuf vide en le passant sous l'eau froide, égouttez-le et laissez-le bien sécher.

LES ŒUFS MARBRÉS

Cette recette serait d'origine tsigane. Ce qui est certain, c'est que le résultat est aussi beau à voir que bon à goûter.

INGRÉDIENTS
6 œufs
2 poignées de pelures d'oignon
1 tasse de marc de café

1 - Faites cuire les œufs dans l'eau pendant 10 min. Puis passez-les sous l'eau froide et laissez-les refroidir.
2 - Roulez-les délicatement sous la paume de la main, sur une surface dure, de façon à casser la coquille en fragments qui restent collés à l'œuf.
3 - Dans une casserole d'eau, versez les pelures d'oignon et le marc de café, remuez, puis ajoutez les œufs. Il faut qu'ils soient entièrement recouverts de liquide. Laissez chauffer à feu très doux pendant au moins 3 h (autrefois, on laissait les œufs sur le coin de la cuisinière pendant toute la nuit).
4 - Détachez les fragments de coquille, le blanc de l'œuf apparaîtra parcouru d'élégantes marbrures marron. Et, lorsque vous mangerez ces œufs marbrés, vous découvrirez que le jaune de l'œuf est devenu brun.

❁ Des œufs fleuris. Cueillez des petites feuilles et des petites fleurs : trèfle, cerfeuil, lierre, pâquerettes, violettes, boutons d'or... Collez-les délicatement sur la coquille de l'œuf en les trempant dans du blanc d'œuf. Laissez sécher, puis enfilez doucement votre œuf dans un morceau de collant fin, en faisant attention à ne pas déplacer les végétaux collés. Nouez le collant.

Faites ensuite cuire votre œuf dans le colorant naturel de votre choix. La cuisson terminée, ôtez le collant et détachez les feuilles et les fleurs. Leur dessin ressortira en clair sur le fond coloré de la coquille.

❁ Mobile parfumé. Videz des œufs, laissez-les sécher et enduisez-les de colle. Roulez-les délicatement dans une assiette pleine de fleurs de lavande. Veillez à ce que toute la surface des œufs soit recouverte.

Pour suspendre chaque œuf, attachez un ruban autour d'une demi-allumette. Introduisez complètement celle-ci dans la coquille. Tirez délicatement sur le ruban pour que l'allumette se place à l'horizontale dans la coquille. Attachez les rubans à de fines baguettes de bois pour obtenir un mobile décoratif et parfumé.

De beaux œufs en chocolat factices. Pourquoi ne pas réaliser vous-même avec vos enfants des œufs en chocolat factices, en fil de fer et papier journal, par exemple ?

Donnez à du fil de fer de fleuriste la forme d'un demi-œuf en le laçant en maillage relativement dense sur un saladier rond retourné. Faites la même chose pour la deuxième moitié de l'œuf. Vous aurez ainsi une sphère, à laquelle vous donnerez la forme d'un ovale en l'ajustant par pression des mains. Réunissez les deux moitiés de l'œuf et fixez-les avec de l'adhésif.

Découpez des lanières de papier journal, enduisez-les de colle à papier peint et disposez-le tout autour en plusieurs couches pour recouvrir toute la surface de l'œuf de façon uniforme.

Laissez sécher. Peignez une première couche en noir, puis en marron foncé, et vernissez. Entourez votre œuf d'un large ruban satiné noué sur le dessus.

Les œufs de Pâques en chocolat sont tellement décoratifs, avec leur belle teinte luisante et leur joli nœud de ruban, que l'on a peine à les entamer.

Faire briller la coquille. Vous n'avez plus de vernis ou vous n'auriez pas le temps de le laisser sécher ? Passez sur toute la surface de vos œufs peints un morceau de lard gras ou un coton légèrement huilé.

Séchage parfait. Vous venez de peindre ou de vernir un œuf et souhaitez qu'il sèche uniformément ? Piquez-le sur un cure-dents ou une pique que vous planterez dans un bloc de polystyrène ou de mousse de fleuriste (Oasis).

TRADITION-HISTOIRE

Les œufs de Pâques

On rattache l'origine de la coutume des œufs de Pâques au carême. Au IVe siècle, l'Église interdit la consommation des œufs pendant les quarante jours qui précèdent Pâques. Cette pénitence était très suivie, aussi les œufs s'entassaient-ils dans les provisions de chaque famille. Le jour de Pâques, on prit donc l'habitude de les donner en cadeau aux enfants après les avoir teints ou décorés. On leur racontait que les œufs étaient apportés par les cloches revenant de Rome ou par le lièvre de Pâques.

On prêtait aux œufs pondus le vendredi saint des pouvoirs magiques si on les mangeait le jour de Pâques. Suivant les régions, ils protégeaient des fièvres, des coliques ou de la mort subite, ils préservaient des piqûres de serpent ou des chutes lors de la cueillette des fruits, ils avaient aussi le pouvoir d'arrêter les incendies ou de conjurer le mauvais sort.

Guide d'achat

Vous souhaitez mettre en pratique une astuce du livre ou réaliser une recette et vous vous demandez où trouver un ingrédient. Grâce à ce guide d'achat, vous saurez dans quel type de magasin vous adresser pour vous procurer les produits les plus rares cités dans les différents chapitres.

acétone : *droguerie, grande surface*
acide chlorhydrique : *droguerie, grande surface*
acide oxalique : *droguerie*
aiguille de matelassier : *mercerie, tapissier*
aiguille à tapisserie : *mercerie, grand magasin (rayon mercerie)*
alcool à brûler : *droguerie, grande surface*
alun (pierre d') : *magasin de produits diététiques et naturels, parapharmacie*
alun (poudre d') : *droguerie, magasin de fournitures pour laboratoires*
amidon : *droguerie*
ammoniaque : *droguerie, grande surface*
argile : *magasin de produits diététiques et naturels, parapharmacie*
attaches parisiennes : *papeterie, magasin de fournitures pour activités manuelles*
benjoin (teinture de) : *pharmacie*
bentonite : *magasin de matériaux de construction, grande surface de bricolage*
benzine désodorisée : *droguerie, grand magasin (rayon bricolage)*
bicarbonate de soude : *pharmacie, grande surface (rayon alimentation)*
bisulfure d'étain : *droguerie, magasin spécialisé dans les produits pour la restauration des meubles*
blanc d'Espagne ou blanc de Meudon : *droguerie, grand magasin (rayon bricolage)*
blanc de titane : *droguerie, grand magasin (rayon bricolage)*
bleu d'outremer : *grand magasin (rayon entretien), droguerie*
bois de Panamá : *herboristerie, magasin de produits diététiques et naturels*
borax : *droguerie, magasin de fournitures pour laboratoires*
bouillie bordelaise : *jardinerie, grand magasin (rayon jardinerie)*
brosse à maroufler : *magasin de papier peint, grande surface de bricolage*
brosse à pochoir : *papeterie, magasin d'arts graphiques, magasin de fournitures pour activités manuelles*
bronze (poudre de) : *magasin de fournitures pour activités manuelles, droguerie*
brou de noix : *droguerie, grand magasin (rayon bricolage), grande surface de bricolage*
carbonate de soude : *droguerie, grande surface*
châssis pour papier recyclé : *magasin d'arts graphiques, magasin de fournitures pour activités manuelles*
chaux éteinte : *grande surface de bricolage, jardinerie*
chevrons : *marchand de bois, grande surface de bricolage*
ciment-colle, ciment à joints : *magasin et grande surface de bricolage, grand magasin (rayon bricolage)*
cire à bougie : *magasin de fournitures pour activités manuelles*
cire à cacheter : *magasin d'arts graphiques, papeterie d'art*
cire à dorer : *magasin d'arts graphiques*
cire d'abeille : *apiculteur, grand magasin (rayon entretien)*
citronnelle : *épicerie fine, grande surface, herboristerie, magasin de produits diététiques et naturels, épicerie asiatique*
colle à base de cyanoacrylate : *droguerie, magasin et grande surface de bricolage*
colle à base de résine : *droguerie, magasin et grande surface de bricolage*
colle à papier peint : *magasin de papier peint, droguerie, magasin et grande surface de bricolage*
colle de peau de lapin : *encadreur, magasin de fournitures pour activités manuelles*
colle repositionnable : *papeterie, magasin d'arts graphiques*
coton à tricoter : *mercerie, grand magasin (rayon mercerie)*
couteau de peintre : *magasin et grande surface de bricolage, grand magasin (rayon bricolage), quincaillerie*
crème de tartre : *droguerie, magasin de fournitures pour laboratoires, magasin spécialisé dans les produits pour la restauration des meubles*
crêpe adhésif : *papeterie*
eau de fleur d'oranger : *grande surface (rayon alimentation), magasin de produits diététiques et naturels*
eau de rose, d'hamamélis : *magasin de produits diététiques et naturels, parapharmacie*
eau oxygénée : *pharmacie, grande surface*
émail à froid : *magasin d'arts graphiques, magasin de fournitures pour activités manuelles*
encre à l'eau : *magasin de fournitures pour activités manuelles, magasin d'arts graphiques, papeterie*
essence de térébenthine : *droguerie, grand magasin (rayon bricolage), grande surface*
essences de plantes : *voir Huiles essentielles*
feutrine : *grand magasin de jouets, magasin de fournitures pour activités manuelles*
fil à tiger : *fleuriste, jardinerie*
fraise diamantée : *grande surface de bricolage, grand magasin (rayon bricolage)*
galon de tapissier : *grand magasin (rayon ameublement), tapissier, magasin de fournitures pour activités manuelles*
galon mural : *magasin de papier peint, grand magasin (rayon décoration), grande surface de bricolage*
gélatine : *grande surface (rayon alimentation), pharmacie*
gel de silice : *droguerie, magasin de fournitures pour laboratoires*
glycérine : *pharmacie, parapharmacie*
gomme-laque : *magasin d'arts graphiques*
grillage : *grande surface de bricolage, magasin de matériaux de construction, grand magasin (rayon jardinerie)*
henné : *magasin de diététique et de produits naturels, parapharmacie, boutique arabe*
herbe à chats : *jardinerie*
hormone de bouturage : *jardinerie, fleuriste*
houseaux (épingles à longue tête) : *mercerie, grand magasin (rayon mercerie), tapissier*
huile d'amandes douces : *pharmacie, parapharmacie, grande surface*
huile de carotte : *magasin de produits diététiques et naturels, parapharmacie*
huile de jade : *magasin d'arts graphiques, magasin spécialisé dans les produits pour la restauration des meubles*
huile de jojoba : *magasin de produits diététiques et naturels, parapharmacie*
huile de lin : *droguerie, grande surface*
huile de ricin : *pharmacie, parapharmacie, herboristerie*
huile de vaseline : *pharmacie, parapharmacie*
huiles essentielles : *herboristerie, parapharmacie, magasin de produits diététiques et naturels*
hyposulfite de soude : *droguerie, magasin de fournitures pour laboratoires*
iris (poudre d') : *herboristerie, boutique arabe*
karité (beurre de) : *magasin de produits diététiques et naturels, parapharmacie*
lame de parquet : *grande surface de bricolage, marchand de bois*
laque glycérophtalique : *magasin de peinture, grand magasin, magasin et grande surface de bricolage*

lasure : *magasin et grande surface de bricolage, grand magasin*
liners : *magasin de matériaux de construction, grande surface de bricolage, jardinerie*
lycopode (poudre de) : *herboristerie, pharmacie*
marteau de tapissier : *tapissier, grande surface de bricolage, grand magasin (rayon bricolage)*
mèche de rembourrage : *mercerie, magasin de fournitures pour activités manuelles*
métier à broder : *mercerie, grand magasin (rayon mercerie)*
meule pour limer le verre : *grand magasin (rayon bricolage), grande surface de bricolage, magasin de fournitures pour activités manuelles*
minigraveuse électrique : *grand magasin (rayon bricolage), grande surface de bricolage, magasin de fournitures pour activités manuelles*
mousse de chêne : *herboristerie*
mousse Oasis pour compositions florales : *fleuriste, jardinerie, grande surface*
myrrhe : *herboristerie, maison spécialisée en articles religieux*
napperons en papier : *grand magasin (rayon articles de cuisine), grande surface*
néroli (ou essence de fleur d'oranger) : *magasin de produits diététiques et naturels, herboristerie*
niveau à bulle : *magasin et grande surface de bricolage, quincaillerie*
odorant à bougie : *magasin de fournitures pour activités manuelles*
orcanette en poudre : *droguerie, herboristerie*
papier artisanal : *papeterie d'art*
papier d'Arménie : *droguerie, parapharmacie*
papier de soie : *papeterie, grand magasin*
paraffine : *droguerie, grande surface*
patchouli : *magasin de produits diététiques et naturels, herboristerie*
pâte à bois : *droguerie, magasin et grande surface de bricolage*
peinture émail : *magasin d'arts graphiques, magasin de fournitures pour activités manuelles*
permanganate de potassium : *pharmacie*
pétrole désodorisé : *droguerie, grande surface*
pigments pour peinture : *grand magasin (rayon peinture), grande surface de bricolage*
pince à tailler le carrelage : *magasin et grande surface de bricolage, quincaillerie, magasin de carrelage*
plantes médicinales séchées : *magasin de produits diététiques et naturels, herboristerie*
pochoir : *papeterie, magasin d'arts graphiques, magasin de fournitures pour activités manuelles*
pointe à tracer : *magasin et grande surface de bricolage, magasin de carrelage*
poudre de marbre blanc : *magasin d'arts graphiques, magasin spécialisé dans les produits pour la restauration des meubles*
pyrèthre : *droguerie, jardinerie*
raphia : *magasin de fournitures pour activités manuelles, grande surface, papeterie spécialisée, jardinerie*
roulette à raccords : *magasin et grande surface de bricolage, magasin de papier peint*
ruban adhésif double face : *papeterie*
santal (bois de) : *herboristerie*
saule blanc (poudre de) : *herboristerie, magasin de produits diététiques et naturels*
savon en paillettes : *droguerie, grande surface*
savon noir liquide : *droguerie, grande surface, grande surface de bricolage*
sciure de bois : *magasin et grande surface de bricolage, marchand de bois*
seringue jetable : *pharmacie*
serre-joint : *magasin et grande surface de bricolage, grand magasin, quincaillerie*
silicate de soude : *droguerie, magasin de fournitures pour laboratoires*
silo à compost : *jardinerie*
soude (cristaux de) : *droguerie, grande surface*
soufre : *jardinerie, droguerie*
sulfate de chaux : *droguerie*
sulfate de cuivre : *droguerie*
sulfate de fer : *jardinerie, grand magasin (rayon jardinerie)*
talc officinal : *pharmacie*
taloche : *magasin et grande surface de bricolage*
tambour à broder : *mercerie, magasin de fournitures pour activités manuelles*
terre de Sienne : *magasin de fournitures pour activités manuelles, magasin d'arts graphiques*
terre de Sommières : *droguerie, grand magasin (rayon entretien)*
thermomètre long : *droguerie, grand magasin (rayon articles de cuisine)*
toile métallique perforée : *grande surface de bricolage*
trichloréthylène : *droguerie, grande surface*
vernis : *magasin d'arts graphiques, magasin de fournitures pour activités manuelles*
vétiver : *herboristerie, magasin de produits diététiques et naturels*
white-spirit : *grande surface, droguerie*

Index

Les chiffres en caractères maigres (25) *renvoient aux noms cités dans les textes. Ceux en gras* **(38)** *correspondent aux sujets développés et illustrés, ceux en italique (45) renvoient aux légendes des illustrations, ceux suivis d'un astérisque* (75*) *aux rubriques* ATTENTION *et* MODERNE ET PRATIQUE, *aux encadrés* TRADITION-HISTOIRE *et* POURQUOI ÇA MARCHE, *aux recettes sur fond gris et aux réalisations photographiées étape par étape.*

A

Abat-jour 116-117
Abécédaire 123*, *123*
Acariens 42*, 66*, 67
Accessoires 78
Accroc
cuir 142
papier peint 16
tableau 140
tissu 71*
Acide chlorhydrique 29, 33, 33*
Acide oxalique 21, 36, 38, 63
Aération 49*
Aiguille 71, 128
Aiguisage 71, 88
Ail 136
Alchémille 105*, 107*
Alcool à brûler
bronze doré 132
cuir 60
cuivre 131
gants 78
taches 38
verre gravé 139
Allergies 42*, 66*, 67, 134
Allumage
allume-feu 120, 121*
feu 119
four 85
Alstrœmère 105*
Alun
bavure sur papier 108
imperméabilisation 77*
lustrage 77
Amande
fêlure 135
voir aussi Huile d'amandes douces
Amaryllis 104
Ambre gris 100
Amiante 88*
Amidon 72
Amidonnage 126
Ammoniaque
bronze 132
brûleurs 85
laine, soie 72
meuble en fer 56
patine de cadre 140
taches 29, 142
tartre 30*
Angora (laine d') 74
Animaux
odeurs de litière 47*
poils 40
Anneaux de rideaux 127
Antidérapant (maillage) *39*
Antiglisse
escalier 23
semelles 78
Antimites (sachets) 99*
Apéritif (tache) 21
Appareils ménagers 84-85
Appâts 43
Araignées 45
Ardoise (sol en) **37**
Argent (bijoux en) 134
Argenterie (entretien) **130**
Armoire 79-81
Armoise 100
Aspirateur 84, 98
Assiette cassée 137*
Asthme 66*
Astilbe 105*
Atelier (rangement) 90
Autocuiseur 87

B

Bague 134
Balai 89
Banane (peau de banane pour le cuir) 60
Bas (entretien des) 75
Baumier 100
Bébé (chaussures) 78
Benjoin
huile 46
poudre 100*
Benzine 63
Betterave (œufs durs colorés) 150
Bicarbonate de soude
ardoise 37
corail 134
entretien w.- c. 94
four 85
peau de chamois 89
rotin 59
tartre 30*, 92
textiles synthétiques 75
Bidet 94
Bière
étain 133
taches 63
Bijoux (entretien) **134**
Biscuit
décor pour sapin de Noël 148
Bisulfure d'étain 132
Blanc d'Espagne ou **blanc de Meudon**
argenterie 130
badigeon 49
bronze doré 132
cadre doré 140*
cuivre 131
faïence ébréchée 137
fissure 31*
marbre 36, 58
mastic 27*
miroir-message 148
pierre 34
Blanc de titane 31*, 137
Blanchiment
dentelles 76
draps **69***
osier 59
paille 59
rotin 59
Bleu de méthylène 150
Bleu d'outremer 49
Bobèche 113
Bocaux 82, 125
Bœuf
Bois 20-27
blanc 53
doré 54, 140
entretien des planches en bois 87
feu de bois 119-120
flotté 120
meubles en bois **52-55**
patine 140
résineux 121*
voir aussi Cendre de bois
Boîte
à chapeau *78*, **82***
à épices 83, *106*
Borax 44*, 106
Bouchon (patine au bouchon) 133
Bouffadou 119
Bougeoirs *114*, 144
Bougies 113-115
parfumées 144
tache 58, 61
Bouilloire 88
Boule-de-neige 102, 104
Boules de Noël 147, 149
Bouloches 74
Bouquets 102-105
bouquet rond **105***
Pâques 150
réceptions 144
voir aussi Fleurs
Boutis 128-129
Boutons 70
Bracelet en écaille 134
Branchages décoratifs 104, 105
Bricolage (équipement) **90-91**
Brise-bise 126
Broderie 122-125
lavage 125
récupération 69, 116, 127
Bronze (entretien) **132**
Bronze (poudre de) 132
Brosses
de chiendent 12
de ménage 89
Brou de noix 24
Brûleurs (nettoyage) 85
Brûlure
feu de bois 121*
moquette 42
Bûches artificielles 119*
Buffet
de fête *144*
Buis (décoration) 144

C

Cabas en tapisserie 124*
Cachet 108
Cache-théière 128
Cadeau (paquet) 147, 149
Cadre
doré **140***
entretien **140**
repère pour un cadre 17
Cafards 44*, 45*
Café
coloration 150
dentelle noire 76
tache 21, 29, 34, 65, 75
voilages colorés 126
Café (marc de)
œuf marbré 150*
siphon 46
Calcaire (taches de) 138
Calebasse 105
Cale-porte 49
Camélia
bouquets 104
Camomille (cafards) 44*
Campagnol 43
Campanule 105*
Camphre (mauvaises odeurs) 46
Canevas 123, 124*, 148
Cannelle
antimites 99*
huile essentielle 44
odeur de renfermé 46*
pomme d'ambre 98*
pot-pourri 100, 100*
Carafes nettes 138
Carbonate de soude 24*
Carnet maison 109
Carrelage 28-29
carreaux de faïence 31
carreaux peints 31
carrelage encrassé 30
découper un carreau 30
fissure **31***
mosaïque 32
remplacer un carreau **29***
traces blanches 29
Carte
de vœux brodée 148
d'invitation 144
voir aussi Papier recyclé
Carton à chapeau 82*
Casserole 88
Cèdre (essence de) 45
Ceintures 80
Cendre de bois
blanchiment 69*
cuivre et laiton 131
jardin 120*
Cendre de cigarette 45
Céramique, *voir* Carrelage
Cerfeuil (insectes) 45
Cerisier 104
Cérusé (aspect) 140
Chaises
de jardin 63
dessus de chaise 128
en métal *56*
Chaleur
vaisselle 137
rafraîchir une pièce 49
Chandelier décoré 146
Chapeau 78
Chasse d'eau 95
Chat (poils de) 40
Châtaignier (bois de) 121*
Chaussettes
ménage 89
rangement 80
Chaussures
de bébé 78

non glissantes 78
rangement 81
Chaux 12*, 14*, 24*
Cheminée
accessoires *119*
décoration 149
devant de cheminée 34
voir aussi Feu de bois
Chemises (rangement) 82
Chicorée (voilages colorés) 126
Chien (poils de) 40
Chiffon
peinture 11
poussière, vitres 89
Chocolat
œufs 151
taches 65
Chou
entretien des tapis 39
étain 133
Chromés (ustensiles) 87
Ciel de lit *66*
Cigarette
brûlure 42
cendre 45
Cimaise *15*
Cintres maison 80
Cire
bronze 132
cachet 108
économie de cire 52
encaustique maison **54***
enduit 14
murs 11, 12*
parquet 20
reliure en cuir **143***
vis 90
Cire à dorer 140*
Cire d'abeille 115, 143*
Cire en bombe 54*
Ciseaux 71
Citron
fourmis 45
marbre 36
odeurs 84
table fleurie 144
tartre 95
Citron (jus de)
argent 134
calcaire 138
cuivre et laiton 131
joints moisis 30
mosaïque 32
paille 59, 89
rotin 59
taches 74, 75
Citronnelle 99*, 100
Citronnier (feuilles de) 100
Civette 100
Cloche
à fromage *138*
Clou de girofle, *voir* Girofle (clou de)
Coco (sol) **40,** 40*
Cocotte en fonte 88
Cœurs brodés 124
Coing
parfum d'ambiance 98
Col propre 72
Cola (boisson au)
décapage du cuivre 131
Collants
entretien 75
ménage 89
Colle
à ourlets 71*
à prise rapide 137*
de pâte à l'ancienne 142*
de peau de lapin 140*
Coloration
fer forgé 56
parquet 22
poutres 24
ravivage de la laine
sombre 74
tommettes 28
Conservation
bouquets 104*
fleurs séchées 107
mastic 27
pots de peinture 91
Coquelicot 104
Coquillages *94,* 147
Coquilles d'œuf 138, 150-151
Corail 134
Correspondance 108
Coton
à tricoter 128
vêtements 72
Couette 65
Courants d'air *48,* 49
Courge (centre de table) 105
Couronne
de bienvenue **107***
de gui 148
Courtepointe 65
Coussin *62, 125,* 128
Couture 70-71, 122-129
Couvercles
ouverture 88
rangement 83
Couverts
réargenter des couverts 130*
trousse à couverts 130
Couvertures
entretien et rénovation **66**
rangement 82
Cravates 80
Crépi de chaux *12*
Cristal (entretien du) **138-139**
Cristaux de soude, *voir* Soude
Cuillères en bois 87
Cuir (entretien du) **60**
Cuisine
odeurs 46, 47*
parfums d'ambiance 99
ustensiles **86-88**
Cuisinière à bois 85
Cuivre (entretien du) **131**
Cuivre (sulfate de) 131*

D

Daim clair 78
Dallage
ardoises 37
Daube 69
Décapage
boiseries **24***
cuivre 131
fer peint 56
marbre blanc **36***
meuble en fer 57
Décoration
escalier 23
meubles et objets peints **110-112**
murs **10-19**
outils anciens 91
parquet 22
voir aussi Meubles peints, Noël, Objets peints, Pâques, Réceptions
Dégrippage de porte 27
Déjaunissement
laine, soie 72*
nylon 75
tableau 141
Dentelles (entretien) 76
Désodorisants 47*
Détachage
argenterie 130
couette 65
cuir 60
drap 69
livre 142
marbre 36, 58
matelas 67
meuble ciré 53
moquette 42
parquet 21
soie 74
synthétiques 75
tapis 38
terre cuite 29
textiles synthétiques 75
tissu 19, 61, 63, 72
verre 138
voir aussi Taches
Détartrage, *voir* Tartre
Double vitrage 27*
Doublure 65
Douche
pomme de douche 95
rideau de douche 94
Draps 67, **69,** 127

E

Eau (de mer) 134
Éclairage d'un escalier 23*
Édredons 64
Émail à froid 31*
Émail terne 92
Embrasses 126, 127
Empesage 76
Encaustique, *voir* Cire
Encens 46
Encre
invisible 108
tache 38, 72, 143
traces 63
Enduits 12-14
Entretien
appareils ménagers 84-85
argenterie **130**
bijoux **134**
bronze **132**
cadres **140-141**
cuivre et laiton **131**
fer forgé **56-57**
laque 54
literie **64-69**
livres et reliures **142-143**
matériel d'entretien **89**
métal **56-57**
meubles **52-63**
salle de bains **92-95**
textiles **72-77**
ustensiles de cuisine **86-88**
vaisselle **135-137**
verre et cristal **138-139**
voir aussi Lavage
Enveloppes 108
Épices
boîtes à épices 83, 106
odeur de renfermé 46*
pot-pourri 100
voir aussi au nom des épices
Épingles
à chapeau *134*
houseaux 61*
pique-épingles 124
Éponge
entretien 89
odeurs 46
Escabeau
bibliothèque 142
présentoir *98*
Escaliers 23
Escargots 147
Essence de térébenthine
corail 134
cuir 60
meuble ciré 53, 54
peinture 11
reliures en cuir 143*
tableau 141
tommettes 28
Essence minérale 61, 130
Essences de plante, *voir* Huiles essentielles *et au nom des plantes*
Étain (entretien de l') **133**
Étain (bisulfure d') 132
Éteignoirs 113
Eucalyptus
feuilles 47
huile essentielle 44, 46
pot-pourri 100

F

Faïence 30-31, 135-137
Fauteuil 61, **61***, 63
Faux bronze 132
Faux marbre 10*
Fêlure
pierre 34
vaisselle 135
Fenêtres 26-27
givre 49
rideaux 126
tissu mural 18
vitres décorées *147,* 148
Fer
fer-blanc 113
forgé **56-57**
nettoyage 56
peint 56
voir aussi Sulfate de fer
Fer à repasser rouillé 84
Ferrures 56
Fête
couronne de bienvenue 107*
escalier 23
maison **144-151**
photophores 113
rideaux 127
Feu de bois 47, **118-121**
Feuilles
décoration 107
Feutre
broderie 123
chapeau 78
tache 38
Feutrine
antiglisse 23
trousse 130
Ficelle (embrasses) 126
Fil de nylon 128
Fils à broder 125
Fleurs
bouquets **102-105**
boutons 104
conservation 104*
glaçons fleuris 146
Pâques 150
réceptions 144
rideaux 127
séchées **106-107**
tiger des fleurs 106
voyage 102
Foin 133
Forçage hivernal 104
Forsythia 102, 104
Fougère (allume-feu) 121
Four (nettoyage du) 85
Fourmis 45
Frises 16, 16*, 17
Friteuse 88
Fromages (garde-manger) 44
Fruits
confits 146
protection 44
taches 34, 75
Fruits rouges ou **petits fruits** (décoration) 146
Fruits de mer 146

G

Galet 146
Galon mural 18
Gants
pour l'argent 130
souples 78
Garde-manger 44
Gargoulette 49
Gel de silice 106
Géranium 100
feuilles 45
Girofle (clou de)
antimites 99*
liqueur 44
mouches 44
odeur de renfermé 46*
pomme d'ambre 98*
pot-pourri 100
Girofle (essence de)
insectes 44
odeur de moisi 46
Givre 49

Glace, *voir* Miroir
Glace (seau à) 146
Glaçons fleuris 146
Glycérine
bas, collants 75
chiffon 89
cuir 60
miroir 48
Gomme-laque 21, 24
Graisse
tache 38, 42, 54, 63, 75, 143
Gravure sur verre 139*
Grès 30-31
Grille-pain 88*
Grincement
marches 23
porte et fenêtre 27
Gris Trianon 11*
Gros blanc 140*
Gui (couronne de) 148
Guirlandes 149

H

Henné
voilages colorés 126
Herbes aromatiques 47
Hortensia 102, 107*
Housses
antiacariens 66*
à vêtements 80
draps 50-51, 69
sièges *63*
Houx
feuilles de houx 148
Huile d'amandes douces 78
Huile de jade 87
Huile de lin
entretien du bois 53
faux bronze 132
mastic 27
parquet 22
rotin 59
tableau 141
tommettes 28
Huile de teck 59
Huile de vaseline
argent 130
cuir 60
Huile de vidange
ferrures 56
outils anciens 91
Huile d'olive (corail) 134
Huiles essentielles
bougie 115
draps parfumés 69
feu odorant 120
insectes 45, 46
mauvaises odeurs 44
papier parfumé 108
parfum d'hiver 99
pot-pourri 101
Humidité 48, 139
Hyposulfite de soude 131*

I

Imperméabilisation
marbre *58*
terre émaillée 135
tommettes 28*
vêtements **77***
Infusion 144
Insectes (maison) **44-45**
Invitation (cartes) 144
Iris (huile essentielle) 46
Iris (poudre de racine)
antimites 99*
pomme d'ambre 98*
pot-pourri 100, 100*
Ivoire 134

J-K

Jade (huile de) 87
Jardin (sièges) 63
Joints
carrelage 30, 31
pierre 34, **34***
Jupe
plissée 76
rangement 79
Jus de citron, *voir* Citron
Jute 40, *125*

L

Laine
défrisage 71
déjaunissement 72*
feutrée 74
ravivage de la laine 74
tricot 71
Lait
argenterie 130
chaussures de bébé 78
mauvaises odeurs 46
or 134
peinture au lait 112
sol d'ardoise 37
taches 69
terre émaillée 135
vaisselle fêlée 135
Lait de chaux teinté *12*
Lait de toilette
chaussures de bébé 78
cuir 60
Laiton (entretien du) **131**
Lambris 24
Lamé (vêtement en) 77
Laque (entretien) 54
Lard 43, 151
Lasure 22, 24
Laurier
feu odorant 120
mauvaises odeurs 47
pot-pourri 100
Lavabo bouché 95
Lavage
broderie 125
coton 72
couette 65
soie 74
Lavande (essence de)
mauvaises odeurs 46, 47
Lavande
aspirateur 84
couronne de bienvenue 107*
feu odorant 120
parfum d'ambiance 98
pot-pourri 100
Lavandin 65
Légumes (décoration) 146
Lessive 85
Lierre 144, 149
Lilas 102
Lin
repassage 72
vêtements 74*
Lit
ciel de lit *66*
linge de lit **68-69**
rangement 82
tête de lit 26
Literie (entretien) **64-69**
Litière 47*
Livres (entretien) **142-143**
Loir 43

M

Magnésie 61
Mains 78
Maïs (fécule de), *voir* Maïzena
Maïzena
draps 69
meubles 52
Manche d'outil 90
Mandarine
lanterne 115
pelures 99
Marbre
faux marbre **10***
meubles **58**
sols **36**
Marc de café, *voir* Café (marc de)
Marche 23
Marouflage 16
Marque-place 146, 148
Marqueur 21
Mastic 27, **27***
Matelas 67
Matériel
de bricolage 90
d'entretien **89**
Mèche de coton 128
Mélèze 121*
Mélisse (pot-pourri) 100
Menthe
insectes 44
literie 65
pot-pourri 100
souris 43
Métal
argenté 130
entretien **56-57**
Meubles
entretien **52-63**
peints **110-113**
traces de pieds 42
Millepertuis
fruits 105*
Miroir
buée 48
décoré *148*
miroir-message 148
Mites 44, 45, 48
Mixeur 109*
Mobile parfumé 150
Moisi (odeur de) 46
Moisissure 30, 48, 69, 142
Molleton
rembourrage 128
tissu mural 18
Monogramme (récupération d'un) 127
Moquette 42
Mosaïque 32-33
Mouches 44, 46, 140
Mouchettes 113
Moulures 15, 26
Mousse
de chêne 99*
de fleuriste ou Oasis 105, 149, 151
des bois 144, 150
Moutarde (mauvaises odeurs) 46
Mur (décoration)
dans la maison **10-19**
Musc 100
Muscade 100, 100*

N

Napperon en papier 115, 146, *147*
Narcisse 104
Neige (tapis) 38
Néroli (huile essentielle, pot-pourri) 100
Noël
couronne de bienvenue **107***
décorations **147-149**
Noyer (feuilles de)
puces 45
Nuancier 123
Nylon
déjaunissement 75
fil de nylon 128

O

Objets anciens 130-143
Objets peints 110-113
Odeurs (mauvaises) **46- 47**
désodorisants 47*
peinture 47*
réfrigérateur 84
renfermé **46***
tabac 47
vaisselle 88
voir aussi Transpiration
Œillet de poète 105*
Œufs
argenterie 130
marbrés **150***
Pâques **150-151**
Œufs (blancs d')
bois doré 54
cadre doré 140
Œufs (coquilles d') 138
Œufs (jaunes d') tache d'encre 72
Oignon
mouches 44
rouille 56
Oignon (jus d') 140
Oignon (pelures d')
coloration 150, 150*
Olive, *voir* Huile d'olive
Opales 134*
Or 134
Orange
bougeoirs 144
parfum d'ambiance 99
pomme d'ambre 98*
Oranger (feuilles d') 100
Oranger (fleur d')
voir Néroli
Oreille-de-mouton 107*
Oreiller 64, 65
Origan 107*
Oseille
cuivre 131
Osier (entretien) **59**
Ourlets (colle à) 71*
Outils anciens 91
Oxydation 133

P-Q

Paille
balai de paille 89
chaises **59**
Paillettes 77
Pantalon 80
Papier 108-109
abat-jour 116
absorbant 16
cadeau 147
calque 108
cuivre et laiton 131
d'Arménie 46, 98
entretien du fer 56
mâché 108*, 109*
parfumé 108
patine du métal 57*
peint **16-17**
recyclé **109***
verre 139
voir aussi Napperon en papier
Pâques 150-151
Paquets cadeaux 147, 149
Paraffine
scie 91
tiroirs 82
Paravent 106
Pare-feu 121, 121*
Parfums
ambiance **98-99,** 120
aspirateur parfumé 84
draps parfumés 69
papier parfumé 108
Parquet 20-22
Pastilles du sérail 98
Patchouli 44, 100
Pâte à bois 22*, 52*
Pâte à sel 148*
Pâte de verre 32, 33, 33*
Pâte nettoyante 131
Patine
cadre 140
cuivre **131***
ferrures 56
ivoire 134
meubles 112
murs 11
Pavot 104
Peau
argent 134
colles à prise rapide 137
Peau de chamois 89
Peigne 134

Peinture 10-11
acrylique 40, 112*, 140
à l'éponge 110
anticafards 45*
antirouille 57*
au chiffon 11
au lait 112
baignoire 92
émail 31
glycérophtalique 22, 26
meuble en fer 56
meubles et objets peints **110-113**
moulures 15
odeur 47*
parquet 22
portes et fenêtres 26
pots 91
voir aussi Tableaux
Pelote d'épingles 124
Peluches 74
Penderie 79
Perles
collier 134
Peste de l'étain 133*
Pétrole
coco 40*
émail terne 92
étain 133
mites 44
rouille 56, 84
Photophore
escalier 23
improvisé 113
Pierre
entretien **34-35**
Pierres précieuses 134
Pigments 10, 10*, 12*, 34
Pin (bouquets) 105
Pinceaux
choix 110
entretien 91
rangement 91
traces de pinceau 11
Pique-fleurs 105
Pivoine 104, 105*, 107*
Placard (porte de) 26
Plantation
Plantes sanitaires 94
Plateau de marbre 58*
Plateaux de cuisine 83
Plâtre 12*
Plinthes 16
Plumes 64
Pochoir
bougies 115
carreaux 31
lampe 116
meuble 112
parquet 22
Poêle 120, *121*
Poignée
de porte 26
de tiroir *54*
Poils d'animaux 40
Point de croix 123
Poivre (souris) 43
Poivrons 105
Pomander 98*
Pomme d'ambre 98*
Pomme de pin 119
Pomme de terre
carafe 138
semelles 78
Pomme de terre (carrelage) 30
Pommier (branches) 104
Porcelaine 135-137
rangement 135
Porte-couverts *144*
Porte-parapluie 89
Portes 26-27
décoration 144
tissu mural 18
Porte-savon 94
Porte-serviettes 92
Pot de peinture 91
Pots-pourris 100-101
Poudre d'iris, *voir* Iris (poudre de racine)
Poussière
abat-jour 117
fleurs séchées 107
livres 142
moulures 15
velours 63
Poutres 24-25
Prêle du Japon 105*
Présentoir à lettres 110*
Protège-matelas 67
Prunus (branches) 104
Puces 44, 45
Pyrèthre 44*

Quatre-épices 98*

R

Raccommodage 71
Radiateurs
efficacité accrue 49
parfum d'ambiance 99
tissu mural 18
Rampe d'escalier 23
Rangement 79, 83
bougies 113
boutons 70
draps 69
fils à broder 125
literie 65
matériel de bricolage 90
matériel d'entretien 89
Raphia (embrasses) 126
Rats 43
Rayure
sur le cristal 139
sur meuble verni 54
Réceptions 144-146
voir aussi Fêtes
Réfrigérateur 84
Reliures 142-143
Repassage *73*
coton 72
délicat 76
draps 69
éviter le repassage 126
laine 74
lin 72
velours 77
Repose-pieds *63*
Reprisage 71*
Restauration
cadre doré **140***
couverture de livre **142***
cuir craquelé 60
meuble **52***
plateau de marbre **58***
Rhubarbe
casserole 88
taches 69
Rideaux 126-127
accessoires 127*
courants d'air *48*
douche 94
fête 127
salle de bains *94*
Riz (eau de)
amidonnage 126
Robinet
fuite 95
thermostatique 95*
Robinetterie 95
Romarin
mauvaises odeurs) 47
mites 45
Rond de serviette 146
Rongeurs 43
Rosace 26
Rose
bouquets 102, 104, 105*
bouton 106
couronne de bienvenue 107*
pot-pourri 100
suspension 149
Rotin 59
Rouge à lèvres (tache) 21
Rouille
ciseaux 71
fer à repasser 84
métal 56
outils 90
tache 34, 56, 69
vis 90
Roulette à raccords 16
Rubans 126, 127*

S

Sable
gommage au sable 133
séchage des fleurs 106
Sachet
antimites 99*
senteurs 99
Salle de bains 92-95, 144
Salpêtre 29
Sang (taches) 67
Sanitaires 92-95
Santal
bois 100
essence 44, 46
Sapin
bouquets 105
de Noël 148, 149*
Satin 77
Sauce (tache) 29
Sauge
odeur de friture 47
rouge 107*
Scie
entretien 91
rangement 91
Sciure 22*, 33, 134
Seau à glace 146
Séchage
linge 69, 74
plantes 106, 107*
Sel 101*
bougie 113*
col 72
draps 69
feu 119
fleur en bouton 104
humidité 48
marbre 36
paille 59
pot-pourri humide 100*
vert-de-gris 132
Sel marin
balai de paille 89
perles 134
Semelles 78
Serpillière 89*
Serrure (plaque de) 26
Serviettes de table 146
Shampooing pour parquets 22
Sièges de jardin 63
Silicate de soude 49
Sisal 40-41
Soda 21, 29
Sofa 61
Soie
ancienne 61
déjaunissement 72*
détachage, lavage 74
Sol
ardoise **37**
grès, faïence **30**
marbre **36**
moquette **42**
parquet **20**
pierre *35*
sisal, jute, coco **40**
terre cuite **28**
Soleil
cuivre 131
vitres 49
Soliflore 104
Sommiers 67
Soude (cristaux de)
bronze 133
cuivre 131, 132
faïence 35
verre 138
voir aussi Bicarbonate
Soufre (insectes) 44*, 45
Sous-vêtements 81
Sterculie 107*
Stucco 12*
Stylo (tache de) 21, 38, 60, 63
Sulfate de chaux 44*
Sulfate de cuivre 131*
Synthétiques (textiles) 75

T-U

Tabac (odeur) 47, 47*
Table pour réceptions 144, *145, 146, 149*
bougies 113*
centre de table 105, 150
Tableaux 140-141
Taches
alimentaires 42
d'apéritif 21
d'eau 53, 60
de bière 63
de bougie 58, 61
de café 21, 29, 34, 65, 75
de calcaire 138
de chocolat 65
de feutre 38
de fruits 34, 75
de gras 38, 42, 54, 63, 75, 143
de marqueur 21
de moisissure 69, 142
d'encre 38, 72, 143
de rouge à lèvres 21
de rouille 34, 56, 69
de sang 67
de sauce tomate 29
de soda 21, 29
de stylo 60
de stylo-bille 21, 38
de thé 21, 29, 34
de vin 21, 29, 34, 53, 63
de vomi 42
d'oxyde 133
d'urine 38, 42, 67
voir aussi Détachage, Traces
Talc
chaussures *78*
tache grasse 19, 21, 63
Taloche 14
Tambour à broder 124
Tapis
entretien **38-39,** 40
escalier 23
humidité 48
mites 44
Tapisserie (cabas) **124***
Tartre 29, **30***, 88, 92, 95
Tasses 83
Teinture
dentelles 76
textiles synthétiques 75
Tenture *125*
Térébenthine, *voir* Essence de térébenthine
Terre, *voir* Sol
Terre cuite 28-29, 135-137
émaillée 135
gargoulette 49
Terre de Sienne 10*
Terre de Sommières 19, 21, 29, 38, 54, 63, 143
Tête de lit 26
Tête-de-loup 89
Textiles
naturels **72-74**
particuliers **76**
synthétiques **75**
voir aussi Tissus
Thé
coloration 150
dentelles 76
entretien des tapis 38
ivoire 134
tache 21, 29, 34
voilages 126
Thé (boule à) 110
Théière 87
Thibaude *42*
Thuya (mites) 45
Thym
feu odorant 120
mauvaises odeurs 47
Thym (essence) 47
Tilleul
dentelles 76
voilages 126

Tire-veille *23*
Tiroir
récalcitrant 82
secret 79
Tisane, *voir* Infusion
Tissu
ameublement **61-63**
boudin de tissu 48
contrecollé 19*
mural **18-19**
rideaux 126
tire-fil 123
voir aussi Textiles
Toile
à beurre 126
chaises de jardin 63
d'araignée 89
voir aussi Tableaux
Toilettes
eau bleue 94*
gel w.-c. maison 94
réceptions 144
Tomate
feuilles 45
Tommettes 28
carreau cassé **28***
imperméabilisation 28*
remplacement d'un carreau **29***
Torchons 126
Traces
d'eau sur cuir 60
de doigts 17, 19, 142
d'encre 63
de pinceau 11
de stylo-bille 63
de transpiration 74
jaunes 69
sur carrelage 29
sur dalles d'ardoise 37
sur le verre 138
voir aussi Taches
Transpiration 74
Tricot 70-71
Trousse en tissu
couverts 130
fils à broder 125
Tulipe 104

Urine (tache) 38, 42, 67
Ustensiles de cuisine 86-88

V-Z

Vaisselle
cassée 32
ébréchée 137
fêlée 135
imperméable 135
sans odeur 88
Vanille
huile essentielle 46
odeur de renfermé 46*
pot-pourri 100
Vase *102*
pour table de fête 105, 144, 150
soliflores 104
Vaseline (huile de), *voir* Huile de vaseline
Velours 63, 77
Vent coulis 48
Vermouth 131
Vernis
à huile 24
à l'eau 24
maison 21
rayure sur meuble 54
shampooing 22
tableau 141
vis 90
Verre 138-139
Verres à pied 83
Vers à bois 24
Vert-de-gris 132
Verveine (pot-pourri) 100
Vêtements
de longue durée **70-78**
mites 45
rangement 82
Vétiver 100
Vide-poches *79,* 82
Vin (taches) 21, 29, 34, 53, 63
Vinaigre
autocuiseur 87
blanchiment des draps 69*
carrelage 29, 30*
cocotte en fonte 88
coton 72
draps tachés 69
lessive 85
meubles 53
moquette 42
nylon 75
odeurs 88
patine sur cadre 140
pinceaux 91
réfrigérateur 84
rideau de douche 94
satin 77
sol d'ardoise 37
tartre 88, 95
toilettes 94
verre 138
vert-de-gris 132
Violette
bouquets 104
huile essentielle 46
Vis (fixation d'une) 90
Vitre
double vitrage 27*
fête 148
voir aussi Fenêtres
Voilage coloré 126
Volets intérieurs 26
Vomi (tache de) 42

Ylang-ylang 46

Crédits photographiques

h : haut, m : milieu, b : bas, g : gauche, d : droite, step : réalisation photographiée étape par étape, step final : réalisation terminée.

Couverture : première et quatrième de couverture (fond) : MADAME FIGARO/J. P. Godeaut ; quatrième de couverture haut, de gauche à droite : CARRÉ S.A., Paris/J. P. Verger ; INSIDE/J. MC Bride ; INSIDE/C. Sarramon. **Sommaire :** P. Ginet. Stylisme : C. Drin. MAP/F. Strauss. MARIE CLAIRE IDÉES/L. Rouvrais. Stylisme : C. Lancrenon ; E. Chauvin. Stylisme : P. Chombart de Lauwe ; M. Schwartz. Stylisme : C. Lancrenon. INSIDE/C. Panchout. **8-9 :** TOP/P. Chevallier. **10** hg : COLLINS AND BROWNS/G. Dann. *Traditional Paints and Finishes* ; hd : RUSTICA/N. Thibaut ; step : QUARTO PUBLISHING/J. Wyland. *Encyclopedia of Decorative Paints Effects.* **11** h : Ph. LOUZON. M. Joubert/Château de Gignac ; mg : COLLINS AND BROWNS/G.Dann. *Traditional Paints and Finishes* ; bd : MARIE CLAIRE IDÉES/G. de Chabaneix. Stylisme : C. de Chabaneix ; cadre : Ph. LOUZON. **12** hg : Ph. LOUZON. M. Joubert/Château de Gignac ; hd, cadre : COLLINS AND BROWNS/G. Dann. *Traditional Paints and Finishes* ; bg : S.R.D./O. Beuve-Mery. **13 :** Ambiance Quiétude provençale. PIERRE FREY. Paris. M. Gibert. **14** hd : COLLINS AND BROWNS/G. Dann. *Traditional Paints and Finishes* ; b : MARIE CLAIRE MAISON/R. Beaufre. Stylisme : L. Fasoli. **15** hg : G. Guérin ; hd : MANUEL CANOVAS/B. Clergue ; mg : A.P.S. Photothèque-Arcaid/J. Cockayne ; bg : INSIDE/I. Terestchenko ; cadre : G. GUÉRIN. **16** hd : MARIE CLAIRE MAISON/J. P. Verger. Stylisme : B. Jacquelin ; hg : LORENZ BOOK/ANNESS PUBLISHING/J. Freeman. *Diy and Decorating* ; bg : MARIE CLAIRE IDÉES/C. Fleurent. Stylisme : P. Chastres/C. Lancrenon ; bd : MARIE CLAIRE IDÉES/G. de Chabaneix. Stylisme : C. de Chabaneix ; bm : ELIZABETH WHITING & Associates. **17** cadre, encadré : Coll. Papiers Peints Mauny ; hd : LORENZ BOOK/ANNESS PUBLISHING/J. Freeman. *Diy and Decorating* ; b : MARIE CLAIRE IDÉES/L. Gaillard. Stylisme : D. Skawinski /M. Thiébaut-Morelle. **18** hd : TOP/P. Chevallier. Chez Manuel Canovas ; bg : TOP/R. Beaufre. Décorateur : J. L. Riccardi ; m : FLAMMARION/LA MAISON RUSTIQUE/F. Morellec. *Pose du tissu mural.* **19** hd : ELIZABETH WHITING & Associates ; encadré : TISSU SOULEIADO Toile de Jouy « L'Empereur » ; cadre : MADAME FIGARO/J. M. Palisse ; bd : FLAMMARION/LA MAISON RUSTIQUE /F. Morelle *Pose du tissu mural.* **20** hg : MARCUS ROBINSON ; step : Y. ROBIC. **21 :** MADAME FIGARO/J. M. Palisse ; encadré : INSIDE/I. Terestchenko ; cadre : ORIGINES Parquet brossé. « Bagatelle » ; b : Y. ROBIC. **22** hg : MARIE CLAIRE MAISON/S. Lancrenon. Stylisme : M. Bayle ; mg : MARIE CLAIRE IDÉES/G. de Chabaneix. Stylisme : C. de Chabaneix ; recette : PRODUITS D'ANTAN/P. Marty ; bd : MARIE CLAIRE IDÉES/P. Hussenot. Stylisme : P. Chastres/C. Lancrenon. **23** hg : MARIE CLAIRE IDÉES/L. Gaillard. Stylisme : P. Chastres/P. Chombart de Lauwe ; hd : ELIZABETH WHITING & Associates ; bd : G. GUÉRIN. **24** hg : MADAME FIGARO/J. Laiter ; md, bd : G. GUÉRIN. **25 :** MADAME FIGARO/J. P. Godeaut ; hg : TOP/P. Chevallier. **26** hg : MARIE CLAIRE IDÉES/B. Maltaverne. Stylisme : M. Faver ; mg : MARIE CLAIRE MAISON/G. de Chabaneix. Stylisme : M. F. Boyer ; hd : Y. ROBIC ; bd : MARIE CLAIRE MAISON/R. Beaufre. Stylisme : L. Fasoli. **27** hd : S.R.D./J. P. Delagarde ; bd : MARIE CLAIRE MAISON/M. P. Morel. Stylisme : D. Rosenstroch ; **28** hg : Y. ROBIC ; step : MARIE CLAIRE IDÉES/L. Rouvrais. Stylisme : M. Schneider. **29** m : MARIE CLAIRE MAISON/A. Bailhache. Stylisme : M. Guibert ; hd : MARIE CLAIRE IDÉES/L. Rouvrais. Stylisme : M. Schneider ; md : Y. ROBIC ; bd : CARRE S.A. Paris/J.P. Verger. **30** hg : 100 IDÉES/N. Garçon. Stylisme : N. Renaut ; bg : Y. ROBIC ; hd : MARIE CLAIRE MAISON/J. P Godeaut. Stylisme : C. O'Byrne. **31** hd : 100 IDÉES/N. Garçon. Stylisme : N. Renaut ; md : M. Duffas ; step MARIE CLAIRE IDÉES/L. Rouvrais. Stylisme : M. Schneider. **32** hg, cadre : MARIE CLAIRE IDÉES/P. Hussenot. Stylisme : P. Chastres/C. Lancrenon ; encadré : EXPLORER/F. Jalain. Maison Picassiette-Ville de Chartres ; hd, md : Y.ROBIC. **33 :** MARIE CLAIRE IDÉES/P. Hussenot. Stylisme : P. Chastres/C. Lancrenon. **34** hg : G. GUÉRIN. Maison La Bourdonnaye ; mg, step : Y. ROBIC ; hd : S.R.D./J. P. Delagarde. Stylisme : M. C. Petit. **35 :** MARIE CLAIRE MAISON/G. de Chabaneix. Stylisme : D. Rosenstroch. **36** hd, bg : Y. ROBIC ; hd : TOP/P. Hinous. Château de Gravenwesel. Belgique. A. Verwoordt Antiquaire. **37** hg, md : S.R.D./J. P. Delagarde. Stylisme : M. C. Petit ; b : MARIE CLAIRE MAISON/G. de Chabaneix. Stylisme : C. Ardouin ; encadré, cadre : SCOPE/J. Guillard, Ph. Blondel. **38** hg : JEAN DIDIER ARNOUX ; bg : TOP/R. Beaufre. Décoration : J. L. Riccardi ; hd : MARIE CLAIRE MAISON/L. Gaillard. Stylisme : C. Puech ; md : S.R.D./O. Beuve-Mery. **39** h : STUDIO X/Vrïttgens Hüssmann ; b : S.R.D./J. P. Delagarde. Stylisme : M. C. Petit. **40** hg, hd, bd : INSIDE/J. Darblay, J. F. Jaussaud. Arch. Mellerio. Paris. Décoration : S. Houlis. Décoration : Inès de La Fressange ; m : S.R.D./O. Beuve-Mery. **41 :** TOP/P. Chevallier. Décoration : M. Sauboua. **42** hd : TOP/ R. Beaufre ; bg : STUDIO X-Brigitte/Nüttgens. Jacobi ; hd, bd : S.R.D./O. Beuve-Mery. **43** hg, hd, b : BIOS/Franco/Bonnard, C. Ruoso, Ph. Garguil ; mg : PHOTOTHÈQUE CULINAIRE/Rosenfeld ; md : MADAME FIGARO/J. Laiter. **44** mg : MARIE CLAIRE IDÉES/G. de Chabaneix. Stylisme : C. de Chabaneix ; hd : JACANA/E. Froissard. **45** m : MARIE CLAIRE MAISON/M. P. Morel. Stylisme : C. Puech ; cadre : R.M.N./Chuzeville ; m : RUSTICA/J. Creuse ; b : BIOS/J. J. Étienne. **46** hg : S.R.D./ J. P. Delagarde. Stylisme : M. C. Petit ; b : TOP/Ch. Fleurent ; DIAF/M. Rosenfeld ; PHOTOTHÈQUE CULINAIRE/J. J. Magis. **47** mg : MAP/A. Descat ; MARIE CLAIRE MAISON/A. Bailhache. Stylisme : C. Ardouin. **48** bg : MARIE CLAIRE IDÉES/M. Schwartz. Stylisme : C. Lancrenon ; d : MARIE CLAIRE MAISON/N. Tosi. Stylisme : J. Borgeaud. **49** hd : MARIE CLAIRE IDÉES/S. Lancrenon. Stylisme : C. Lancrenon/P. Chombart de Lauwe. bd : RUSTICA/C. Hochet ; **50-51 :** MARIE CLAIRE IDÉES/G. de Chabaneix. Stylisme : C. de Chabaneix. **52** hg : DAGLI ORTI ; step : MARIE CLAIRE IDÉES/L. Rouvrais. Stylisme : M. Schneider ; d : INSIDE/J. Darblay. **53** encadré : EDIMEDIA/Coll. particulière ; cadre : TOP/P. Putelat ; m : S.R.D./J. P. Delagarde. Stylisme : M. C. Petit ; b : MADAME FIGARO/J. M. Palisse. **54** hg : S.R.D./J. P. Delagarde. Stylisme : M. C. Petit ; bg : MARIE CLAIRE IDÉES/M. Schwartz. Stylisme : P. Chombart de Lauwe ; hd : TOP/P. Chevallier. Stylisme : S. Nègre ; bd : S.R.D./J. P. Germain. **55** : TOP/R. Beaufre. Décoration : W. Foucault ; hg : HOA QUI/C. Valentin ; hd, b : FOUINEUSE/Leroy. Stylisme : C. Ardouin. **56** hg : D. GADOUIN ; bg : MARIE CLAIRE IDÉES/P. Hussenot. Stylisme : P. Chastres/C. Lancrenon ; hd : MARIE CLAIRE MAISON/M. P. Morel. Stylisme : G. Le Signe ; bd : MARIE CLAIRE IDÉES/L. Rouvrais. Stylisme : M. Schneider. **57** bd : MARIE CLAIRE IDÉES/L. Rouvrais. Stylisme : M. Schneider ; encadré : EDIMEDIA/Bar d'appartement. Arts Déco XXe siècle de J. Dunand et J. Lambert-Rucki. A.D.A.G.P. Paris. 1997 ; cadre : D. GADOUIN. **58** h : MARIE CLAIRE IDÉES/P. Hussenot. Stylisme : P. Chastres/C. Lancrenon ; mg : MARIE CLAIRE MAISON/S. Lancrenon. Stylisme : M. Bayle ; md, step : MARIE CLAIRE IDÉES/L. Rouvrais. Stylisme : M. Schneider. **59** hg, bd : INSIDE/I. Terestchenko, G. Bouchet ; md : MARIE CLAIRE IDÉES/L. Rouvrais. Stylisme : M. Schneider. **60** hg, bd : S.R.D./J. P. Delagarde. Stylisme : M. C. Petit ; bg : INSIDE/W. Waldron ; hd : MARIE CLAIRE MAISON/P. Rozes. Stylisme : M. Hirsh. **61** hg : MARIE CLAIRE IDÉES/L. Rouvrais. Stylisme : C. Lancrenon ; hd : INSIDE/J. Caillaut ; step : MARIE CLAIRE IDÉES/L. Rouvrais. Stylisme : M. Schneider. **62 :** MARIE CLAIRE MAISON/C. Dugied. Stylisme : J. Postic ; bg : MARIE CLAIRE IDÉES/P. Hussenot. Stylisme : P. Chastres/C. Lancrenon ; bd : MARIE CLAIRE MAISON/N. Hoeffe. Stylisme : M. Bayle. **63** mg : MARIE CLAIRE IDÉES/L. Gaillard. Stylisme : P. Chastres/C. Lancrenon ; bg : MADAME FIGARO/J. M. Palisse ; hd : MARIE CLAIRE IDÉES/G. de Chabaneix. Stylisme : C. de Chabaneix. **64** hg, hd : INSIDE/J. Darblay, I. Terestchenko; bg : S.R.D./J. P. Delagarde. Stylisme : M. C. Petit ; bd : MARIE CLAIRE MAISON/S. Lancrenon. Stylisme : M. Bayle. **65** hd : INSIDE/G. Bouchet ; encadré : RUSTICA ; cadre : MARIE CLAIRE MAISON/L. de Champris. Stylisme : J. Postic. **66** g : MADAME FIGARO/J. M. Palisse ; hd : J. PANSU ; bd : S.R.D./J. P. Delagarde. Stylisme : M. C. Petit. **67** bd : MARIE CLAIRE IDÉES/C. Dugied. Stylisme : P. Chombart de Lauwe. **68 :** MARIE CLAIRE IDÉES/P. Hussenot. Stylisme : C. de Chabaneix ; hg , hd : INSIDE/C. Sarramon, I. Terestchenko. **69** hg : MARIE CLAIRE IDÉES/C. Dugied. Stylisme : M. P. Faure ; md : INSIDE/F. Lemarchand. **70** hg : MADAME FIGARO/J. M. Palisse ; hd : ANA/R. Nourry ; b : MARIE CLAIRE IDÉES/P. Hussenot. Stylisme : P. Chastres/C. Lancrenon. **71** mg, step : MARIE CLAIRE IDÉES/S. Lancrenon. Stylisme : P. Chombart de Lauwe ; m : ANA/R. Nourry ; hd : MARIE CLAIRE IDÉES/M. Schwartz. Stylisme : C. Lancrenon. **72** h : INSIDE/J. Darblay ; b : LORENZ BOOK/ANNESS PUBLISHING/N. Hargreaves. *Le Livre pratique de la maison*. **73** : MARIE CLAIRE MAISON/M. P. Morel. Stylisme : C. Puech ; hg : MARIE CLAIRE IDÉES/Y. Duronsoy. Stylisme : F. Lapeyre/S. Rey ; bg : MARIE CLAIRE IDÉES/S. Lancrenon. Stylisme : C. Lancrenon/P. Chombart de Lauwe. **74** hg : LORENZ BOOK/ANNESS PUBLISHING/K. Jackson. *Le Livre pratique de la maison* ; hd : MARIE CLAIRE IDÉES/L. Rouvrais. Stylisme : M. Schneider ; b : MARIE CLAIRE IDÉES/C. Dugied. Stylisme : M. P. Faure. **75** h : 100 IDÉES/S.O. Deaut ; m, b : ANA/A. Stragesko, R. Nourry. **76** hg : MUSÉE DE LA MODE ET DU TEXTILE/Coll. UFAC ; encadré : EXPLORER ARCHIVES/D. Clément ; cadre : ANA/N. Rakhmanov ; d : MUSÉE PROVENÇAL DU COSTUME ET DU BIJOU/ B. Touillon. FRAGONARD. GRASSE. **77** mg : ANA/R. Nourry ; hd : INSIDE/S. Dos Santos ; bd : MARIE CLAIRE IDÉES/L. Rouvrais. Stylisme : M. Schneider. **78** hd : MARIE CLAIRE IDÉES/E. Matheron-Balay. Stylisme : F. Lapeyre/S. Rey ; encadré : MUSÉE DE LA MODE ET DU TEXTILE/Coll. UFAC ; cadre : MARIE CLAIRE/C. Moser ; hd : MARIE CLAIRE IDÉES/L. Rouvrais. Stylisme : M. Schneider ; bd : MADAME FIGARO/J. M. Palisse. **79** hg : MARIE CLAIRE IDÉES/E. Chauvin. Stylisme : C. Lancrenon/P. Chombart de Lauwe ; bg, hd : MARIE CLAIRE MAISON/J. P. Morel. Stylisme : J. Postic ; bd : 100 IDÉES/A. Mc Lean. Stylisme : M. Faver. **80** h : MARIE CLAIRE IDÉES/T. Le Chevillier. Stylisme : P. Chombart de Lauwe ; mg : DIAF/J. D. Sudres ; d : MARIE CLAIRE MAISON/C. Dugied. Stylisme : C. Ardouin ; b : MARIE CLAIRE IDÉES/S. Becquet. Stylisme : M. P. Faure. **81** hd : MARIE CLAIRE IDÉES/G. de Chabaneix. Stylisme : C. de Chabaneix ; **82** hg : MARIE CLAIRE IDÉES/P. Hussenot. Stylisme : P. Chastres/C. Lancrenon ; step : ELIZABETH WHITING & Associates. **83** h : INSIDE/C. Sarramon ; bg : MARIE CLAIRE IDÉES/E. Chauvin. Stylisme : C. Lancrenon/P. Chombart de Lauwe ; hd : MODES ET TRAVAUX/J. Lemoine ; bd : MARIE CLAIRE MAISON/E. Morin. Stylisme : M. F. Boye. **84** h : J. L. CHARMET ; bg : MARIE CLAIRE IDÉES/P. Hussenot. Stylisme : C. Lancrenon/P. Chombart de Lauwe ; m : RUSTICA ; hd : MARIE CLAIRE IDÉES/P. Hussenot. Stylisme : P. Chastres/C. Lancrenon ; encadré : Coll. Kharbine-Tapabor ; cadre : OPTION PHOTO/A. Portejoie. **85 :** INSIDE/N. Borisovna. **86 :** INSIDE/J. Caillaut. **87** hg : INSIDE/S. Mc Bride ; hd : S.R.D./J. P. Delagarde. Stylisme : M.C. Petit ; encadré : D. GADOUIN ; cadre : MODES ET TRAVAUX/P. Hussenot. **88** bg : MARIE CLAIRE MAISON/F. Brussat. Stylisme : Tine/Forestier ; hd : PREMIERE PAGE/J. P. Paireault. *Les Cuisines de nos grands mères* ; bd : D. GADOUIN. **89** hg : MADAME FIGARO/J. Laiter ; bg, hd : MARIE CLAIRE IDÉES/M. Schwartz. Stylisme : C. Lancrenon. **90** h : JERRICAN/Limier ; b : MARIE CLAIRE IDÉES/L. Gaillard. Stylisme : P. Chastres/C. Lancrenon. **91** hd : MARIE CLAIRE IDÉES/L. Gaillard. Stylisme : P. Chastres/C. Lancrenon ; m, b : S.R.D./J. P. Delagarde. Stylisme : M. C. Petit. **92** hg : MARIE CLAIRE MAISON/G. de Chabaneix. Stylisme : D. Rosenstroch ; mg, b : MADAME FIGARO/J. M. Palisse, P. Chevallier ; md : MARIE CLAIRE IDÉES/M. Schwartz. Stylisme : M. Morelle Thiébaut. **93 :** MARIE CLAIRE MAISON/N. Tosi. Stylisme : J. Borgeaud ; d : MARIE CLAIRE IDÉES/G. de Chabaneix. Stylisme : C. de Chabaneix. **94** hg : MARIE CLAIRE IDÉES/E. Hauguel. Stylisme : M. Paillard ; hd : MARIE CLAIRE IDÉES/C. Dugied. Stylisme : P. Chombart de Lauwe ; b : MARIE CLAIRE IDÉES/G. de Chabaneix. Stylisme : C. de Chabaneix. **95** hg : MARIE CLAIRE IDÉES/Yoichiro Sato. Stylisme : M. Paillard ; hd : LORENZ BOOK ANNESS PUBLISHING/N. Hargreaves. *Le Livre pratique de la maison* ; b : S.R.D./J. P. Delagarde. **96-97 :** VISA/P. Van Robaeys. Chez Annie Kuentzmann. **98** hg, hd : INSIDE/J. Darblay ; mg : MADAME FIGARO/G. de Chabaneix ; step : BIOS/J. Frebet. **99** g : MARIE CLAIRE IDÉE/G. de Chabaneix. Stylisme : C. de Chabaneix ; d, cadre : BIOS/B. Marielle, J. Frebet. **100** hg : MARIE CLAIRE IDÉES/J. Giaume. Stylisme : P. Chastres/C. Lancrenon ; mg : INSIDE/S. Mc Bride ; bg : BIOS/J. Frebet ; hd, bd : EDIMEDIA. **101** hg MARIE CLAIRE IDÉES/G. de Laubier. Stylisme : R. Paillard/S. Pigache ; md : COLLINS AND BROWN/M. Newton/R. Smith. *Flower Craft* ; bg , cadre : BIOS/J. Frebet, C. Ruoso. **102** hg : INSIDE/I. Terestchenko « Garden Room » de Tim Mawson ; bg : MADAME FIGARO MAISON/I. Terestchenko ; encadré : Bibliothèque municipale de Rouen/D. Tragin/C. Lancien ; cadre : BIOS/J. Frebet ; bd : COLLINS AND BROWN/M. Newton/R. Smith. *Flower Craft*. **103 :** MADAME FIGARO MAISON/I. Terestchenko ; bg : MODES ET TRAVAUX/B. Maltaverne. **104** hg : MAP/F. Strauss ; m : MARIE CLAIRE IDÉES/G. de Chabaneix. Stylisme : C. de Chabaneix/M. C. Bastit ; b : MARIE CLAIRE IDÉES/E. Chauvin. Stylisme : P. Chombart de Lauwe. **105** hg : MARIE CLAIRE MAISON/B. Maltaverne ; bg : INSIDE/Y. Duronsoy ; step : RUSTICA/C. Hochet-M. Gautier. **106** h : MARIE CLAIRE IDÉES/J. Giaume. Stylisme : P. Chastres/C. Lancrenon ; g : MARIE CLAIRE IDÉES/G. de Chabaneix. Stylisme : C. de Chabaneix/M. C. Bastit ; d : MARIE CLAIRE IDÉES/P. Hussenot. Stylisme : P. Chastres/C. Lancrenon. **107** step : COLLINS AND BROWN/M. Newton *Dried Flowers Arranger's Year.* **108** g : MARIE CLAIRE IDÉES/E. Chauvin. Stylisme : P. Chombart de Lauwe ; hd : HARPER AND COLLINS/J. Bouchier *Papercraft* by Amélia Saint-Georges ; encadré : TOP/A. Chadfau ; cadre : S.R.D./O. Beuve-Mery. **109** h : HARPER AND COLLINS/J. Bouchier *Papercraft* by Amélia Saint-Georges ; step : MARIE CLAIRE IDÉES/L. Rouvrais. Stylisme : Ch. Coatalem. **110** hg : MARIE CLAIRE IDÉES/G. de Chabaneix. Stylisme : C. de Chabaneix ; step : CARROLL AND BROWN/D. Murray *Finishing Touches with Paint and Paper* ; d : INSIDE/G. Bouchet. Château de La Motte-Tilly. **111 :** MARIE CLAIRE IDÉES/C. Fleurent. Stylisme : P. Chastres. **112** hg : INSIDE/G. Bouchet ; bg, md, hd : MARIE CLAIRE IDÉES/C. Fleurent. Stylisme : P. Médina, P. Chastres. **113** hg, bg, md, hd : LORENZ BOOK ANNESS PUBLISHING/D. Patterson. *The New Candle Book* ; bd : R. PANIER. **114 :** LORENZ BOOK ANNESS PUBLISHING/D. Patterson. *The New Candle Book* ; hd, bd : MARIE CLAIRE MAISON/M. P. Morel. Stylisme : D. Rozensztroch. **115** hg, hd, LORENZ BOOK ANNESS PUBLISHING/D. Patterson. *The New Candle Book* ; step : MARIE CLAIRE IDÉES/E. Chauvin. Stylisme : C. Lancrenon/C. Rion. **116** h : MARIE CLAIRE IDÉES/P. Hussenot. Stylisme : P. Chastres/C. Lancrenon ; bg : MADAME FIGARO/J. M. Palisse ; d : MARIE CLAIRE IDÉES/G. de Chabaneix. Stylisme : C. de Chabaneix/M. C. Bastit. **117** h, step : MARIE CLAIRE IDÉES/P. Hussenot. Stylisme : P. Chastres/C. Lancrenon. **118 :** MARIE CLAIRE MAISON/J. P. Godeaut. Stylisme : V. de Ganay ; **119** mg : BIOS/M. P. Samel ; hd : INSIDE/J. P. Godeaut. Stylisme : C. O'Byrne ; m : MARIE CLAIRE IDÉES/Th. Lechevillier. Stylisme : P. Chombart de Lauwe ; cadre : J. PANIER ; b : INSIDE/G. Bouchet. **120** hg : MARIE CLAIRE MAISON/G. de Chabaneix. Stylisme : D. Rozensztroch ; bg : R. PANIER ; bd : MARIE CLAIRE IDÉES/Th. Lechevillier. Stylisme : P. Chombart de Lauwe ; hd : PREMIERE PAGE/J. P. Paireault. *Les Cuisines de nos grands mères.* **121** bd : INSIDE/J. Darblay ; m : MARIE CLAIRE IDÉES/Th. Lechevillier. Stylisme : P. Chombart de Lauwe ; bd : PREMIERE PAGE/J. P. Paireault. *Les Cuisines de nos grands-mères.* **122 :** MADAME FIGARO/J. M. Palisse ; hd : MARIE CLAIRE IDÉES/P. Hussenot. Stylisme : C. Lancrenon/P. Chastres ; md : MARIE CLAIRE IDÉES/P. Hussenot. Stylisme : C. Lancrenon/P. Chombart de Lauwe ; bd : 100 IDÉES/J. Laiter. Stylisme : N. Garçon. **123** hd : INSIDE/Y. Duronsoy ; bg : MARIE CLAIRE IDÉES/P. Hussenot. Stylisme : N. Delanger ; m : COLLINS AND BROWN/S. Atkinson-C. Streeter. *Book of Cross Stitch* ; hd : MADAME FIGARO/P. Chevallier ; md, encadré : MARIE CLAIRE IDÉES/E. Chauvin. Stylisme : P. Chastres/C. Lancrenon ; cadre : RUSTICA/C. Hochet. **124** mg : S.R.D./J. P. Delagarde. Stylisme : M. C. Petit ; h : MARIE CLAIRE IDÉES/E. Chauvin. Stylisme : P. Chastres/C. Lancrenon ; step : MARIE CLAIRE IDÉES/P. Hussenot. Stylisme : P. Chastres/C. Lancrenon. **125** h : MADAME FIGARO/P. Chevallier ; bg : CARROLL AND BROWN/J. Selmes. *Good House Keeping Step by Step Needlecraft* ;md : MARIE CLAIRE IDÉES/S. Becquet. Stylisme : C. Lancrenon. **126** hd : MARIE CLAIRE IDÉES/D. Czap. Stylisme : C. Lancrenon ; bg : MARIE CLAIRE IDÉES/G. de Chabaneix. Stylisme : C. de Chabaneix ; bd : MARIE CLAIRE IDÉES/E. Chauvin. Stylisme : P. Chombart de Lauwe. **127** g : MARIE CLAIRE MAISON/C. Dugied. Stylisme : J. Postic ; hd : MARIE CLAIRE IDÉES/L. Gaillard. Stylisme : P. Chastres/P. Chombart de Lauwe ; m, bd : MODES ET TRAVAUX/M. Schwartz, J. L. Scotto ; bg : MARIE CLAIRE IDÉES/E. Chauvin. Stylisme : P. Chombart de Lauwe. **128** hg : INSIDE/C. Panchout. Stylisme : C. de Barallon ; bg, m : S. Kergreïs/Éd. Carpentier. *Boutis, technique et modèles originaux* ; hd : MODES ET TRAVAUX/M. Schwartz ; encadré : MUSÉE PROVENÇAL DU COSTUME ET DU BIJOU/B. Touillon. FRAGONARD. GRASSE ; cadre : Kathryn Berenson. *Boutis de Provence.* H. Holt/Flammarion. Thames and Hudson. **129 :** INSIDE/J. J. Jaussaud. **130** mg, INSIDE/J. Dos Santos ; bg : MARIE CLAIRE IDÉES/L. Rouvrais. Stylisme : M. Schneider ; hd : MARIE CLAIRE MAISON/P. Hussenot. Stylisme : J. Postic/A. M. Comte ; md : MARIE CLAIRE IDÉES/M. Broussard. Stylisme : C. Taralon. **131** hd : DAGLI ORTI /Coll. Ara ; mh, hd : MARIE CLAIRE IDÉES/L. Rouvrais. Stylisme : M. Schneider ; b : ELIZABETH WHITING & Associates. **132** hg : MARIE CLAIRE IDÉES/L. Rouvrais. Stylisme : M. Schneider ; hd : S.R.D./J. P. Delagarde. Stylisme : M. C. Petit ; md, b : EDIMEDIA/Coll. particulière. **133** hg, bd : S.R.D./J. P. Delagarde. Stylisme : M. C. Petit ; bg : RUSTICA/C. Hochet ; h : LES ÉTAINS DU MANOIR ; m : DAGLI ORTI/Coll. Ara. **134** hg, hd : INSIDE/J. Darblay, W. Waldron ; bg, md : MARIE CLAIRE IDÉES/L. Rouvrais. Stylisme : M. Schneider ; md : DAGLI ORTI ; bd : MARIE CLAIRE IDÉES/L. Rouvrais. Stylisme : O. Mokette. **135 :** MARIE CLAIRE IDÉES/C. Dugied ; b : EDIMEDIA/J. Guillot. Connaissance des Arts ; M : S.R.D./J. P. Delagarde. Stylisme : M. C. Petit. **136 :** MADAME FIGARO/P. Chevallier ; **137** hg, encadré, cadre : EDIMEDIA/ R. Guillemot. Connaissance des Arts, J. Guillot, Coll. particulière ; hd : S.R.D./J. P. Delagarde. Stylisme : M. C. Petit ; step : MARIE CLAIRE IDÉES/L. Rouvrais. Stylisme : M. Schneider. **138** hd : MARIE CLAIRE IDÉES/A. Bailhache. Stylisme : M. Bayle ; mg : MARIE CLAIRE IDÉES/L. Rouvrais. Stylisme : M. Schneider ; b : *LA MAISON AU NATUREL,* Éd. GRUND, P. Tryde. Robert Harding Picture Library. Londres. **139** mg, step : MARIE CLAIRE IDÉES/L. Rouvrais. Stylisme : M. Schneider ; bd : MODES ET TRAVAUX/C. Seen ; encadré, cadre : S.R.D./J. P. Delagarde. Stylisme : M. C. Petit. **140** h : MARIE CLAIRE IDÉES/L. Gaillard. Stylisme : P. Chastres/M. Duffas ; m : S.R.D./J. P. Delagarde ; step : MARIE CLAIRE IDÉES/L. Rouvrais. Stylisme : M. Schneider. **141 :** MARIE CLAIRE IDÉES/P. Hussenot. Stylisme : P. Chastres : b : RUSTICA/C. Hochet. **142** hg : INSIDE/J. J. Jaussaud ; step : MARIE CLAIRE IDÉES/L. Rouvrais. Stylisme : M. Schneider. **143** h, hg : MARIE CLAIRE IDÉES/L. Rouvrais. Stylisme : M. Schneider ; b : INSIDE/J. P. Godeaut. **144** hg : MARIE CLAIRE MAISON/L. Gaillard. Stylisme : M. Bayle/C. Puech ; bg : MARIE CLAIRE IDÉES/L. Gaillard. Stylisme : C. Lancrenon/P. Chastres ; m : J. C. MAYER/G. LE SCANFF ; b : MARIE CLAIRE IDÉES/P. Hussenot. Stylisme : P. Chastres. **145 :** INSIDE/J. Darblay. M. Broussard ; hg : MADAME FIGARO/J. Laiter. **146** hg : CUISINE ET VINS DE FRANCE/P. Hussenot. Stylisme : M. Leteuré ; bg : MADAME FIGARO/B. Touillon ; hd : MARIE CLAIRE IDÉES/C. Dugied. Stylisme : M. Thiébault-Morelle ; bd : MARIE CLAIRE IDÉES/E. Chauvin. Stylisme : C. de Chabaneix. **147** hg : MARIE CLAIRE IDÉES/P. Hussenot. Stylisme : P. Chastres ; encadré : EDIMEDIA ; cadre : J. C. MAYER/G. LE SCANFF ; hd : LA MAISON DE MARIE CLAIRE/Pataut. Stylisme : M. Bayle ;

bd : MARIE CLAIRE IDÉES/A. Bailhache. Stylisme : N. Renault. **148** hg : MARIE CLAIRE IDÉES/E. Chauvin ; bg : MARIE CLAIRE IDÉES/L. Rouvrais. Stylisme : G. Descamps ; mh : MARIE CLAIRE IDÉES/T. Lechevillier ; mb : MARIE CLAIRE IDÉES/P. Hussenot. Stylisme : P. Chastres. **149** hg : TOP/J. F. Rivière ; bg : PHOTOTHÈQUE CULINAIRE/A. Muriot ; hd : MARIE CLAIRE IDÉES/P. Hussenot. Stylisme : Skawinsky ; bd : MARIE CLAIRE MAISON/A. Bailhache. Stylisme : Domte. **150** g : INSIDE/S. Mc Bride ; mh : MARIE CLAIRE IDÉES/B. Maltaverne. Stylisme : M. Faver ; hd : TOP/M. Seelow ; bd : Éd. D. CARPENTIER. *Arts et Techniques des œufs décorés.* **151** hg : OPTION PHOTO/J. Masson ; bg : HOA QUI/ZEFA ; encadré : MARIE CLAIRE IDÉES/L. Rouvrais. Stylisme : M. Marsiglia ; cadre : VISA/A. Muriot.

Remerciements :

Rendez-vous de la nature, 96, rue Mouffetard, 75005 Paris
L'Occitane, 130, rue Mouffetard, 75005 Paris
M. et Mme Ferrandon (étain)
Atelier d'encadrement, rue de l'Arbalète, 75005 Paris
Magasin Patchouli, rue Mouffetard, 75005 Paris

Une maison de charme
est publié par Sélection du Reader's Digest

Photogravure : La Station Graphique, Ivry-sur-Seine
Impression et reliure : Pollina - n° 89398

PREMIÈRE ÉDITION
3e tirage
Achevé d'imprimer : mars 2003
Dépôt légal en France : décembre 1998
Dépôt légal en Belgique : D-1999-0621-30

IMPRIMÉ EN FRANCE
Printed in France